U0902669

# 全世界都在对我微微笑

公民读本社会编

主编：李庆明
编选：李　冰

二十一世纪出版社
21st Century Publishing House
全国百佳出版社

**图书在版编目（CIP）数据**

公民读本. 社会编 : 全世界都在对我微微笑 / 李庆明, 李冰主编. -- 南昌 : 二十一世纪出版社, 2011.11(2022.4重印)

ISBN 978-7-5391-6970-5

Ⅰ. ①中… Ⅱ. ①李… ②李… Ⅲ. ①公民教育 - 基本知识 - 中国 Ⅳ. ①D648.3

中国版本图书馆CIP数据核字(2011)第208306号

**公民读本：全世界都在对我微微笑**　　李庆明 / 主编　李冰 / 编选

**责任编辑**　文　欢
**出版发行**　二十一世纪出版社（江西省南昌市子安路75号　330009）
www.21cccc.com　cc21@163.net
**出 版 人**　张秋林
**经　　销**　新华书店
**印　　刷**　北京金康利印刷有限公司
**版　　次**　2011年11月第1版　2022 年 4 月第 3 次印刷
**开　　本**　700 × 1000 mm　1/16
**印　　张**　19.75
**字　　数**　290千
**书　　号**　ISBN 978-7-5391-6970-5
**定　　价**　30.00元

**赣版权登字—04—2011—568**

声明：本书未能联系到的部分文章作者，请与本社人文出版中心王智接洽，联系电话：010-82859262

# 序

## 高雅阅读铸就高贵灵魂

李庆明

奉献在读者面前的《公民读本》丛书，是一套公民修养的启蒙读本。

"蒙以养正，圣功也。"[①]儿童的德性成长不仅关乎儿童自身的福祉，也关乎家庭、社会、民族、国家和人类未来的福祉。"太上有立德，其次有立功"，我深信，与才智、事功相比较，德性对于人格成长和社会发展的影响更基本，更重要，更核心，也更久远。而且，因为儿童是纯洁、脆弱、需要依靠的，当下的生长环境对儿童的健康发展又充满前所未有而且难以预料的挑战甚至威胁，我们就更有义务和责任牵起孩子们的手，向他们展示曾经有过的、还在绵延的并且一定会变得更加美好的世界！柏拉图早就说过："你知道，开一个好头，对于做任何事情都是重要的，尤其是那些尚处于年青和稚嫩阶段的事物；因为正是个性形成的时候，此时留下的印象也最深刻……""年青时形成的观念是很难消除和改变的，因此，年轻人成长时首次听到的故事应该是美德的典范……"柏拉图认为，"没有哪种训练能比这更高贵的了。"[②]

柏拉图的这番话无疑道出了道德启蒙对于个人一生发展的奠基意义。我想，其中还有两点提示特别值得我们深入思考：一是阅读与德性成长的关系；二是如何在当下的语境中理解"美德典范"。

我们这里所说的"阅读"，不是一般的知识性阅读，而主要是指具有文化意蕴、文学意味的阅读。德性知识的阅读如果不是附着在、蕴涵在诗意弥漫、情理交融的文学语言之中，那么往往会大打折扣，甚至无效。梁启超曾经详细的描述过文学作品的这种"浸润于国民脑质"的功能："文学的功效不可思议。动人心速，入人心深，住人心久，一经被他感化了，登时现于行事。"当然，不一定只是文学阅读，凡

---

① 《易·蒙》。

② 《理想国》。

是具有“诗”（诗意）、“史”（史韵）、“思”（理趣）的“文化阅读”（the reading with cultural roots），包括文学、历史、政治（乃至时政）、哲学、科学、数学等方面的文化阅读，都能深刻持久地影响儿童思想道德的成长。我相信，童年需要并且适合这种斯文的、高贵的阅读。这样的阅读会使儿童气质斯文，灵魂纯朴，童心不灭。而由它发出的道德指引，给人的现实生活带来光亮、梦想和希望，而且激发他的道德反省和自觉，从而由感性而理性，加深了道德的积淀。

有人希望通过阅读“四书”“五经”，阅读《孝经》《弟子规》等所谓儒家经典来拯救时代的思想道德危机。对此，我是很怀疑的。事实上，一百年间的尊孔读经运动都是以偃旗息鼓而告终的。这并不令人惋惜。道理很简单，传统礼教与道德文化毕竟从根本上宣扬的是一套与现代文明格格不入的主张，它的一套核心价值观念——所谓“修齐治平”（即修身、齐家、治国、平天下）说，其实不过是一套以血缘关系为纽带和以宗法等级为基础建立起来的专制主义、禁欲主义、人伦（而非人文）主义的道德化政治和政治化道德系统，它所造就的封闭、僵化、愚昧、依附、奴性、亲缘等级性，以及虚文、虚荣、虚伪等国民劣根性对于现代文明进程的巨大妨碍，显而易见。当然，传统思想道德文化并非没有可取之处，但需要我们细细扒梳整理，以适应、充实、完善现代文明的变革与发展。

相形之下，有一种美德主义的伦理学和德育主张看上去更为人所称道和接纳。美国前教育部长威廉·贝内特可以被看做这方面的一个代表。他曾编著过一本盛极一时、甚至被誉为美国儿童“圣经”的《美德书》，他希望把人类那些具有卓越高尚价值如同情、自律、责任、友谊、工作、勇气、毅力、诚实、忠诚和信念的美德故事呈现在儿童面前。美德伦理(the ethic of virtue) 作为个人所表现的卓越道德品质与成就，注重的是人格理想完善基础上道德的圆满实现，它常常要求个人在遭遇并意识到权利与义务、功利与责任、欲望与理性、世俗与神圣等矛盾冲突的时候，根据道德良知做出超越狭隘功利的自主抉择，通过意志的痛苦努力，放弃或牺牲个人的利益、幸福甚至生命，以服从社群（团体、民族、国家等）的义务、指令或利益，充分彰显了人性的尊严和高尚。美德伦理对成长中的儿童和走向未来的社会拥有积淀厚重和高蹈卓越的道德文化，具有十分重要的作用。

我们把这种伦理称之为“公民伦理”或“公民德性”。我们认为，现代文明社会倡导的德育应当是公民德性或公民伦理教育。而儿童阅读的所谓“美德的典范”，则应当是启迪、濡染和造就公民伦理或公民德性的经典。

倡导公民伦理和公民阅读，具有十分迫切的意义。热捧传统文化的人可能忽视了一个简单的事实，中国传统道德文化始终存在公民文化的缺位，以至梁启超发出了这样的喟叹："我国民所最缺者，公德其一端也。"[①]。古代中国从来不存在"公民社会"，也无所谓"公民"，而只有依附于国家的臣民、顺民，抑或与之敌对的刁民、暴民。因此，直至今天，仍有不少中国人认为公共事务就是政府的责任，而与公民无关。也因此，我们就不难理解，为什么上个世纪初，在经历了洋务运动、戊戌变法失败，经济、政治强国迷梦破碎之后，许多仁人志士试图通过国民性启蒙与改造探索中国的出路。从龚自珍、魏源的"人心风俗"改造主张，到康有为、梁启超、严复、谭嗣同的"新民"说，再到陈独秀、李大钊、鲁迅等人的个性主义的"立人"说，莫不彰显对于公民人格的召唤和执著。目睹中国公民素质缺失的现状，重温国民性改造时代那些依旧振聋发聩的言说，我们会有芒刺在背的愧疚、忧患，和自我救赎、奋起直追的强烈冲动。胡锦涛总书记在中共十七大报告中指出："加强公民意识教育，树立社会主义民主法治、自由平等、公平正义理念。"就是向我们发出的最强烈的时代召唤！

当然，对于公民德性或公民伦理的理解，一直是众说纷纭的。公民和公民教育的思想发轫于古希腊，例如，在古希腊，公民在亚里士多德"人天生是一个政治动物"的语境里，扮演的是能说会道、参与公共事务的"政治人"角色；而在罗马帝国，公民则是"法律人"（legalis homo），或自然的权利承担者；到了近现代，公民除了政治、法律身份外，还因为社会与国家的分离而具有了"社会的个人"的性质，他和国家的关系不再是传统社会那种家国一体的关系。国家对于社会和个人的控制越来越小，而个人所拥有的社会空间、公共空间越来越大，他必须遵循公共空间的游戏规则。此外，对于公民素质的理解，还一直存在共和主义、自由主义、社群主义以及国别取向和世界取向的视角。

梳理了这些公民观念与主张，我一直在思考一个问题，能不能构建一种社会主义公民观念的假说呢？社会主义公民观念与学说不可能从天而降，凭空产生，它会自觉积极地吸取人类优秀的思想财富。2007年3月16日，温家宝总理在十届全国人大五次会议记者招待会上答中外记者问时说过这样一段话："民主、法制、自由、人权、平等、博爱，这不是资本主义所特有的，这是整个世界在漫长的历史过程中共同形成的文明成果，也是人类共同追求的价值观。"[②]基于此，我借用中国本土道德文化中的"修齐治平"提出一个重建国民精神的新"五爱"说或新"修齐治平"说，也

---

① 《新民说》。

② www.xinhuanet.com(新华网)：《在十届全国人大五次会议记者招待会上温家宝总理答中外记者问》。

即：爱自己（“修身”），爱亲人（“齐家”），爱大家（“为公”），爱祖国（“治国”），爱人类（“平天下”）。

“在爱里一切都得到丰足。”（纪伯伦：《爱》）“新五爱”由个体为基础，向家庭、社会、国家（包括祖国）、世界次第扩展，构成一个相互独立又相互依存的有机整体，从不同侧面陶冶、锤炼、丰富人的公民素养。我认为，每个人心中只有同时拥有了这五种爱，他的公民素养才是完整丰足、和谐圆融的。

李冰老师的这套《公民读本》就是根据上述文化阅读和公民伦理教育（包括与公民伦理互补的美德伦理乃至圣德伦理教育）的主张，精心编写出来的。它一共分为五编：第一编为个人编：《为我唱首歌吧》；第二编为家庭编：《家，甜蜜的家》；第三编为社会编：《全世界都在对我微微笑》；第四编为国家编：《我有一个梦想》；第五编为世界编：《万国之上还有人类在》。分别涉及公民伦理教育的五个领域。

虽然我是这套读本的主编，负责确定了读本的主旨与立意，勾画了读本的基本框架和选编原则，但绝大部分的选材、编辑、加工都是由李冰老师独立完成的，周其星、李燕妮、郭晓云、林静子、唐维芳、高夏华、梁素芬、张晓琴等老师也在编写过程中为读本素材的初步搜集与整理付出了辛勤劳动。由于李冰老师的出色工作，我提出的修改意见是微乎其微的。李冰老师是一位优秀的中学历史老师，不仅勤于读书，还一直大胆尝试通过历史教学开展公民启蒙教育，做过《恶魔的背影——聚焦希特勒》、《天堂此时——解读恐怖主义》、《希特勒的孩子们》、《圆明园的前世今生》等发人深省、令人惊叹的公民阅读个案研究。一套洋洋百余万字的《公民读本》更是凝聚了她几年的心血与智慧。在一个浮华而喧嚣的都市，能抵拒诱惑，甘于寂寞，沉埋书斋，熟读精思，真是难能可贵。这套《公民读本》即使存有诸多不足与缺憾，但可以想见，它的面世，对于我国青少年儿童的精神成长，必是一个福音！

我坚信：高雅阅读必能铸就高贵灵魂！

2011年9月30日完稿于“拼音识字斋”

# 目录

## 全世界都在对我微微笑



## 别碰我们的绿树

## 重构中国精神



## 我交给你们一个孩子

## 第一次遭遇不公正

《旅行者》 麦绥莱勒 (1922)

# 前言

我一直在思考这样的问题：在孩子纯洁透明的生命之初，在他蹒跚学步的童蒙时代，风华正茂的少年岁月，该拿什么来滋养他，建造他生生不息的精神家园？

有人认为，给童年和少年知识和相应的才能最重要。我不认同这种见解。难道还有什么比人活着更重要吗？活着可是生命成长与发展的根基啊！紧接的问题是：怎样活着才是有意义和价值的？美国大哲学家威廉·詹姆斯曾意味深长地问道："人生值得过吗?"在对哈佛大学生的演讲中，他回答了这个问题：值得过的人生一定是有意义的人生，而人生意义的由来正在于人类有其道德理想和价值信仰。

詹姆斯是对的。法国有句谚语："人而无德，生而何益。"把道德提到了生死存亡的高度，是不是有点儿危言耸听？我觉得不是。几乎每个人儿时都听过《狼来了》的故事，结局是撒谎的孩子被狼吃掉了（一说他放牧的羊统统被吃掉了，或他和羊都被吃掉了）。总之，这是一个关于道德与生命的故事。有道德的生活才使我们的生命变得安稳无虞，变得有意义，有尊严，有光彩；才使知识、才能、成就、财富、幸福等成为可能和现实。

英国著名诗人雪莱说过："道德中最大的秘密就是爱。"我非常赞同本书主编李庆明先生提出的"新五爱"主张，即爱自己、爱亲人、爱大家、爱祖国、爱人类。我想，这些爱一定存在着水乳交融的关联，因而缺一不可。记得前苏联的伟大教育家苏霍姆林斯基说过："如果一个孩子连他的妈妈也不爱，他还会爱别人、爱家乡、爱祖国吗？"揭示的不就是这种关联吗？正是这些互相补充、滋养和丰富的爱，构成文明社会"好公民"的精神世界。编写这样一套读本，就是想在孩子们空灵的生命之杯，斟上爱的琼浆，轻酌慢饮，让爱的涌流在孩子的生命世界里欢歌劲舞，奔腾不息。在持续地阅读、吟诵与沉思冥想中，一扇通往未来的门打开了。

有人说：生命的早晨就像一天的黎明，充满纯真、美景和融洽。孩子对爱有着天然的渴求。但孩子会像容器一样接受现成的道德说教吗？不会。道德只能陶冶和熏陶，孩子只会在美仑美奂的文字宫殿里优游流连，乐而忘返，这也是他们的天性。所以，我努力提供给孩子的，只能是道德文字的经典和范例。孩子们可以不拘顺序，跨越年龄界限随意阅览，反复品读，让道德文字的芬芳弥漫在校园、家庭、社区的每一个角落……从这里，孩子们将开始健全的公民生活。因为选编的是经典，我期待这套读本会令阅读者爱不释手，常读常新。

特别感谢朱小蔓、朱永新两位大家，主编告诉我，他的公民教育探索深受朱永新教授新教育思想的影响与启迪，而朱小蔓教授对我跟随她访学期间研究公民阅读提出的许多切中肯綮的批评指导至今令人难忘！

衷心感谢梅子涵教授，是他向21世纪出版社热情推荐了这套读本，感谢袁伟时教授、陈家琪教授、傅杰教授、王彬彬教授和他的弟子周红博士；此外，还要深切缅怀已经故去的文史专家商友敬先生，他生前一直关心读本的编写，多次亲临指导，令人铭记终身！

真诚感谢广东省教育厅、深圳市委宣传部、深圳团市委、深圳市教育局、深圳南山区委宣传部、南山区教育局诸位具有远见卓识的领导对探索社会主义公民教育的理解、支持和指导，否则，包括这套公民读本编写在内的所有探索与研究都很难想象会进展顺利，并取得一个又一个成果。

21世纪出版社张秋林社长自始至终关心读本的出版，充分表现出一位出版家对于青少年儿童思想道德成长的极大热忱与殷殷期望，出版社北京人文中心张明主任、读本的责任编辑文欢女士高度负责，一丝不苟，其精湛的专业水准和高尚的职场伦理给我们留下深刻的印象，也在此一并致以谢忱！深表感谢！

李 冰

2011年10月

你知道什么叫有教养、守规矩吗？你学会“对上下左右，逢年过节、婚丧喜庆都必不可免的、合乎规矩的用词”了吗？看似小节，却蕴含着深厚的中国传统文化。成长的过程必需习得礼仪，规范行为。当你开始牙牙学语蹒跚走路探索世界，已经习惯父母温柔而坚定的目光，他们总在告诉你“什么叫做好，什么叫做不好”，有时，鼓励你继续前行，有时，告诫你放弃尝试。熟知礼仪规则，学会使用那些有魔力的字眼，你和他人的心会如花瓣儿张开，世界因此而芳香四溢……

## 第一章

# 全世界都在对我微微笑

# 全世界都在对我微微笑[①]

◇ 华梅

今天，我偷偷做了一件事，
于是，全世界突然对我微笑起来。
绿树向我招手，
花儿对我挤眼，
小鸟在枝头吱喳叫，
小草们柔腰齐声问我好。
而我只不过暗暗下了决心
从今要做个好孩子，
就这样，突然间，
全世界都在对我微微笑。

万物之灵的人类，缺少的恰恰是对花草树木等自然万物的敬畏之心。

---

① 选自《儿童诗歌——儿歌、童谣、童诗专题报告》，黄建维等著。

# 我们想要的男孩[①]

◇ 威廉·贝内特

男孩——
诚实坦白朴素实在，
对待父母体贴周到。
对待手足融洽和睦，
热爱劳动值得信赖。

尊敬老人心地善良，
爱护小孩心情阳光。
从不耍滑也不偷懒，
有了不妥就会改正错误。

这样的男孩是我们的依赖，
寄托了我们未来的期待。
治国安邦天下兴亡，
托付在这样的男孩。

**威廉·贝内特**，美国著名教育专家，曾编著风行一时的《美德书》、《哈佛家教》等道德说教著作。

① 选自《美德书》，（美）贝内特主编，何吉贤等译，中央编译出版社2000年版。

# 一个有魔力的字[①]

◇ 维·奥谢耶娃

**维·奥谢耶娃**，前苏联作家。

小公园的长凳上，坐着一位个儿不高的白胡子老头儿。他正用阳伞在沙土上画着什么。

“坐开一点。”巴甫立克对他说，接着便在边上坐下来。

老头儿看了一眼小男孩那张气得通红的脸，往旁边挪动了一下说：

“你怎么了？”

“没怎么！你呢？”巴甫立克斜了他一眼：

“我没什么。倒是你现在又喊叫，又流泪，是和谁吵嘴了吧！”

“可不是！”小男孩生气地嘟囔着，“我还要马上从家里逃跑呢！”

“逃跑？”

“逃跑！哼，单凭我那个姐姐，我就得逃跑。”巴甫立克握紧两只拳头，“我刚才险些儿揍她一下子，她有那么多画画儿的颜料，可她连一点儿都不肯给我！”

“不给？不过，为了这就逃跑，太不值得了。”

“不光为这个。奶奶为了一个小小的胡萝卜，竟把我从厨房里赶了出来。简直是把我当成了废物，废物！”

由于委屈，巴甫立克哼哧哼哧地喘起粗气来。

---

① 选自《香肠穿上红鞋子》，梅子涵主编，邵焱译，浙江文艺出版社2007年版。

“唉，全是小事！”老头儿说，“一个人欺侮你，总会有另一个人怜悯你呀。”

“谁也不怜悯我！”巴甫立克气恼地喊道，“哥哥要去划船，也不带我去。我对他说：‘还是带我去的好，反正都一样，你不带我，我也不会落在你后面，我可以把双桨拿走，自己爬上船去！’”

巴甫立克开始用拳头敲着长凳，后来，他忽然沉默了。

“哥哥不带你去？也没什么关系。”

“可您为什么总盘问我呢？”

老头儿捋着长长的胡须说：

“我想帮助你呀。世上有这么一个富有魔力的字……”

巴甫立克惊奇地张开了嘴巴。

“我告诉你这个字。但是要记住：当你和人谈话的时候，应当正视着对方的眼睛，用柔和的声音说出它来。要记住：正视着对方的眼睛，用柔和的声音。”

“这是个什么字呢？”

老头儿弯下腰来，嘴巴对准小男孩的耳朵，柔软的胡须紧贴着巴甫立克的面颊。他低声地说了一句什么，又大声地补充道：

“这是一个富有魔力的字。但是，千万别忘了，该怎样说。”

“我去试试看，”巴甫立克半信半疑地微笑着，“我马上去试一试。”

他跳起来，跑回家去。

姐姐正坐在桌旁画画儿——她的面前摆满了各色各样的颜料：绿色的、蓝色的、红色的……

她一看巴甫立克，急忙把颜料归到一堆儿，还用手捂起来。

“老头儿欺骗了我！”巴甫立克懊丧地想，“难道她就这样听那个富有魔力的字吗？”

巴甫立克侧着身子走到姐姐身边，轻轻地拉拉她的袖子。姐姐回过头来，只见弟弟注视着自己的眼睛，用柔和的声音说：

“姐姐，请你给我一点儿颜料吧。”

顿时，姐姐睁大了双眼。她松开了手指，手也从桌上移开了。她很不好意思，低声含糊地问：

“你要什么样的？”

“我想要点儿绿色的。”巴甫立克答道。

他把颜料握在手中，在房间里转了一圈儿，就还给了姐姐。

他现在并不需要颜料，而一心想着那个富有魔力的字。

“我到奶奶那儿去，她正好在做饭。看她还赶不赶我走？”

巴甫立克这样想着，就去打开了厨房的门。

老奶奶正在煎香喷喷的油炸包子。

巴甫立克跑到她跟前来，双手摩挲着她红扑扑的布满皱纹的脸，望着她的眼睛，低声说：

“请您给我一只小包子吧！”

奶奶挺起腰来。呵，这个富有魔力的字使她的双眼炯炯闪光，使她脸上的每一条皱纹，都因微笑而舒展开来。

“呵，我亲爱的！你喜欢热乎乎的吧，热乎乎的。”她边说边给他挑了一只最好的、煎得油黄黄的包子。

巴甫立克高兴地跳起来并热烈地亲吻奶奶的双颊。

“魔术师！魔术师！”他想起了老头儿，便自言自语地唠叨起来。

午饭后，巴甫立克安静地坐在一旁，听着哥哥的每一句话。当哥哥说要去划船的时候，巴甫立克把一只手放在哥哥的肩上，低声地请求道：

“请你带我去吧！”

桌旁的人一下子都不作声了。哥哥扬了一下眉毛，带点讽刺意味地笑了笑。

“请你带他一块儿去，”姐姐突然说，“对你来说，这算不得什么！”

“对，为什么不带他去？”奶奶微笑着说，“当然要把他带去。”

“请！”巴甫立克又重复了一遍这个字。

哥哥大声地笑了起来。他温存地拍了拍巴甫立克的肩膀，抚摩着他的头发说：

“当个旅行家？成！好，准备动身吧！”

“呵，是它帮助了我！是它又一次帮助了我！”

巴甫立克一下子跳了起来，跑到街上去了。但是，在小公园里，老头儿已经不见了。长凳空着，仅仅在沙土上留下了老头儿用伞画下的一些看不明白的记号。

# 一个臭词儿[①]

◇ 兰·波西列克

兰·波西列克，德国作家。

一只小熊进了荆棘丛生的灌木林而走不出来，一位樵夫路过，把它救了。

母熊见到这件事，便说："上帝保佑您，好人。您帮了我大忙。让我们交个朋友吧，怎么样？"

"嗯，我也不知道……"

"为什么？"

"怎么说呢？是不能太相信熊吧。虽然肯定地说，这并不适用于所有的熊。"

"对人也不能太相信，"熊回答，"可这也不适用于您。"

于是熊和樵夫便结成了朋友，两人过从甚密。

一个夜晚，樵夫在树林中迷了路。他找不到地方睡觉，就到了熊窝。熊安排他住了一宵，还以丰盛的晚餐款待了他。翌晨，樵夫起身要走。熊吻了吻樵夫，说，"原谅我吧，兄弟，没有能好好招待您。"

"不要担忧，熊大姐，"樵夫回答，"招待得很好，只是有一点，也是我唯一不喜欢你的地方，就是你身上那股臭味。"

熊听了怏怏不乐。她对樵夫说："拿斧子砍我的头。"

樵夫举起斧子轻轻打了一下。

"砍重一点！砍重一点！"熊说。

---

① 选自《杉乡文学》2005年第6期。

樵夫使劲砍了一下，鲜血从熊的头上迸了出来。熊没有吭一声。樵夫就走了。

若干年后。有一次，樵夫不知不觉地到了离熊窝很近的地方，就去看望熊。熊衷心地欢迎他，又以丰盛的食品来招待。告辞时，樵夫问："伤口愈合了吗？熊大姐。"

"什么伤口？"熊问。

"我打你头留下的伤口。"

"噢，那次痛了一阵子，后来就不痛了，伤口愈合后，我就忘了。不过那次您说的话，就是您用的那个词，我一辈子也忘不了。"

# 世界上最响的声音[①]

◇ 贝杰明·艾尔钦

**贝杰明·艾尔钦**，美国作家。

从前，世界上有一个最吵闹的地方，叫做砰砰城。砰砰城里的居民从来不轻言细语地说话，总是大叫大嚷。他们城里的鸭子是全世界叫得最响的，他们关门的声音是全世界最响的，连那里的警察吹起哨子来，也是全世界最刺耳的。城里的人对此感到十分自豪。他们最喜欢唱的歌儿是：

使劲关门，踩响地板。
白天我们吼叫，夜晚我们打鼾。
砰砰！砰砰！

砰砰城里所有会吵闹的居民中，要数喧闹王子闹得最厉害了。尽管他还不满六岁，可是他制造喧闹声的本事比大人还强。他喜欢大喊大叫；喜欢把锅子盘子放在一起敲得当当响，同时嘴里还不停地吹哨子。

他最爱玩的游戏是爬上梯子，把许多金属垃圾箱和铁皮桶堆得很高很高，然后猛地把它们推倒，发出震天的响声。他一次又一次地把这些东西堆起来，越堆越高，推倒时发出的响声也越来越大。可是他还是不满足，喧闹王子渴望听到世界上最响的声音。

再过几个星期就是王子六岁的生日了。他的父

① 选自《语文世界（小学版）》2007年第10期。

亲，就是砰砰城的国王，问他想得到什么东西作为生日礼物。

“我想听世界上最响的声音。”喧闹王子回答说。

“好，”国王说，“到那天我将命令皇家鼓手敲一整天的鼓，让他们敲出响得出奇的鼓声。”

“我早已听过了。”王子抱怨说，“那不是世界上最响的声音。”

“那么，”国王又许诺说，“我还要命令所有的警察都吹起响得出奇的哨子。”

“那些我也听过了。”喧闹王子说，“还是不够响。”

“你听我说，”国王说，“到那一天我再命令所有的学校都放假，叫小孩子们一整天待在家里使劲不停地关门，把门关得特别响。怎么样？”

“这还差不多，”王子同意说，“但是还算不上世界上最响的声音。”

国王是个慈祥的父亲，可现在他也开始不耐烦了。“你到底在想些什么呀？”他问，“你有什么好主意？”

“当然，”喧闹王子回答说，“那么我来告诉你这些日子我一直盼望的东西。我想让世界上所有的人在同一时刻发出叫喊。如果千百万、千百万的人一齐叫喊起来，我想这一定是世界上最响的声音。”

这个主意国王越考虑越喜欢。“这一定很有趣，”他想，“另外，我将成为历史上第一个让世界上所有的人在同一时刻做同一件事的国王。”

“对，我来试试看。”

于是砰砰城的国王开始忙碌起来。他派出了上百个信使到各个国家去，从最炎热的丛林之国，到最寒冷的冰岛之国。每天用电报、手鼓、汽车、信鸽、飞机和狗拉的雪橇传送着成千的信息。不久，回信开始接二连三地寄来了。所有的人听到这个主意都很喜欢，并且都愿意尽力。看来全世界都被这个想法激动起来了——所有活着的人将在同一时刻发出声音。

时间一星期一星期地过去，王子的生日越来越近，人们也越来越兴奋了。在每一个国家里，人们成天除了谈论喧闹王子的生日，别的什么也不谈。全世界没有一个村庄不张贴用那里的本国语言写的告示，告诉人们大声喊叫的精确的当地时间。到那时人们将齐声高喊：“生日愉快！”

一天下午，在离砰砰城很远的一个城市里，一个妇女正在跟她的丈夫谈论王子的生日。她说：“有个问题一直在折磨着我：如果我自己叫得那么响，怎么才能听到别人的喊声呢？我听到的只能是自己的声音。”

“你说得不错，”她丈夫说，“我们和其他人一样张大嘴，但是别发出声音。

这样，当其他人声嘶力竭高喊的时候，我们则一声不吭，好好听听这种喊声。”

“看来这是个好主意。”

这个妇女好心地把这个办法告诉了邻居，她的丈夫也出于好心把这个办法告诉了他公司里的朋友们。这些朋友也好心地告诉了他们的朋友，他们的朋友又告诉了朋友的朋友。

不久，全世界的人，甚至砰砰城里的人都在私下互相转告，到那个时刻不要喊出声来。只把嘴张开，这样他们就能听到其他人发出的全部喊声了。

没有人想弄糟王子的生日庆典，每个人只是这么想：“在千百万人的喊声中，不会缺少我一个人的声音。其他人在喊叫时，我不发出声音也无关紧要，这样我就可以仔细听了。”

那个重要的时刻越来越近了。在全世界的每一个角落，人们成群结队地汇集到他们平时集合的地方。全世界的眼睛都注视着那些大钟，它们滴答响着送走一秒又一秒的时间。极度兴奋的心情像电流一样传遍了全球。在砰砰城里，当然人们的情绪就更加热烈了。

成千上万的人挤满了皇宫前面的广场，他们欢呼着，叫喊着；而在高高的阳台上，年轻的王子正高兴地等待着那世界上最响的声音。

只剩下十五秒钟……十秒钟……五秒钟……到了！

二十亿人都竖起了他们的耳朵，搜寻着那世界上最响的声音——可是二十亿人什么也没有听到，到处是一片寂静。为了能听到别人的喊声，所有的人都没有发出声音。每个人都希望别人把工作干完，而自己能悠闲地在旁边享受一番。

那么，一向以吵闹自豪的砰砰城怎么样了呢？它也是一片寂静。这可是它一百年来的头一次。砰砰城里的居民没有用最响的声音给他们的王子祝寿，而是一个个悄然无声，使他们的王子很难堪。这时他们一个个低着脑袋，准备悄悄地溜走。突然，他们又停下了。那是什么声音？就是从那高高的阳台上发出来的。这是真的吗？王子正高兴地拍着手，幸福地笑着。一点儿不错，王子兴高采烈地指着花园的方向。他生平第一次听到了小鸟的歌唱，听到了微风在树叶间的低语声，小溪中潺潺的流水声。他有生以来第一次听到了大自然的声音，而不是砰砰城里往日的喧闹。他第一次得到了“安静”这个礼物，他喜欢极了。

现在，砰砰城再也不吵闹了，到那里去旅游的人们会看到这样的牌子：欢迎您到砰砰城来！砰砰城——安静之乡。

# 和爸爸较量[①]

◇ 兰妮·斯卡林

**兰妮·斯卡林**，澳大利亚作家。

麦克尔非常喜欢他爸爸。爸爸经常带他去钓鱼。和他玩恶作剧。天冷的时候，爸爸和儿子一起坐在火炉旁扳手腕比手劲儿。爸爸不喜欢看电视新闻，却十分喜欢和儿子玩拼字游戏。而且，爸爸任何时候都守信用，说出口的话一定会兑现。

但在麦克尔眼里，爸爸有两大糟糕透顶的习惯。首先，爸爸最容不得苍蝇，好像和它们有不共戴天的深仇大恨似的。如果屋里有一只苍蝇，爸爸非得把它弄死不可。但爸爸从来不用灭苍蝇的喷雾剂，他说那玩意儿污染太厉害，会把空气弄得乌七八糟。爸爸经常一只手握着苍蝇拍，在屋里发了疯似的追打苍蝇，直到把苍蝇打扁了他才肯罢休。

爸爸是个“神拍手”，几乎每次都能打死苍蝇。在他手里一把苍蝇拍子用不了多少时间就被折腾得不像样子。上次爸爸过生日，麦克尔特地买了一把新拍子作为礼物送给爸爸。但这把乳白色的拍子很快就失去了它的本来面目，上面沾满了支离破碎的苍蝇。

爸爸的第二个毛病就是太注意餐桌上的礼仪。他自己恪守用餐时的那套规矩，希望儿子也能以他为榜样，在这方面做得很出色。然而，麦克尔却总是不以为然，我行我素，惹得爸爸每次吃饭都要责备他：

---

① 选自《课外阅读》2008年第16期。

“麦克尔，吃饭时不要用胳膊肘撑着桌子。”

“麦克尔，不要含着满嘴的饭菜说话。”

“别舔手指，麦克尔。”

“别把饼干泡在咖啡里，麦克尔。”

有一天，麦克尔钻到桌子底下，找他那枚五毛钱的硬币。那硬币上星期就滚到桌下失踪了，麦克尔却坚持不懈，天天爬到桌下寻找。这时，他的爸爸和妈妈都在桌边干活。但他们都没有发现儿子在桌下。因为那天要请爸爸的老板来吃饭，爸爸亲自动手在削土豆皮，妈妈则在切白菜。麦克尔知道，那顿饭非同寻常。而一有客人，特别是比较重要的客人，爸爸就更加讲究餐桌上的礼仪，当然倒霉的还是麦克尔，他不知道自己要挨多少批评。

麦克尔开始偷听父母亲的谈话。

“你不应该每次吃饭都拿麦克尔开刀，数落个没完。”妈妈不满地说。

“我没有每次都说他。”爸爸马上辩解。

“怎么没有，你老是教训麦克尔‘不要这样，不要那样’，我们的孩子都快得综合征了。”

麦克尔在桌下听得入迷。他不懂综合征是什么东西，但他明白那玩意儿肯定和脸上长麻子一样可怕。

他听到妈妈又说：“今天晚上那顿饭，不许你再数落麦克尔，一次都不允许。”

“那还不容易！”爸爸轻描淡写地回答。

“你一定不能再说他。你发誓，你不会生麦克尔的气，不会教训他。”妈妈不依不饶。

爸爸沉默了好一会儿才说：“好吧，就这么说定了。我不会在吃饭时和他过不去的，一次都不会。但你也不能责备他。对我管用的对你也管用。”

“一言为定，钩手指。”妈妈说。

麦克尔在桌下听到父母亲一边钩着手指一边开心地大笑。

也许是功夫不负有心人，麦克尔终于找到了他那枚五毛钱的硬币。他蹑手蹑脚地爬出来，向市中心走去，心里开始紧张地盘算：“爸爸已经发誓吃饭时不会再教训我，可我得想办法让他没法遵守誓言。实际上也很容易，只要我把汤喝得嘟噜嘟噜响，他肯定要发火，他最烦喝汤时出声。他甚至会冲我大声嚷嚷。

要是这方法不行，还有许多别的手段。反正，爸爸不可能自始至终不发火。这下，可好玩了。”

那天晚上，妈妈在餐桌上铺了新桌布，摆出最好的刀、叉和平常摸都不让麦克尔摸的大盘子，并且把餐巾折成好看的花朵状。一切都表明，这是一次非常重要的晚餐。往常，麦克尔家吃饭很简单，也很少用餐巾。

爸爸的老板贝德威尔先生终于来了。贝德威尔先生穿着一套高级西装，特别爱皱眉头。麦克尔一看就知道爸爸的老板不喜欢小孩。麦克尔认为，看面相一眼就能分出那些不把小孩放在眼里的成年人，这种人也会冲你微笑，但他们是撇着嘴，用嘴唇而不是用眼睛微笑。

大家都坐好了准备用餐。麦克尔把他的“秘密武器”放到桌子底下离他的右脚很近的地板上。他觉得，不必使用“秘密武器”，就可以弄得爸爸大动肝火；万一别的办法都无效，那他还可以端出“秘密武器”。

第一道菜是三鲜汤和小面包卷。麦克尔开始大声喝汤，但谁也没说什么。于是，他拖长声音把汤喝得更响了，那“嘟——噜——”声持续不断地响着，好像谁把盛满水的浴缸的塞子一下子拔掉了似的。爸爸清了清嗓子。但什么也没有说。

麦克尔开始玩新花招。他把面包卷浸在汤里，然后把弄得烂糟糟的面包提起来举过头顶，又张大嘴巴，让一块块湿答答的面包往嘴里掉，同时咂吧着嘴，发出刺耳的响声。他看没人理他，又如法炮制，浸湿了更大一块面包，这回面包没有掉进嘴里，而是砸在麦克尔的眼睛上，他也因此龇牙咧嘴大声欷歔了一番。

谁也没开口说什么。但爸爸看了麦克尔一眼，妈妈也转过头看了他一眼，贝德威尔先生极力控制着不把眼光转向麦克尔那边。

三个大人正在谈论爸爸得到提升的可能性，他们装着不知道麦克尔是个叛逆性很强的孩子。

下一道菜是鸡肉。麦克尔充满信心地想：“这回爸爸完了。他最烦我用手指抓鸡骨头啃。我得看看他怎么教训我。”

妈妈给每人的盘中都分了鸡肉，麦克尔突然大叫道：“哎呀，给我的这块是鸡屁股。”

爸爸瞪了他一眼，但什么也没说。麦克尔伸手抓起鸡肉，一个劲儿往嘴里

---

① 麦激凌：一种金黄色的人造奶油。

塞。然后，他抓起一块烤土豆掰成两半，又伸出手指从罐中掏麦激凌[1]抹到土豆上，结果，弄得满桌都淌着麦激凌[1]。

爸爸两眼冒火盯着麦克尔，不断地清着嗓子，似乎他的整个身躯都马上要爆炸似的。然而，他仍然没说什么。麦克尔不由得暗暗钦佩："真是个男子汉！看来，爸爸是无论如何都不会言而无信的。"

想到这儿，麦克尔狠狠心一把折断鸡骨头，闭着眼睛吮里面的骨髓。一时，整个房间似乎都充斥着令人恶心的啜吸声。爸爸满脸通红，鼻梁上那些细细的血管似乎都要爆炸了。但他仍然克制着自己，一句话也没有说。

最后一道菜是烤苹果和蛋奶沙司。麦克尔发现，贝德威尔先生不再谈论爸爸的职务提升问题，而是满脸阴郁地强调纪律的重要性，说什么任何事情都得有个限度，都得坚持原则。麦克尔偷偷望望爸爸，心想："看我再来一招！"

于是，麦克尔把吸空的鸡骨头放进蛋奶沙司碗里，然后，像用吸管啜可口可乐似的吸骨头里面的蛋奶。

爸爸使劲清着嗓子，通红的脸上一阵抽搐。"麦克尔。"他开口了。

"他要垮了。这游戏我赢了。"麦克尔暗暗高兴。

"嗯，什么事？"麦克尔含了一嘴蛋奶，故意装出一副恭恭敬敬的样子。

"没什么。"爸爸低声嘀咕道。

"爸爸真棒！瞧他快承受不住了，可还是遵守誓言。"麦克尔很钦佩父亲，一只手却情不自禁地伸到了桌子下面。

现在，他只好使出最后一招——搬出他的"秘密武器"！

麦克尔把下午买的橘黄色的苍蝇拍放到他用的餐刀旁边。

所有的目光都集中到雪白的桌布上面躺着的这个怪物上。但仍然没有人开口说话。

麦克尔咬咬牙，抓起苍蝇拍，伸出舌头舔上面星星点点的脏东西，并且装出一副美滋滋像是在吃冰激凌的样子。

贝德威尔先生转身冲出餐厅。麦克尔能听到他在厨房的水槽边干呕。

爸爸喘着气站起来，"你——"他颤抖着嘴唇再也说不下去，只是伸出紧握成拳头的双手向麦克尔扑过来。

麦克尔拔腿就跑。他冲进自己的房间，闩上了门，但还是能听到爸爸在外面踢着房门大喊大叫。麦克尔赶紧滚倒在地板上，祈求上帝千万别让爸爸破门而入。

终于，爸爸的脚步声远去，一切又都恢复了平常的安宁。麦克尔决定，明天等爸爸平静下来后，一定要把事情的来龙去脉原原本本告诉爸爸。也许爸爸会觉得好玩，大笑一通；也许，爸爸会伤心得掉泪；也许，爸爸会把麦克尔掐死。但不管怎么样，麦克尔要把真相告诉爸爸，好让爸爸摆脱痛苦。

原来，麦克尔找到那枚五毛钱的硬币后马上去买了一个新的苍蝇拍。又用蜂蜜在上面粘了压碎的果仁和甘草糖，看上去还真像打死的苍蝇。说穿了，谁真的喜欢吃死苍蝇呢？麦克尔当然不会这么傻——除非是事关重大，迫不得已时，才可以考虑这么做。

麦克尔还要对爸爸说，“我不是个坏小孩，我只想看看爸爸守不守信用。现在，我彻底证实了爸爸是说话算数的。我自己也会像爸爸那样说一不二的，‘有其父必有其子’嘛。”

当然，麦克尔要向爸爸妈妈保证的是，今后吃饭一定会遵守规矩。

# 逃跑的鼻子[①]

◇ 贾尼·罗大里

**贾尼·罗大里**，意大利著名儿童文学作家，一生为儿童写出了大量优秀作品，其中《洋葱头历险记》等广为流传。

果戈理先生讲过一个列宁格勒的鼻子的故事，那个鼻子坐车兜风，弄出各种事情来。

还有一个类似的故事，发生在马焦莱湖畔的拉文诺市。一天早上，住在小码头对面的一位先生起了床，到盥洗室去刮胡子，可是一照镜子却惊叫了起来：

"救命呀！我的鼻子！"

鼻子，长在脸正中间的鼻子不见了，它待过的那个地方光秃秃的。那位先生穿着睡衣跑到晾台上，正好赶上看到鼻子在广场上迈着大步朝码头赶去，在排着队上拖船的小汽车中间穿来穿去，而那些小汽车要运往维尔巴尼亚。

"站住！站住！"那位先生喊着，"我的鼻子！抓小偷！抓小偷啊！"

人们抬头看了看，全都笑了。

"有人偷了您的鼻子，把您的脸弄成一个南瓜啦！真糟糕！"

那位先生只好赶紧下楼跑到街上，追赶那个逃跑的鼻子，同时还得用一块手绢捂着脸，好像得了感冒一样。他刚赶到码头，就看见拖船正从码头上离岸。为了追上它，那位先生勇敢地跳进水里，船上的乘客都大声

① 选自《鼻子和你捉迷藏》，梅子涵主编，浙江文艺出版社2007年版。

这一天，这位先生起床后正准备刮胡子，却惊讶地发现脸上的鼻子不见了。

喊着："加油！加油！"但是船已经加速开动起来。船长根本不打算掉头让这位迟到的乘客上船。

"你再等下一班拖船吧！"一个水手朝这位先生喊，"每半个钟头就有一班船！"

那位先生泄了气，朝岸边游回去，突然发现他的鼻子正躺在水上一块斗篷上，慢慢漂流着，像神话里的圣朱里奥。

"原来你没有上船呀！都是假装的？"那位先生喊了起来。

鼻子一直盯着前面，像个老航海家，连头都不扭一下。斗篷像水母在湖中轻轻漂荡着。

"你去哪儿？"

鼻子不吭声，它那失望的主人只好忍气吞声地回到拉文诺码头，穿过好奇的人群回到家里，再也不敢出门。他命令女仆不许让任何人进来，整天照着镜子，看着自己那张没了鼻子的脸。

几天以后，兰科一个渔民收网时捞出来那个逃跑的鼻子。它在湖中心遇难了，因为斗篷上净是漏洞。渔民把它带到拉文诺的集市上去卖。

正好赶上那位先生的女仆去集市上买鱼，一眼就看见了那只混在鲤鱼和梭鱼堆里的鼻子。

"这是我主人的鼻子！"她尖叫了起来，"快交给我去带给我的主人！"

"是谁的我不管，"渔民说，"是我打上来的，我就得卖！"

"多少钱？"

"您知道，它有多沉，就值多少黄金。这可不是一条鲈鱼！"

女仆跑回家向主人报告消息。

"他要多少钱就给多少钱！我要我的鼻子！"

女仆算了一下，需要一口袋的钱，因为那个鼻子太大了，需要很多很多钱。为了凑够这笔数，她还卖掉了自己的耳环。因为她非常忠于主人，为他牺牲一切都

只当是吹口气。

她买回了鼻子，用手绢包着回了家。鼻子乖乖地让她带着，甚至主人用颤抖的手抓过它的时候也都没有进行反抗。

“你为什么要逃跑？我有什么对不住你的地方？”

鼻子上下打量了他一下，做了个表示恶心的鬼脸，说：“你听着，你再也别用手指掏鼻孔了！至少你得把手指甲剪一剪！”

# 什么叫做好，什么叫做不好[①]

◇ 马雅可夫斯基

**马雅可夫斯基** （1893—1930），前苏联作家、诗人，代表作有长诗《列宁》。

走来一个
小宝宝，
向他爸爸问道：
“你说什么叫做
好，
什么叫做
不好？”
这个爸爸
的回答，
我让大家
知道。
书上记着
他的话，
孩子你们听好。

要是大风
刮屋顶，
天上
掉下冰雹，
谁都知道

① 选自《鼻子和你捉迷藏》，梅子涵主编，浙江文艺出版社2007年版。

这事情
对于散步
不好。

下点小雨
天放晴。
太阳
到处照耀。
这对孩子
对大人，
都是
非常地好。

身上
比夜晚
还要黑糊糊。
满脸
乌七八糟，
这对孩子的皮肤，
自然
非常
不好。

要是
孩子
爱牙粉，
并且喜欢肥皂，
这个孩子
乖得很，
他这样做真好。

要是孩子
爱打人,
专门欺负弱小,
我不肯让
这恶棍
在这书里
看到!

这孩子叫:
"不许碰
比你小的
宝宝!"
这个孩子
叫人疼,
真想多把他瞧!

要是
书本和皮球
弄坏
不少不少,
这就难怪小朋友
说你这人不好。

要是孩子
肯用功
读书
十分
爱好,
要是孩子
爱劳动

这样
实在是好。
大胖小子
见乌鸦，
吓得噢噢地逃，
他跟耗子
是哥俩，
这样
非常不好。

这个孩子
尺把高，
却敢
对抗凶鸟。
勇敢孩子，
好，很好，
生活里
用得着。
这孩子钻
垃圾堆，
衬衫脏了
还笑。
大家说他
肮脏鬼，
说他
十分不好。

毡靴、
套鞋
自己洗，

洗得
亮光闪耀，
虽然
小小的年纪，
可他十分地好。

这话
人人
要牢记，
个个
都该知道：
小时
小猪
一只，
大来
大猪一条。
孩子
喜洋洋走掉，
主意
他拿定了：
“我从今后
要做好，
绝不去做
不好。”

# 华盛顿的礼仪规则[①]

◇ 乔治·华盛顿

**乔治·华盛顿** （1732—1799），美国第一任总统，被尊称为美国国父。学者们将他和亚伯拉罕·林肯并称为美国历史上最伟大的总统。

1. 和别人在一起时，自己在言谈举止方面必须尊重他人。

2. 有别人在场的情况下，不要自己哼唱，也不要用手指敲打东西，或者用脚踢什么东西。

3. 别人讲话时，不要插嘴；别人站着时，不要坐下；别人停下来后，不要自己来。

4. 不要背对别人，尤其是在与别人说话时；当别人看书写字时，不要摇晃书桌；不要靠在别人身上。

5. 不要奉承别人，不要和不喜欢与别人玩的人玩。

6. 和别人在一起时，不要看信、读书或看报纸；如果确有必要做上述事情，也一定要请求离开。如果没有事先得到别人的允许，不要走近或看别人的书或写的东西；别人写信时，也不要离得太近。

7. 脸色和蔼，但是在严肃的场合要严肃一些。

8. 别人遇到不幸，不要面露喜色，尽管他是你的对手。

9. 有身份或任高职者在各个方面都拥有优先权，但是在他们年轻的时候，应该尊重在出身或其他方面与自己平等的人，虽然这些人没有担任任何公职。

10. 与别人谈话时，应先让别人开口，尤其是和上

---

① 选自《美德书》，（美）贝内特主编，何吉贤等译，中央编译出版社2000年版。

司说话时，决不能自己首先开口。

11. 与商人谈话时一定要做到内容简短而全面。

12. 看望病人时，如果自己不是医生，切忌越俎代庖。

13. 给别人写信或与别人谈话时，称呼要符合这个人的地位及其居住地的习惯。

14. 不要和上司争论，而是要谦虚地将自己的观点表达出来。

15. 不要对同事指手划脚，因为这样做往往给人以傲慢的感觉。

16. 如果一个人已经尽其所能，即使没有成功，也不要责备他。

17. 向别人提建议或批评时，要认真考虑一下场合：是当众还是私下提出，现在还是另找时间提出。此外，还是注意措辞。在批评别人时，不要露出一点愤怒的神情，口气应该温和一些。

18. 不要嘲笑或讥讽任何重要的事情；不要开尖刻的玩笑；如果你要说幽默或诙谐的话，首先要控制住自己不要笑出来。

19. 如果你想为某事去谴责别人，自己在这方面必须没有错误。因为榜样比规则更具说服力。

20. 不要用责备的语言说任何人，也不要责骂或斥责别人。

21. 不要轻信有关贬低他人的传言。

22. 穿着要朴素，要追求自然而非他人的羡慕。遵循地位相同者的时尚，根据不同场合，做到衣着整齐，礼貌待人。

23. 不要学孔雀，无论在什么地方都要看自己打扮是否得体，鞋子是否合适，袜子是否整洁，衣服是否漂亮。

24. 如果你看重自己名声的话，一定要和品德高尚的人交往。与其和品质恶劣的人交往，不如一个人独处。

25. 说话时不要带有恶意或忌妒，因为这是一种温顺与值得称赞的性格。无论遇到何种可能会惹你生气的事情，都要保持理智。

26. 不要不怀好意地鼓动朋友去发现他人的秘密。

27. 在成年人或有学问的人中间，不要谈低级或肤浅的事情。也不要在无知者中提很难的问题或谈一些深奥的话题，或者让人难以置信的事情。

28. 在欢乐时刻或吃饭时不要说哀伤的事情。不要谈悲伤的事情，如死亡与受伤；如果别人提到这些事情，要尽力改变话题。只对自己亲密的朋友谈论自己的梦想。

29. 如果没人感兴趣，不要开玩笑，不要大笑。此外笑也要分场合。切忌幸灾乐祸，即使的确有可笑之处。

30. 不要说一些伤害他人的话，无论是开玩笑还是郑重其事。不要嘲笑别人，尽管他们的确有可笑之处。

31. 待人切忌鲁莽，要友好，有礼貌。向别人问候时不要犹豫，要先听别人讲话，然后再做回答。应该谈话时，不要沉思不语。

32. 不贬低人，也不过分赞扬人。

33. 不去不清楚自己是否受欢迎的地方。如果别人没有请你提建议，莫自告奋勇。如果别人想听一下你的意见，陈述要简短。

34. 如果两个人在争论，不要顽固坚持自己的观点。在无关紧要的问题上，要与大多数人站在一起。

35. 不要责备别人的缺点，因为你的父母、老师与上司都有缺点。

36. 不要盯住别人的缺点不放，也不要对这些缺点追根求源。应该和朋友私下里讲的话不要对别人说。

37. 与他人在一起时一定要讲母语，切忌讲外语；要向有教养的人学习，不要流于庸俗；要认真对待高尚的事情。

38. 说话之前要三思；发音要准确，不要急于说话，讲话时思路要清晰。

39. 别人说话时，要认真听讲，不要打扰其他听众。如果说话人举棋不定，不要帮助他，也不要向他提醒，除非他希望你这样做。不要打断他，在他讲完后，再提问。

40. 有事与别人打交道时选好时机，不要在别人面前交头接耳。

41. 不要把别人互相进行比较；如果赞扬某人的英勇行为，不要用同样的话来称赞另一个人。

42. 如果一件事你不知道是否属实，不要轻易告诉别人。在谈论你听说的事情时，不要总是说出你是听谁讲的。不要揭露秘密。

43. 不要对别人的事情好奇，也不要在别人私下谈话时走过去。

44. 不要做你没有把握的事；但是一定要遵守诺言。

45. 讲一件事情时，不要感情用事或者轻举妄动，不管听者有多么卑鄙。

46. 当上司和别人说话时，要认真听，不要插话或大笑。

47. 在辨论中，既不要急于战胜对方，也不要让所有人随意发表自己的意见。要听取大多数人的判断，当这些人是辩论的评判时更应该如此。

48. 谈话时，切忌单调乏味，离题次数不能太多，也不要把同一件事情重复许多次。

49. 不要恶意攻击不在场的人，因为这样做不公正。

50. 无论发生什么事，吃饭时都不要生气；即使生气，也不要表现出来；表情要欢快，尤其是有陌生人在场的情况下，良好的气氛能助人开胃。

51. 不要自己坐在餐桌的上座；但是如果你应该坐上座，或者房子的主人请你坐上座，不要过于谦让，以免给在场的其他人带来不快。

52. 当你谈到上帝或其品质时，一定要郑重其事，满怀敬意，并且听从父母的教诲。

53. 你的娱乐活动要像一个男子汉，而非像一个罪犯。

54. 要努力保持那团被称为“良心”的天堂之火在你的胸中燃烧不止。

# 穷理查德年鉴[1]

◇ 本杰明·富兰克林

本杰明·富兰克林作的年鉴是作为一个虚构的理查德·桑德斯（因此叫"穷理查德"）的著作从1733—1758年在费城年年发表。这些年鉴在殖民地居民中极受欢迎。典型的年鉴包含有日历、天气预测，忠告、食谱以及其他许多有用的知识。穷理查德的谚语、格言和箴言有的是他自己创作的，有的不是。它们使富兰克林实用、宽容和令人快活的妙语和哲学得到传播普及。以下是"穷理查德"几百条谚语和评论中选出的格言。

**本杰明·富兰克林**（1706—1790），是有史以来最杰出的美国人之一。他尝试了各种事业并在所有这些方面都取得辉煌的成就。著作有《穷理查德年鉴》、《奋斗史》、《道德的艺术》等。

穷人几乎没有，乞丐一无所有，富人拥有太多，没人会说够了。

请听又穷又破的理查德一句话，凡以愤怒开始的事必以耻辱告终。

凡不勤勉的人，决不会有荣誉。

勤则万事易，懒则万事难。

要想说服人家，应晓之以利，而非以理。

不能服从的人，就不能指挥。

守株待兔者，美餐无保证。

有知识的傻瓜比没知识的傻瓜更糟。

---

① 选自《美国读本》，（美）戴安娜·拉维奇编，陈凯等译，国际文化出版公司2005年版。

如果三人之中两人死了，那秘密就可能守住。

早睡早起身，富裕、聪明又健身。

对上级谦恭是职责，对平辈谦恭是礼貌，对下级谦恭是高尚。

财富不属于拥有它的人，而属于享受它的人。

如果你自家的窗户是玻璃的，就不要向邻居扔石头。

债主的记忆力比债户强。

通向荣誉的快捷方式是把为荣誉而干的事当做为良心而干。

世上最高尚的问题是：我能做什么有益的事？

若要在死后尸骨腐烂时不被人忘记，要么写出值得人读的东西，要么做些值得人写的事。

不要出卖道德去买财富，也不要出卖自由去买权力。

古人告诉我们什么是最好的，但我们应该知道什么是现代人最合适的。

你要管理事务，别让事务管理你。

一年根除一恶习，恶棍也能成好人。

若对小错误视而不见，那你就会犯大错。

让你小孩先学会服从，其次才学你要他学的东西。

什么都不想的人最幸福，因为他从不失望。

如果你损害良心，良心就会向你报复。

不要听朋友的坏话，也不要说敌人的坏话。

把你欠的还掉，你就知道什么是你的。

不要把你知道的一切，你欠的一切，你拥有的一切，你所能做的一切都向人公布。

每个民族都有足够的勇气忍受其他民族造成的痛苦，同时也有足够的勇气宽恕其他民族。

历史无趣的国家是幸福的，历史无趣的时代是幸运的。

人的舌头既软又没骨，但用它可敲断人的脊梁骨。

若怕干坏事，别的就都不用怕了。

借钱给一个敌人，你会赢得他。

借钱给一个朋友，你会失去他。

让你的不满成为你的秘密，——如果让世人知道了，他们会看不起你，而且会增加你的不满。

一艺在身，胜如田庄在手。

明天要做的事今天就做。

人每天都在变，凭感觉的事是不是也和无影无踪的事一样不可靠？

说起任何人都不可以用轻蔑的语气，无论他是国王还是奴隶。

只有最毒的蜂才会用刺。

说话尖刻交不了朋友；一勺蜜要比一加仑醋能抓住更多苍蝇。

急事缓办。

注意小笔开支，小漏将会沉大船。

没有辛苦就没有收获。

井干方知泉水贵。

好的榜样就是最好的说教。

傻瓜的日子是泡在酒里，智者的生活放在思考里。

酒不能消愁，只能浇愁，而且使愁上加愁。

天才不受教育就像是埋在矿里的银子。

玻璃、陶瓷和名誉都很容易破裂，而且永远无法弥补。

黄金时代永远不是现在的时代。

仓促造成浪费。

邻居可相爱，篱笆不能拆。

无知不为耻，不想学才可耻。

一个今天等于两个明天。

# 什么时候找你聊聊去①

◇ 李慎之

**李慎之**（1923—2003），著名学者、哲学家、社会学家，中国社会科学院副院长兼美国研究所所长，著有《风雨苍黄五十年》、《廿世纪的忧思》等。

“李老师，什么时候找你聊聊去！”这是我常常接到的电话。

我已经是七十衰翁了，但是我确实非常喜欢接近青年人。原因之一是我怕年纪老大，耳目闭塞，思想僵化，特别怕得老年痴呆症。但是，每接到这样的电话，内心却又总是老大不自在。

对我这样说话的，往往是比我小二十岁、三十岁、四十岁甚至更多的人。我也相信，他们用这样的口气同我说话，大概还肯定我是一个没有架子、平易近人的人。这本来也可以使我感到欣慰了，但是他们大概还不知道，我还是一个十分守旧的人，颇似鲁迅当年自己“摩一下头顶”之后又警觉到“自己可以说是太落伍了”一样。

我自从五十年多年前教过几个月中学以后就在没有教过书，更没有资格在科举时代当过考官，收过门生（当然在当右派的时候也曾在短训班教过几年英文，但那时学员是我的领导，对我只是直呼其名，不能叫我老师的）。因此我虽然知道在“同志”两字不大时行以后，“师傅”和“老师”相继代兴，却总觉得不敢当，总觉得还是“先生”这个没大没小、可大可小的词儿对我更合

① 选自《一个甲子的风雨人情：笔会60年·珍藏版》，文汇报笔会编辑部编，文汇出版社2006年版。

适一些，对于青年人，除了平常叫惯同志或者老张、小王者外，我一般也是称先生的。

我自承“守旧”，但是更可感慨的是，要“找我聊聊”的青年人大概已完全不知道我“守”的到底是什么“旧”了。我要坦白交代：我守的不过是三四十年前中国人不分雅俗洋土，大致都要遵守的“老规矩”。我深信，绝大多数要“找我聊聊”的青年人都是相当尊重我的，因为在说“什么时候……”以前大抵还要讲上一大堆“同你聊特别有意思”之类的恭维话。我也知道他们都是很真诚的人，问题是我从小受过许多牢不可破的旧教育，从小不敢对自己的尊上（哪怕是最亲近的）说“什么时候找你聊聊去”这样的话。在我们那个时候，这样讲话就叫“放肆”，就叫“没规矩”，在家里是要挨父母教训，在学校时要挨老师训斥的。此外还有一种更厉害的责骂，叫做“没有家教”，那是连爹娘都骂进去了。这就是所谓“辱先”，是文明的中国人最受不了的耻辱。

中国传统文化好像现在很有点热劲，但是，就我所知，中国传统文化如果说有什么ABC的话，那就是所谓“家教”。从小孩子起，就要学“应对进退”，说白了就是要学说话，在我们家乡就叫做学“十八句头”，实际上也就是学一定的“套话”——一个人对上下左右，逢年过节、婚丧喜庆都必不可免的、合乎规矩的用词。现在的青年人听了可能要觉得奇怪，但是六十多年前我上小学（那是全国有名的新式小学）的时候，从三年级到四年级确有一门“说话”课，用的是商务印书馆的课本，我到现在还背得出第一课的头几句：“贵姓？贵姓王。台甫？草字友益……”至于《幼学琼林》有一篇《人事》，我也是读过的，其中很大一部分是教人怎样说话，鲁迅先生曾讽刺过其中的“笑人齿缺曰狗洞大开”。想来他也是读过的。

在这样的教育下，我现在如果要找前辈先生“聊聊”，倘写信只敢说“趋前承教”，倘打电话，也只敢说：“我来向你请教”。

“积习之中人深矣！”我也常常自问我是不是“太封建”了。可似乎又觉得还未必，我还不至于腐朽到赞成以“三礼”治天下，而且也可说几乎完全不懂。虽然它们被认为是中国传统文化的精义也有几千年之久。如果现在要我去教《陈情表》，一句“内无期功强近之亲”，我就讲不清楚。但是想想新时代以来，我们的国家要开展“五讲四美”，要由政府来教人民讲“请，谢谢、对不起……”就又觉得“既有今日，何必当初”。不过青年人好像对“Good morning”“Happy birthday to you”……的兴趣也不小。这两天赶上过年，“Merry Christmas and Happy New Year”到处可见，这大概是西洋人的“十八句头”吧！无论如何，看起来不论中外，起码的礼貌总是要有的。

使我最为大惑不解的是，喜欢对我说“什么时候找你聊聊去”的青年人中还有一些是中国传统文化的崇拜者，是“西学源于中学说”的鼓吹者，是认为今后世界要仰赖中国文化来拯救的爱国者。他们倒是写作甚勤，只是我看不出他们是从哪里学的中国传统文化，也看不出中国传统文化如何体现在他们身上。我不敢否认他们也许是中国当代文化的代表人物，但是与主张“仁义礼智信”“温良恭俭让”的中国传统文化总似乎是太隔膜了。而我一贯的信条，也是我的老生常谈就是：中国的新文化只能产生在传统文化与外来优秀文化的结合点上。

毛主席有一句话，我是绝对相信的，青年是早晨七八点钟的太阳，世界是我们的，也是他们的，但是归根结底是他们的。我真心爱重青年，希望同他们交朋友，从他们身上吸收养料，只是希望他们能多继承一点中国传统文化的精神。这样，我好更敢于同他们接触一些，也只有这样，他们才有可能多吸取一些外来文化的优点。

# 微笑[1]

◇ 何怀宏

我们有时在公共场合会看到这样的情况：人们恶语相向，甚至拳脚交加，打得头破血流，究其原因，却往往是因为一些微不足道的小事引起的：一句不客气的话，或者一张板着的脸。

有一首诗曾经在法国非常流行，在商店、宾馆、医院、机场等许多地方的墙上、服务台或窗口，都可以看到这首排列成一颗心形的诗：

微笑一下多么容易，
它产生的魅力却无穷无尽……
接受微笑的人立刻变得富有，
发出微笑的人也丝毫不曾失去；
再富有的人，也不愿拒绝一个微笑，
再贫困的人，也有能力将它施予。
它带来了天伦之乐，
又是友谊绝妙的表示，
它能神奇地解除疲劳，
又能给绝望者以生活的勇气。
如果我们那天遇到一个人，
他竟然没有对我们微笑，

**何怀宏**（1954—），北京大学哲学系教授，博士生导师，主要从事伦理学、人生哲学、社会史等领域的研究，译著多为欧美伦理学、政治学经典。

---

① 选自《画说哲学·珍重生命》，何怀宏著，广东教育出版社2003年版。

那么将你的微笑慷慨地给予他吧，

因为没有任何人比那不能给别人微笑的人更需要。

一个微笑，有时会把素不相识的两个人的生命从此联结在一起，成为他和她铭心刻骨的记忆。一个微笑，有时会给一个对自己的生活感到绝望的人，重新输进一线希望，这时候，我们甚至可以说，对于挽救一个生命来说，一个微笑，就已经足够。

这种生死攸关的微笑，有时可能是熟人和朋友真心的安慰，但有时也可能仅仅是一个路过的陌生人表示的礼貌性的友好，当然，一个微笑产生这样巨大效果的时刻极其罕见。我们且不谈这样的微笑，而即使是一般礼貌性的微笑，也能创造一种平和的气氛，使我们纷扰劳累的心消除一些紧张，得到一些放松。

微笑是富有感染力的，一个微笑往往带来另一个微笑，这样，人与人之间的关系就可能会变得单纯得多、松快得多。

有时，并不需要增加多少财富，也不需要将它们打乱来重新分配，人们只需改变一下他们之间的关系，只需改变一下他们对这种关系的看法，他们就会快乐许多，幸福许多。

礼貌是一种习惯，让我们不要轻视这种习惯，并且最好也让礼貌的微笑从小就慢慢成为我们的一种习惯，这样我们就可以比较轻松、毫不费力地去做它，从而预先消除许多不必要的怨气，化解许多不必要的争执，使别人快乐，自己也快乐。

# 为自己和为别人[①]

◇ 何怀宏

我们应当为谁活着？为自己还是为别人？这是一个让我们常常感到困惑的问题。

说我们应当总是为了别人而生活，如果作为一个普遍原则，这里面总是有一种让人觉得不完全对的地方，那样的话，我自己到哪里去了呢？我是不是总是要按照别人的愿望来安排我个人的生活、按照别人的需求来发展和塑造我自己呢？我又如何分辨许多个别人的轻重缓急呢？而且，如果每一个人都被严格地要求这样做，也确实这样做了，那么世界会变成什么样子呢？

古时候，有一个人身上痒。叫他儿子找痒处搔，找了三处都找不着；叫他老婆找，找了五处还是找不着，那人发脾气说："老婆孩子是最心疼我的人，怎么都这么难找到我身上的痒处？"便自己伸手，一搔就搔到了痒处。

"自家冷暖自家知"，一个人并不容易清楚地了解许多个与他不同的别人的内在心愿和切身痛痒，何况他还应当尊重别人保留自己的秘密，以及自尊、自信、自立、自强的权利；而一个人在一般情况下对自己的身体和生命，要比对别人的身体和生命更为关心，更为注意，看来也是自然的。

---

① 选自《画说哲学·珍重生命》，何怀宏著，广东教育出版社2003年版。

歌德说，一个人总不可能跟所有的人生活在一起，因此，他也就不可能为每一个人而活着，若能真正认识到这个真理，各人就会极度地珍视自己的朋友，同时又不会去憎恨或者迫害自己的敌人。

易卜生也曾在一封给他的朋友白兰戴的信中说道：你要想有益于社会，最好的法子莫如把你自己这块材料铸造成器。

而对于一个少年来说，最重要的也就是，首先把自己铸造成器，并且最好是自己能力范围内的大器。如果自己都不能成器，何谈有益于别人？

但是不是就是要“主观为自己、客观为别人”呢？是不是每个人都主观为自己，客观上就能造成一个人人都互相有利的状况呢？

当然，一个比较理想的社会制度，是应该尽量调整得能使所有个人发展的合理愿望都能有利于他人的，但是，这些愿望总还是会有冲突的时候，而一般正常的人们还渴望一种同类的亲情和友谊。

所以，我们也就还有必要调整自己，努力使自己的发展能够确实有益于他人。我们要知道这个世界上除了自己，还有别人，不仅所有个人的幸福在某种客观意义上都是互相依赖的，而且只有能够与他人分享的快乐才是纯净的、持久的、可靠的快乐。

因此，也许还是普里什文说得好，他说：“有些人说，要为自己而生活；另一些人教导说，要为亲人而生活，而我却认为，每个人都应该努力找到一个这样的着力点，以便为自己而生活自然而然地成为也是为了近亲和远亲、为了大家而生活。”

# 不被打搅的权利[①]

◇ 钱满素

**钱满素**（1946—），南京师范大学外国语学院特聘教授，博士生导师，著作有《爱默生和中国——对个人主义的反思》、《美国文明》等。

国人都善于为自己保留一块神圣不可侵犯的小天地，并且竭尽全力去捍卫它。这块地盘纯属个人，无论是政府、亲属、朋友，都不得无故侵入——这就是美国人常挂口边的一个词：privacy。

Privacy这个词最基本的含义有二：一是离开他人的状态，一人独处不被打搅；二是作为“公共”一词的反义词，表示“私下”的意思。美国最早提出“the right to privacy”是在1890年《哈佛法律评论》的一篇文章中，作者认为这一权利应受法律保护。1967年的一份官方文件又将这一权利界定为“个人在与人分享自己的思想感情和私生活方面的自主权”。它包括个人的外在生活和内在生活，涉及信仰自由和行动自由等各个方面。但简单地说，也就是个人在私生活中的绝对自由权。

汉语里没有一个和privacy完全等同的词，通常将这一权利译作“隐私权”。这一译法并非完全不确切，但在“天下为公”的中国，似乎总不那么理直气壮。“私”字虽有中性意义，但以它组成的词起码有一大半是贬义的。既“私”还要“隐”，岂不更糟？而且，“隐私”一词的解释是“不愿告人的或不愿公开的个人的事”，并不能包括privacy的第一种含义，所以译作“私权”或许反倒直截了当。同时，有必要强调一下私权中“不被打搅

① 选自《一个大众社会的诞生》，钱满素著，花城出版社2008年版。

的权利”，否则中国人便不易理解美国人在人际交往中的一些基本原则。

在美国，尊重私权可以说是全社会的共识，它首先表现在公共生活的各个场所。例如，你走遍全美国，大概不会找到一个毫无隐私可言的面面相觑的公共厕所，更不会有一长队人面对你等待着，这对美国人来说，可谓不堪。同理，美国人也不会随地吐痰，这固然属于公德，但更直接的理由是不愿让自己的排泄物公之于众。身体是非常个人的，美国人在排队时总是保持一定的距离，避免接触，以示尊重。美国人可以穿超短裙或“三点式”，但这是本人自愿，若被迫暴露，则违反私权。即便在医院里，也决不让病人彼此暴露。医生做检查时会提供给病人一件白纸罩褂，以便遮住不必暴露的部分。这一做法确实消耗了纸张，但维护了病人的某种尊严。在邮局里，个人邮件不受检查。刚去美国，把未封的印刷品或包裹递交检查时，得到的回答是“我们不查私人邮件”。规章制度贴在墙上，完全靠每个人自觉遵守。在餐馆里，大都是供两人对坐的小桌，不认识的人安排在同一张大桌上用餐的情况是罕见的。

美国人交往中有两点十分忌讳：一是随便询问别人私事；二是随便登门拜访。中国人刚认识，便可以把别人家里的事情问个一清二楚：多大岁数，挣多少钱，家庭人口关系等等，这可以说是中国人表示关心的一种方式。美国人之间是决不打听这些私事的，如果别人不主动告诉你，那么再熟的朋友最好也别问。美国人不以高龄长寿为荣，不喜欢说自己的年龄。他们的婚姻家庭又种类繁多，没必要去向别人作解释。至于收入嘛，也很复杂，年年填一次所得税表就足够他们烦心了。当然，关键还在于——“少管闲事”（mind your own-business）。

美国人登门拜访，必先预约。若无特殊情况，不约而至是很失礼的。他们当然也具备了预约的一些客观条件，比如电话的普及达到了家家户户，连校园宿舍里也每屋必备，不预约就说不过去了。楼上楼下的邻居，也会先打个电话，商定时间后再来敲门。他们这样做主要还是观念上的原因，因为没有电话，也是可以通过书信等方式预约的。预约的本质在于见面双方彼此尊重对方的私权，既然会见是双方共同的事情，那么双方对见面的时间、地点和方式就应该具有同样的决定权。每个人都有自己的日程安排以及完成自己计划的心理准备。不经商量，随便到人家中，一坐又是几个钟头，等于是强迫别人改变他原先的计划，以适应自己的需要，而不考虑别人是否另有事务或约会，或者他的身体或心理状态是否适合接待客人。美国人在打电话时也往往会先问一声:“我现在打电话是时候吗?可以和你谈谈吗?”看来，美国人的礼貌在于不去打搅别人而中国人的礼貌则表现在耐心地接受别人打搅。中国人要张口说个“不”字实在太难了，哪怕有要紧的事等着办，也不好明说，还得陪着聊天。美国人在同样的情况下会毫不犹豫地直接告诉你“对不起，我该走了”，或者“我今天还有事，改日再谈好吗”，他们认为坦率是对人更大的尊重，而对方也不会就此得罪。

语言的翻译往往涉及文化问题。具体事物的译法比较简单，即便中国没有这样东西，进口一个外来词就可解决问题，比如“沙发”。但翻译文化概念方面的词就困难多了，苦于找不到对等的词，这就说明了文化的差异。而制造一个新词也往往由于不具备相同的文化背景未必能得到正确理解，难怪鲁迅先生当年要使用“费厄泼赖”一词。私权说到底是尊重个人权利的问题，美国人个人意识极强，私权便是顺理成章的事，而中国的宗法社会是不强调每个成员的个人意识的。一个基督徒最主要的关系是和上帝的关系，而不是和他的家属。当他向上帝祈祷或忏悔时，任何人都不能去打搅。一个中国人则是各种人伦关系的交叉点，在群体社会中普通的个人常常是微不足道的，若坚持自己的观点或意愿，便有冒犯集体的危险。曾听一位外地民工说，他长年在北京，但很少和妻子通信，因为信一到工地，别人就会拆开传阅。若是男女朋友之间的信，就会引起加倍的好奇和兴趣。我问他是否可以不让拆，他惊讶地回答说:“那怎么行，人家会从此不理你的。拆你信是看得起你啊，看不起你才不高兴拆你信呢。”他们把拆别人邮件当成是无所谓的事，甚至表示亲热的事，根本没有意识到这是一种侵犯别人私权的行为。

在维护私权上,美国人有时能达到一种中国人不大理解的地步。例如，马萨诸塞州原先有一条法律，规定小卧车内人人必须系安全带，但后来被投票取消了，因为系不系安全带只关系到本人，与社会无关，因而违反了私权，正如法律是不能禁止人自杀的一样。

但是与私生活领域的不可侵犯相对照，美国人要求国家社会生活的高度公开。尼克松因为几名“管子工”窃听水门饭店的民主党会议，便应付不了纷纷扬扬的舆论，终于成为美国历史上第一位辞职的总统。对于“公仆”，美国人不仅要求他们政务上的透明，私生活上也必须有超出平民百姓的公开性。总统每年必须公布收入和税务状况，夫人子女常常需要出场亮相，以显示其家庭和睦。1988年美国民主党一名颇有希望的总统竞选人盖里·哈特，因在竞选期间与情人幽会，支持率立马一落千丈。美国人对此的解释是正因为你是公职人员，你的私生活就不仅关系到你个人，也可能关系到全社会，就有一半“公”的性质了。你私生活上的错误判断足以说明你的综合判断能力。中国的传统似乎正相反，中国人其实也并非没有私权的意识，只是这块领地因人而异。从前的七品知县不也要打块“回避”的牌子吗？老百姓自然是不能随便打搅他的。所以，中国人缺少的也许不仅是个人意识，更重要的是平等意识。

私权像是一堵墙，构筑在人与人之间。它既保障个人的自由自主，也孤立了个人。在北京胡同的大杂院里，隔窗相望，一目了然，虽不那么自由，一家有事，倒也能八方支援。而注重私权的美国人虽天马行空，独来独往，却可能滋生出更多的孤独感。不过，自由与孤独也许本来就是一胎双生，不能独取其一。这堵墙到底是要，还是不要，全看你更喜欢什么，更惧怕什么了。

因为人类太精明于自己的利益了，因此我对人类是悲观的。我们对待自然的办法是打击它，使它屈服。如果我们不是这样的多疑和专横，如果我们能调整好与这颗行星的关系，并深怀感激之心对待它，我们本可有更好的机会存活下去。

——E.B.怀特

“自然是精神之象征”，当我们漫步田野，仰望星空，聆听世间万物用它们独特的声音和人类沟通——蝉鸣鸟叫，溪水淙淙，暮鼓晨钟……我们感受到日月星辰之中，蓝天白云之下，青草鲜花之间，处处溢满了纯洁、仁爱、优雅、宁静与安详。自然是心灵的风景，让我们轻轻走在大地上，体验孕育于自然之中的和谐与美，在原野中找到滋润灵魂的甘露，重建人类日渐荒芜的精神家园。

第二章

# 别碰我们的绿树

# 别碰我们的绿树①

◇ 徐鲁

**徐鲁**（1962—），当代作家。著有长篇小说《为了地久天长》、诗集《歌青青·草青青》等。

你用斧头和锯子砍倒的
不是一棵棵未成熟的树木
你是在砍伐全人类的肺叶
和这个地球上生物的幸福
你是在砍伐
世界上所有孩子的梦
和风雨中小鸟的房屋……

万物之灵的人类，缺少的恰恰是对花草树木等自然万物的敬畏之心。

① 选自《天津日报·文艺周刊》1995年10月26日。

# 做动物的朋友

◇ 阿雄

在小朋友的地球，
人和动物是朋友。
鲨鱼背着孩子游泳，
孩子也不欺侮小狗。
长颈鹿给教室擦玻璃，
熊猫跌跤，我给揉一揉。
在和和好好的地球，
子弹成了鞭炮，
猎枪统统生锈。

**阿雄**，日本小朋友。

# 我扶起了一棵小树[①]

◇ 普罗科菲耶夫

**普罗科菲耶夫** （1900—1971），前苏联诗人。

我扶起了一棵小树——
它横长在草地，
像掉队的战士，和树林失去了联系。
它从来没有和天上的星星交谈，
也不曾欣赏夜莺歌喉的美丽。
它匍匐着，匍匐在日夜倾慕的林中，
这树林的枝梢伸向蔚蓝的高空；
它匍匐着——
因为它受到风儿的凌辱，
被风儿刮倒，狠狠地抛在草丛。
万物在欢乐中早已将它忘记，
大家都呼吸着春日清新的空气……
我扶起了这棵小树——
像扶一位友人，
仿佛它有颗心儿正向我呼吁！

1961年

---

① 选自《苏联当代诗选》，乌兰汗编选，外国文学出版社1984年版。

# 他的名字是彼得[①]

◇ 威廉·福克纳

**威廉·福克纳** （1897—1962），美国著名作家，1949年度诺贝尔文学奖获得者。

他的名字是彼得。他只不过是一条狗，一条十五个月的猎狗，还只能算是一条稚嫩的小狗，虽然他经历过一次狩猎的季节，学习过怎样在两三年之内（如果他能活那么久的话）当好一条狗。

可是他仅仅是一条狗。他没有过去也绝不会永生不死，对于他来到的这个世界他所要求的并不多：食物（他不在乎是什么，也不在乎给他多少，只要是慈爱地给予就行）、手的抚触、一个声音（他认得这声音，虽然不理解他的话，也无法回答），还有就是可以奔跑的土地、可以呼吸的空气、四时八节的阳光雨露，以及他最爱吃的鹌鹑，这是他的天性，早在他熟悉大地、感觉到阳光之前他就具有这种天性，早在他自己嗅闻到之前，他的健壮、忠心的先辈就已经使他能辨别出这种禽鸟的气味。这就是他所需要的一切。可是要填满他自然生长的一生那八个、十个或者十二个年头，这些已经足够了，因为十二年并不算长，并不需要多少东西就能把它们填满。

然而十二年虽说短，在正常情况下他的寿命本应超过四辆那种杀死了他的小汽车——那种上坡速度快得竟然无法躲开一只老大不小的猎狗的汽车。可是彼得的寿命连四辆车里的第一辆都没能超过。他并没有去追

① 选自《视野》2008年9期。

赶汽车；在让他上公路之前他就学会了不去干这样的事儿。他当时是站在路上，在等他那位骑在马背上的小女主人赶上来，以便护送她安全回家。他不应该呆在路上。他没有交公路税，没有领司机执照，也没有投过票。也许他的问题出在他住的那个院子里的那辆汽车是有喇叭和车闸的，他还以为所有的汽车也都有呢。要说他没有看见那辆汽车，因为汽车处在他和黄昏的斜阳之间，这个理由是说不大过去的，因为这样就会把视力的问题牵扯进来。显然，任何一个人，背向太阳却看不见一只站在笔直的两个车道的公路上的老大不小的猎狗，都是绝对不敢让自己开车的，何况是一辆没有喇叭、没有车闸的汽车，因为下一回这个彼得没准是个小孩，要知道用汽车撞死小孩是违反法律的。

不，那个开车的人有急事：这才是原因。也许他还有好几英里的路要赶，而他吃饭的时间已经很晚了。正因为这一点，他才没有时间降低速度、煞住汽车或是绕过彼得。既然他当时没有时间这样做，自然，事后他也不会有时间停下来了；更何况彼得仅仅是被撞得骨折肉绽给扔在路旁沟里嚎叫的一条狗，再说反正那辆车已经超越彼得，太阳现在已经是在彼得的背后，因此又怎能指望那个开车的人听见他的嚎叫呢？

不过彼得还是原谅了这个司机。在彼得一年零三个月的一生中，他从人类那里得到的除了仁爱之外再没有别的；他甘愿奉献出一生中剩下的六年、八年或是十年，以免有一个人赶不上自己的晚饭。

# 两角五分钱的奖金[1]

◇ 张晓风

据说，500只塑料袋可在数天内杀死一只体重上百公斤的海豚，据统计中国人平均每人每年使用400只一次性塑料袋，美国700只/年，生态因为人造塑料袋而失衡。在环境污染日趋严重的今天，做为普通人的我们在日常生活能做些什么去拯救我们的家园呢？从小做起，从身边做起，让我们共同努力去抵制白色污染。

**张晓风**（1941—），台湾著名作家，代表作有《愁乡石》、《步下红毯之后》等。

我家附近有一个熟食铺，有时我到铺里买些烤猪肉之类的食品，带回家当午饭。

我从来不用铺子里给的纸盒和塑料袋，总是拿着一个方塑料盒去买食品，这样回到家后也省得再把盒子里的食品腾到碟子里。

一天，我让老板娘给我割了一块肉。她微笑着对我说："七块两毛五分。"当我拿出钱包取钱时，她用赞许的语气说："给七块钱吧！两毛五分就算了。我想鼓励人们增强保护环境的意识，我真希望每个人都能像你这样。"像学生得到校长的表扬一样，我高兴得发狂，我得到了一份小小的环境保护奖——她给了我两角五分的折扣。你可能会说：两角五分算得了什么？可是我却很激动。回到家后，我就忍不住向家人夸耀我得到的这份奖

① 选自《青年文摘》1997年第10期。

金。我先给在国外的儿子通了电话，把这件事告诉了他，我又向别人讲了又讲。家人对我的行为都迷惑不解。是啊，两角五分的奖金有什么特别呢？

人们总是在口头上讲“热爱祖国”。在我看来，热爱祖国还是一种生活方式。这种热爱的具体体现是：节约能源，减少生活垃圾，不要污染环境。

在我们所有污染环境的罪过中，最容易避免的就是塑料袋。我小的时候，大人们总是带着手工编制的竹篓到集市上买东西，豆腐和猪肉都包在绿色的荷叶里，它们最后都回到大地母亲的怀抱。我还记得著名诗人余光中的几句诗，这几句诗是我的孩子还小的时候我教给他们的：

让我们用肥大的荷叶
包裹起皎洁的月光带回家
把它夹在一本唐诗书里
压得平平展展
像思念亲爱的人那样

真的，用来做包装的荷叶是多么美啊！我们还用竹叶来包米饭团。有时我们还可看到山民们用中空的竹筒盛装米饭。

可是，我们现在使用的塑料袋和过去用的包装物是多么不同啊！这也是我上集市时总带着塑料盒的原因。

当然，保护环境的行为也会给自己带来一些不便，但是这些不便不过是我们热爱祖国所付出的代价而已！常常有卖主问我为什么不要塑料袋时，旁边的人会代我解释：她要保护环境！

我对他们的理解表示衷心的感谢，还有那两角五分的奖金。在我一生获得的奖金中，它是最宝贵的一次！

# 老橡树[①]

◇ 王宜振

王宜振（1946—），当代儿童文学作家，著有《笛王的故事》、《秋风娃娃》等。

在一个大森林里，有一棵老橡树。老橡树的岁数太大啦，谁也说不清。有人说，它兴许比它眼前这座山、这条河的岁数还大呢！

老橡树也确实老啦！瞧，它那粗大挺拔的树干已经被蛀空，成了一棵空心树。枝丫大多已经干枯。干枯的枝丫上长着枯黄的叶子，真难看。

有一天，一位老爷爷走来，叹了口气说："这棵老橡树太老了，应该抓紧伐掉它！可惜今天没有带锯子来……"老爷爷的话被树上的一只小黄鹂听见了，它惋惜地说："干吗要伐掉老橡树呢！老橡树虽然老了，可它变得可爱了呢！"

小黄鹂从枝头飞开去，一边飞，一边叫着："老爷爷要伐掉老橡树啦！"

"伐掉老橡树，为什么？"一只八哥问。

"真可惜！要知道，它曾经是我们的祖先居住地呢！"

"不能让老爷爷伐掉老橡树！"一群鸟儿叽叽喳喳地嚷着。

"不能！不能！"另一群鸟儿唧唧喳喳地附和着。

…………

① 选自《鼻子和你捉迷藏》，梅子涵主编，浙江文艺出版社2007年版。

说起来也真怪，鸟儿们像事先预约好似的，一只一只地朝老橡树飞来。哈哈，它们要在老橡树上做窝、下蛋、孵娃娃呢！

"老爷爷来啦！"一只鸟儿叫着。

"瞧，肩上还背着一把大锯呢！"另一只鸟儿惊叫道。

老爷爷来了！老爷爷真的来了！当他来到老橡树下时，被眼前的动人的情景惊呆啦！

一群又一群鸟儿在老爷爷头上盘旋着，飞翔着；

一群又一群鸟儿在老橡树枝头跳跃着、歌唱着；

老爷爷自言自语地说："哈哈，老橡树变成一座鸟儿们的乐园啦！"

老爷爷正想去锯那棵老橡树，可转念又一想：这么多鸟儿在老橡树上住着，应该通知它们赶快搬家才对！想到这儿，他就写了一张布告，贴在老橡树上：

各种鸟儿：

这棵老橡树就要伐掉了，请居住在树上的鸟儿在月底前赶快搬家。

老爷爷启

贴完布告，老爷爷走了。他准备在下月初再来伐掉这老橡树。

一天过去了，两天过去了，三天过去了，一个星期过了……奇怪，没有一只鸟儿肯离开老橡树。相反，老橡树上居住的动物却越来越多。

小松鼠来了，它们在树枝上跳美丽的舞蹈；

小猴子来了，它们在树杈上荡快活的秋千；

小白兔来了，它们在大树下采雪白的蘑菇；

小狐狸来了，它们在树荫下做快乐的游戏；

小黑熊来了，它们在树洞里打香香的呼噜；

"月底就要到啦！"小松鼠说。

"老爷爷又要来啦！"小猴子说。

"瞧，老爷爷！老爷爷！老爷爷还背着一把大锯子呢！"

小狐狸惊叫道。

老爷爷来了！老爷爷又来了！当他来到老橡树下时看到了一幅又一幅动人的情景——

小松鼠竖起毛茸茸的大尾巴，逗得小猴子哈哈大笑；

小猴子快乐地翻跟头、爬树干，逗得小狐狸乐滋滋的；

小白兔在和大黑熊玩瞎子摸大象，逗得大伙儿笑呀，笑呀，笑弯了腰，笑出了泪。

老爷爷快活地说："老橡树变成一座动物们的乐园啦！"

老爷爷看了看老橡树的枝条。枝条已经变得碧绿碧绿，枝条上已经抽出一片片嫩绿的叶子，鹅黄色的，鲜嫩鲜嫩的……

老爷爷正要去锯那棵老橡树，可转念又一想：这么多的动物在老橡树上住着，应该通知它们赶快搬家才对！想到这儿，他又写了一张布告，贴在老橡树上：

森林里的动物们：

老橡树就要伐掉了，请不要再来老橡树上安家：老橡树上居住的动物，请务必在本月底前将家搬走。下月月初，一定要伐掉老橡树。

老爷爷启

贴完布告，老爷爷走了。他准备在下月初，一定要伐掉老橡树。

一天过去了，两天过去了，三天过去了，一个星期过去了……

老橡树上居住的动物们，没有一个肯离开老橡树。

它们给老橡树跳美丽的舞蹈，唱快活的歌。老橡树听着，听着，仿佛又回到了青年时代、童年时代，它感到越来越年轻、越来越年轻……

有一天，一群男孩子来了；

又有一天，一群女孩子来了；

还有一天，男孩子女孩子都来了；

他们在树洞里藏猫猫。哈哈哈，哈哈哈，那天真活泼的笑声，在老橡树的枝叶

在小动物和孩子们的感染下，老橡树渐渐发生了变化。如今的它站立在天地之间，显得那么巍峨，那么挺拔！

间震荡着、回响着。老橡树听了，心里甜甜的，像一块块冰糖在消融，心里痒痒的，像一只小虫子在爬……

小动物们仿佛听见，老橡树苍老的树皮在脱落，仿佛越变越光溜。

“月初就要到啦！”一个男孩子说。

“老爷爷又要来了！”一个女孩子说。

“瞧，老爷爷！老爷爷！老爷爷还背着一把大锯子呢！”男孩子一起惊叫道。

老爷爷真的来了！老爷爷真的又来了！当他来到老橡树下时，看到了一幕又一幕动人的情景——

孩子们和小动物们围成一个大圆圈；

大圆圈的中心，燃起一堆熊熊的篝火；火光映红了天空，映红了大地；映得孩子们和小动物们的脸膛红红的、红红的；

孩子们和小动物们敲起美丽醉人的小手鼓，拉起悦耳动听的手风琴；

他们踩着鼓点，疯狂地跳着，如梦如幻；

他们亮开歌喉，尽情地唱着，如醉如痴；

老爷爷笑呵呵地说：“哈哈，老橡树变成一个人间乐园啦！”

再看老橡树，老橡树站在天地之间，显得那么巍峨、那么挺拔！铜枝铁干上长满了浓绿的叶子，显得更加婆娑多姿、美丽动人！

老爷爷惊叹地说：“这哪里是一棵老橡树，分明是一棵年轻美丽的树……”

“老爷爷！老爷爷！”一个小男孩跑过来，扑进老爷爷的怀里。老爷爷一看，惊呆啦！这不是自己的小孙子吗？

“老爷爷！老爷爷！”一个小女孩跑过来，拽着老爷爷的胳膊。老爷爷一看，乐坏啦！这不是自己的小孙女吗？

“老爷爷！老爷爷！”小动物们呼呼啦啦围住了老爷爷。老爷爷笑得合不拢嘴，脸上的皱纹笑掉了，仿佛又回到了天真美丽的童年……

“老爷爷，还要伐掉老橡树吗？”孩子们问。

“老爷爷，有哪一棵树比这棵树美丽呢？”小动物们问。

“不伐啦！不伐啦！”老爷爷捋着白胡子笑啦！

老爷爷在默默地想，这些孩子齐心协力改变了一棵树的命运，他们可真了不起啊！

# 西雅图宣言[①]

◇ 西雅图酋长

这篇动人心弦的演说，是1851年，印第安索瓜米西族酋长西雅图所发表的，地点在美国华盛顿州的布格海湾。当时，美国政府要求签约，要以15万美元买下印第安人的200万英亩土地。演说充满了对自然大地的款款浓情，与对破坏生态行为的强烈不满。

**西雅图酋长** （1786—1866），印第安索瓜米西族酋长。

你怎能把天空、大地的温馨买下？我们不懂。

若空气失去了新鲜，流水失去了晶莹，你还能把它买下？

我们红人，视大地每一方土地为圣洁。在我们的记忆里，在我们的生命里，每一根晶亮的松板，每一片沙滩，每一撮幽林里的气息，每一种引人自省、鸣叫的昆虫都是神圣的。树液的芳香在林中穿越，也渗透了红人自亘古以来的记忆。

白人死后漫游星际之时，早忘了生他的大地。红人死后永不忘我们美丽的出生地。因为，大地是我们的母亲，母子连心，互为一体。绿意芬芳的花朵是我们的姊妹，鹿、马、大鹰都是我们的兄弟，山岩峭壁、草原上的露水、人身上、马身上所散发出的体热，都是一家子亲人。

---

① 选自《山茶：人文地理杂志》第100期。

华盛顿京城的大统领传话来说，要买我们的地。他要的不只是地。大统领说，会留下一块保护地，留给我们过安逸的日子。这么一来，大统领成了我们的父亲，我们成了他的子女。

我们会考虑你的条件，但这买卖不那么容易，因为，这地是圣洁的。

溪中、河里的晶晶流水不仅是水，是我们世代祖先的血。若卖地给你，务请牢记，这地是圣洁的，务请教导你的子子孙孙，这地是圣洁的。湖中清水里的每一种映象，都代表一种灵意，映出无数的古迹，各式的仪式，以及我们的生活方式。流水的声音不大，但它说的话，是我们祖先的声音。

河流是我们的兄弟，它解我们的渴，运送我们的独木舟，喂养我们的子女。若卖地给你，务请记得，务请教导你的子女，河流是我们的兄弟，你对它，要付出爱，要周到，像爱你自己的兄弟一样。

白人不能体会我们的想法，这点，我知道。

在白人眼里，哪一块地都一样，可以趁夜打劫，各取所需，拿了就走。对白人来说，大地不是他的兄弟，大地是他的仇敌，他要一一征服。

白人可以把父亲的墓地弃之不顾。父亲的安息之地，儿女的出生之地，他可以不放在心上。在他看来，天、大地、母亲、兄弟都可以随意买下、掠夺，或像羊群或串珠一样卖出。他贪得无厌，大口大口吞食土地之后，任由大地成为片片荒漠。

我不懂。

你我的生活方式完全不同。红人的眼睛只要一看见你们的城市就觉疼痛。白人的城里没有安静，没地方可以听到春天里树叶摊开的声音，听不见昆虫振翅作乐的声音。城市的噪音羞辱我们的双耳。晚间，听不到池塘边青蛙在争论，听不见夜鸟的哀鸣。这种生活，算是活着？

我是红人，我不懂。

清风的声音轻轻扫过地面，清风的芳香，是经午后暴雨洗涤或浸过松香的，这才是红人所愿听愿闻的。

红人珍爱大气：人、兽、树木都有权分享空气，靠它呼吸。白人，似从不注意人要靠空气才能存活，像坐死多日的人，已不能辨别恶臭。若卖地给你，务请牢记，我们珍爱大气，空气养着所有的生命，它的灵力，人人有份。

风，迎着我祖父出生时的第一口气，也送走它最后一声的叹息。若卖地给你，务请将它划为圣地，使白人也能随着风尝到牧草地上加强的花香。

务请教导你的子女，让他们知道，脚下的土地，埋着我们祖骨骸；教你子弟尊崇大地，告诉他们，大地因我们亲族的生命而得滋润；告诉他们，红人怎样教导子女，大地是我们的母亲，大地的命运，就是人类的命运，人若唾弃大地，就是唾弃自己。

我们是大自然的一部分，大自然也在我们的生命里，那漫天飞舞的花朵就像我们的姐妹……

我们确知一事，大地并不属于人；人，属于大地，万物相互效力。也许，你我都是兄弟。等着看，也许，有一天白人会发现：他们所信的上帝，与我们所信的神，是同一位神。

或许，你以为可以拥有上帝，像你买一块地一样。其实你办不到，上帝，是全人类的神，上帝对人类怜恤平等，不分红、白。上帝视大地为至宝，伤害大地就是亵渎大地的创造者。白人终将随风消失，说不定比其他种族失落得更快，若污秽了你的床铺，你必然会在自己的污秽中窒息。

肉身因岁月死亡，要靠着上帝给你的力量才能在世上灿烂发光，是上帝引领你活在大地上，是上帝莫明的旨意容你操纵红人。

为什么会有这种难解的命运呢？我们不懂。

我们不懂，为什么野牛都被戮杀，野马成了驯马，森林里布满了人群的异味，优美的山景，全被电线破坏、玷污。

丛林在哪里？没了！

大老鹰在哪里？不见了！

生命已到了尽头，

是偷生的开始。

# 自然[①](片断)

◇ 歌德

**歌德**(1749—1832),德国诗人、剧作家和思想家,著有《少年维特之烦恼》、《浮士德》等。

自然!她环绕着我们,围抱着我们——我们不能越出她的范围,也不能深入她的秘府。不问也不告诉我们,她便把我们卷进她的漩涡圈里,挟着我们奔驰直到倦了,我们脱出她的怀抱。

她永远创造新的形体;现在有的,从前不曾有过;曾经出现的,将永远不再来;万象皆新,又终古如斯。

我们活在她怀里,对于她又永远是生客。她不断地对我们说话,又始终不把她的秘密宣示给我们。我们不断地影响她,又不能对她有丝毫把握。

她里面的一切都仿佛是为产生个人而设的,她对于个人又漠不关怀。她永远建设,永远破坏,她的工场却永远不可即。

她在无数儿女的身上活着,但是她,那母亲,在哪里呢?她是至上无二的艺术家:把极单纯的原料化为种种极宏伟的对照,毫不着力便达到极端的美满和极准确的精密,永远用一种柔和的轻妙描画出来。她每件作品都各具心裁,每个现象的构思都一空倚傍,可是这万象只是一体。

她给我们一出戏看:她自己也看见吗?我们不知道;可是她正是为我们表演的,为了站在一隅的我们。

---

① 选自《外国散文经典100篇》,苏福忠选编,罗务恒译,人民文学出版社2003年版。

她里面永远有着生命，变化，流动，可是她毫不见进展。她永远迁化，没有顷刻间歇。她不知有静止，她咒诅固定。她是灵活的。她的步履安详，她的例外稀有，她的律法万古不易。

她自始就在思索而且无时不在沉思，并不照人类的想法而照自然的想法。她为自己保留了一种特殊而普遍的思维秘诀，这秘诀是没有人能窥探的。

一切人都在她里面，她也在一切人里面。她和各人都很友善地游戏：你越胜她，她也越欢喜。她对许多人动作得那么神秘，他们还不曾发觉，她已经做完了。

即反自然也是自然。谁不到处看见她，便无处可以清清楚楚地看见她。

她爱自己，而且借无数的心和眼永远黏附着自己。她尽量发展她的潜力以享受自己。不断地，她诞生无数新的爱侣，永无餍足地去表达自己。她在幻影里得着快乐。谁在自己和别人身上把她打碎，她就责罚他如暴君；谁安心追随她，她就把他像婴儿般偎搂在怀里。

她有无数的儿女。无论对谁她都不会吝啬；可是她有些骄子，对他们她特别慷慨而且牺牲极大。一切伟大的，她都用爱护来荫庇他。

她使她的生物从窄虚中溅涌出来，但不对它们说从哪里来或往哪里去。它们尽管走走就得了。只有她认得路。

她行事有许多方法，可是没有一条是用旧了的，它们永远奏效而且变幻多端。

她所演的戏永远是新的，因为她永远创造新的观众。生是她最美妙的发明，死是她用以获得无数的生的技术。

她用黑暗的幕裹住人，却不断地推他向光明走，她把他坠向地面，使他变成懒惰和沉重，又不断地摇他使他站起来。

她给我们许多需要，因为她爱动。那真是奇迹：用这么少的东西便可以产生这不息的动。一切需要都是恩惠：很快满足，立刻又再起来。她再给一个吗？那又是一个快乐的新源泉，但很快她又恢复均衡了。

她刻刻都在奔赴最远的途程，又刻刻都达到目标。

她是一切虚幻中之虚幻，可是并非对我们；对我们，她把自己变成了一切要素中之要素。

她任每个儿童把她打扮，每个疯子把她批判。万千个漠不关心的人一无所见地把她践踏，无论什么都使她快乐，无论谁都使她满足。

你违背她的律法时在服从她；企图反抗她时也在和她合作。

尤论她给什么都是恩惠，因为她先使之变为必需的。她故意延迟，使人渴望她；特别赶快，使人不讨厌她。

她没有语言也没有文字，可是她创造无数的语言和心，借以感受和说话。

她的王冕是爱；单是由爱你可以接近她。她在众生中树起无数的藩篱，又把它们全数吸收在一起。你只要在爱怀里啜一口，她便慰解了你充满着忧愁的心。

她是万有。她自赏自罚，自乐又自苦。她是粗暴而温和，可爱又可怕，无力却又全能。一切都永远在那里，在她身上。她不知有过去和未来。现在对于她是永久。她是慈善的。我赞美她的一切事功。她是明慧而蕴藉的。除非她甘心情愿，你不能从她那里强取一些儿解释，或剥夺一件礼物。她是机巧的，可是全出于善意；最好你不要发觉她的机巧。

她是整体却又始终不完成。她对每个人都带着一副特殊的形象出现。她躲在万千个名字和称呼底下，却又始终是一样。

她把我放在这世界里；她可以把我从这里带走。她要我怎么样便怎么样。她决不会憎恶她手造的生物。解说她的并不是我。不，无论真假，一切都是她说的，一切功过都归她。

# 方明和：中国民间环保组织最年轻的“掌门”[①]

◇ 徐楠

徐楠，《南方周末》记者。

“就算我们局长，也没有被解振华接见过啊！”

温州市环保局员工说的是方明和。五年前，当方明和从国家环保总局局长解振华手中接过“福特环保奖”的时候，他还是一个十七岁的高一学生。

那以后，环保界的长辈们常在信中鼓励他，“首先要读好书，上大学……”

然而，五年后的今天，方明和依然远远站在大学门墙之外。他现在最常呆的地方，是少年宫那间简单的办公室。那是他三年前发起成立的环保组织——“绿眼睛”的办公地点。因为“绿眼睛”，他成了中国最年轻的民间环保组织的法人代表。

“绿眼睛”最多的时候拥有五千注册会员，并在北京、武汉、西安等地设置了分支机构。在过去三年里，“绿眼睛”多次获得联合国Roots&Shoots年度成就奖，还获得了中国政府“地球奖”，成为国内获奖级别最高的环保组织。

方明和也会时常出入大学校园，不久前，他还登上温州大学的讲台，演讲《青年赋权的温州模式》。台下那些热切的眼睛，曾让他心动——如果不是选择“绿眼睛”而放弃高考，他或许也会坐在他们中间，而不是像现在这样站在讲台上。

---

① 选自《南方周末》2006年6月16日。

## 为沉默者请命

方明和对动物有一种亲近感，他觉得自己能感受到它们的感情，每次看到被伤害的动物，“仿佛是自己的亲人受到了伤害”。

每天早上，方明和都会先去天台放飞信鸽。“看着它们飞起来，我就觉得自己也自由了！”

五月份，各种各样的会议、培训，让他在外面一连跑了二十多天。看鸽子飞起来似乎也就成了他一种享受。

不过，这样的辛苦也会有收获。近期有两个组织表示愿意向“绿眼睛”提供资助，这让方明和长长松了一口气，因为这意味着“今年（‘绿眼睛’）活下来应该没问题了”。

他其实是一个喜欢安静的人。“强烈希望安静”的时候，就“自己一个人去野外海边走走，看看鸟什么的，和自然在一起我什么烦恼都没有”。

但方明和也同样喜欢“一切按照既定的规则”，为了环保，方明和知道，“很多时候，我必须要冲出去”。

温州市环保局宣教主任林春回忆：“最开始，方明和见了记者要脸红的，话都不敢讲。”2001年，他向苍南县环保局提出举办“爱鸟周”宣传活动的建议，还是“壮着胆子”提的。

但这个平素言辞不多的男孩，为了留下捕猎野生动物的证据，会在猎人枪响之后，不顾一切地冲上去拍照片，惊得开枪者大喊：“你不要命了！”

2000年，方明和暗访了广东野生动物贸易黑市。这个从小“心软”的男孩，为一幕幕血淋淋的场景而触动，觉得自己必须做点什么，这就是“绿眼睛”的起点。

对于现在自己所做的一切，方明和这样概括他的想法：“以来自民间的力量去制衡社会一些不公平、不正义的公共事务，尤其是环境，因为我们的大自然自己不会说话，所以我们要为它们代言。”

一个天性安静的人，要为大自然请命——因为大自然不会说话，比他自己还要沉默。

## “绿眼睛”的真正开始

高三是人生中一个最关键的十字路口，方明和的高三，是在与学校的对峙中度过的。领回“福特环保奖”之后，方明和成了学校的“学习的对象”。一个十七岁的少年，平生第一次走进人民大会堂，环保总局局长亲手将奖杯递过来，多年后他还记得自己“心跳得很快，一遍一遍对自己发誓：这辈子就做环保了！”。

现实，毕竟不是十七岁的梦。不久后，学校提出：将奖牌归为学校。

曾经有三天，方明和无法拿到他们的奖状。等再一次将它抱在怀里时，他哭了，发誓再也不让任何人把它夺走。“绿眼睛”作为一个非政府组织的历程，这才真正开始了。

2003年是“绿眼睛”的关键时期，方明和到处查阅关于“民间组织管理”的相关法律。民政部门认为：在校生不宜发起社会组织，“政治成熟度”不够。他们表示：以后方明和上了大学，团体怎么办?

方明和决定不再去学校了。这解决了“绿眼睛”的“政治成熟度”问题，但方明和却迷茫起来。每天上学的时间，看着别人都读书去了，方明和说，“那种感觉真是……”他不知道自己能坚持多久，今后怎样也没底，只是隐约觉得，以后会好起来的。

在那个别人忙着高考的夏天，“绿眼睛”正式获得民办非企业的注册身份，他成为环保界最年轻的法人代表。他与大学终于天各一方。

方明和的案头，是一幅珍·古道尔博士的照片，珍·古道尔博士是毕生致力于野生动物研究和保护的联合国和平大使，她曾说方明和“是个非常勇敢的孩子”。

一抬眼，方明和就能遇到这位长者的目光。他说，“没有获奖的时候能坚持走下来，就是靠前辈们的鼓励。”

晚上，他喜欢一个人开着台灯，坐在音乐声中，“这样就不孤独”。

他最喜欢听的歌，叫做《我们都是好孩子》：“我们都是好孩子，最最天真的孩子，灿烂的孤单的变遥远的啊；我们都是好孩子，异想天开的孩子，在一起为幸福落泪啊……”

外出参加环保界活动，常有人惊叹方明和的年轻，他会平静地说：“我没有读大学。”

## 一个老成的孩子

方明和成了当地的名人，他在浙江的多所高校、中学做演讲，也有了自己众多的崇拜者。苍南甚至有家长这样教育自己孩子：“你不读书？除非你能做到方明和那样！”

苍南县林业局林政科科长陈加海说：“‘绿眼睛’在野生动物保护上的知识，不比我们这些专业人员差。”

在温州市环保局宣教处主任林春眼中，方明和是一个二十二岁的大孩子。他虽然也会在救助园的鸟笼前，模仿凤头鹰左右摇摆的滑稽姿态，但做事情却是“绝对得雷厉风行”。

不过，看上去方明和不像二十二岁的样子——眼角生着明显的鱼尾纹。林春说：“这几年，他变化太大了。”

方明和慢慢熟悉了能达成目标的最直接方式。不久前，“绿眼睛”抓到了野生动物贩卖的证据，因为过了上班时间，搬不动林业警察，他就直接打电话给市林业局的领导。

当林警赶到后，他却感慨说：“我终于给那两只猫头鹰报仇了！”

他自己曾总结说，“以前，我们会因反对动物活体展览而上街抗议，会在街上与动物贩子争吵，还想过和一些执法不力的部门对着干，但是后来我们越发明白了这个社会，明白对着干是没用的，明白要低调地做人和做事，明白要开展建设性的合作。”

三年前领取地球奖时，方明和认识了香港地球之友总干事吴方笑薇。由此，他第一次接触到“非政府组织（NGO）”的概念。

在温州大学，他宣讲着这样的内容：今天的青年，应当更多地关注和参与公共事务，主动促进社会公共事务的“青年赋权”。温州在这方面有独特的优势：因为其民间经济力量活跃，社会相对更健全。

他的案头摆着《美国市民社会研究》。他现在清楚地知道：“绿眼睛”走过的2000年到2005年，“赶上了国内NGO发展时机最好的几年”。

方明和的很多言谈，使人难以相信出自一个二十二岁青年之口。但这个年轻的环保组织“掌门”，遇到困难、问题时，还会跑到外公那求助。

## 独树一帜的“绿眼睛”

国际“福特环保奖”评委会评估员郭雨在苍南与“绿眼睛”会员座谈时，她问：“大家感到辛苦吗？”围在她身边的中学生听到这句话，竟一个个哭了起来。

方明和一直住在温州市苍南县少年宫一间不足十平米的屋子里。有时候，这间屋子要挤着住进五个人，两张高低床之外，还要打地铺。

同样位于少年宫的办公室，窗外有三只鸺鹠、四只凤头鹰和一只雏鹰，还有一群山鸡不时发出“咕咕”的声音——那是“绿眼睛”的动物救助基地。

入住少年宫之前，他们曾在水库宿舍的地下室，曾在空场上搭帐篷，“旁边就是厕所。窗户一开，是三十多条流浪狗。”

“绿眼睛”没有固定收入，除了一些环保机构的捐助，主要靠具体的项目经费来运转。

方明和每月的固定“收入”是八百元的生活补贴，但经常拿不到这个数目。

他挑食，但他每顿饭的标准很少超过五元钱。他不看电视、不爱打游戏、不玩球，没有特殊的事情，就一定在办公室里。

这样的生活，已经三年。

林春从2003年开始与“绿眼睛”合作，这个三十多岁的成年人说：“他们能做到今天，真的让我们这些成年人特别感慨。”

“绿眼睛”以行动反对野生动物非法贸易。方明和每个月都会有几次，“到菜场、野味馆去转转，看他们有没有捕杀保护类野生动物”。他们也经常跟踪盗猎者，收集证据，协助林警办案。今天，“绿眼睛”有两千余名会员。在苍南，几乎每一所中学、中等专业学校，都有“绿眼睛”。每年救助猫头鹰、黑翅鸢、豪猪等动物三百多只，到目前已经救助过两百多只猛禽，七八百只蛙类。

在国内目前的环保团体中，以这样小的年纪直接参与野生动物保护和非法贸易打击，“绿眼睛”独树一帜。

# 人类在自然界的位置[①]

◇ 托马斯·赫胥黎

**托马斯·赫胥黎**（1825—1895），英国著名博物学家，达尔文进化论最杰出的代表。

有关人类的许多问题之一，就是确定人类在自然界的位置和人类与宇宙间事物的关系，这个问题是其他一切问题的基础，比其他问题更有趣味。我们人类的种族是从哪里来的？我们人类制服自然和自然制服我们人类的力量范围有多大？我们人类最终要达到的目的又是什么？所有这些问题经常出现在人们面前，并且给每个生长在世界上的人以无穷的兴趣。我们当中的多数人，在寻求这些问题的新答案时遇到艰难和危险就退缩回来，而满足于避开这些问题，或者使追究问题的精神窒息在受人推崇和可尊敬的传统说法的鸭绒被下。但是，在每个时代总有一两个坚持不懈的志士，具有天赋的创造能力，认定只有确实可靠的事实才能作为科学依据，或者厌恶那种纯怀疑主义的论调，不愿走他们前人和同时代人所走的舒适的老路，不顾一切荆棘和障碍，迈开大步走他们自己开拓的道路。

关于人类在动物界的位置的知识，是正确理解人类与宇宙的关系所不可缺少的必备知识，关于这一点，最后还是归结到前面所描述的奇异动物和人类发生的关系和亲缘问题。

这种研究的重要性是显而易见的。即使是思想最

① 选自《世界著名科学家演说精粹》，朱长超编，百花洲文艺出版社1994年版。

简单的人，当他和那些几分像人样的东西见面时，也不免会多少感到吃惊。之所以发生惊异，并不是因为厌恶那些动物丑陋的相貌，而是因为对于有关人类在自然界的位置以及人类和次于人类的动物的关系这样一些传统上受尊重的理论和根深蒂固的偏见，感到一种突如其来的意味深长的疑虑。

现在我打算对这个问题作扼要的介绍，并且把人类和兽类亲缘上的性质、程度等结论方面的主要事实，用最通俗的、即使是没有解剖学专门知识的人也能明白的话来说明，然后提出一个直接的结论。根据那些事实，我断定这个结论是正确的。最后我将讨论那个结论同人类起源的假说的关系。

没有理由怀疑，人类起源的一种情况是从类人猿逐步变化而来，另一种情况是和猿类由同一个祖先分支而来。

目前只有一种关于自然作用的学说具有使人满意的证据，可以得到支持；换句话说，只有一种关于一般动物的物种起源假说是有科学根据的。这就是达尔文先生所提出的假说。

我相信达尔文先生已经满意地证明了他所称的“选择”或“选择变异”，在自然界确实存在，而且起着作用。同时，他还用充分的证据证明了这种选择作用足以产生构造上新的“种”，甚至一些新的“属”。如果动物界的差别仅仅限于构造方面，那么我就应毫不迟疑地认为，达尔文先生已经证实了存在着一种真实的自然界的原因，足以用来说明包括人类在内的生物种的起源。

我接受达尔文先生的假说，因为已经有证据表明可以用选择繁育的方法来产生生物种。正如一个物理学方面的哲学家因为已有证据表明假说中的以太的存在，可以接受光的波动学说，或者如一个化学家由于有证据表明原子存在而接受原子学说，正是由于同样的理由，我接受了达尔文的学说。因为它有大量的显而易见的可靠性：它是目前消除和清理所观察的事实中混乱情况的唯一办法；它是从发明分类学的自然系统和开始胚胎学的系统研究以来，给博物学家们提供的最强有力的研究工具。

但是，即使先不考虑达尔文先生的观点，整个自然界现象的类似就提供了一个完善而有说服力的证据，可以驳倒那样一种论点，即认为宇宙间的一切现象的产生仅仅是由于一种称为第二原因的介入所造成的。关于人和其他生物之间的密切关系，由生物产生的力量和其他力量之间的密切关系，没有理由使我怀疑，从不成形的到成形的，从无机的到有机的，从盲目的力量到有意识的智慧和意志，所有这一切都是自然界的伟大进程中的相互联系的东西。

科学在确定和阐明真理之后便完成了它的使命。如果此书专供科学工作者阅读，那我就应结束，因为我的同行们所尊重的只是证据，确信他们的最高责任就是服从证据，即使是与他们的意愿相违背。

但是我希望它能传播到广大有知识的人群中去。当我把一直在进行的那种最小心谨慎的研究所得出的结论尽量予以公布时，如果大多数读者对我的结论表示反对，而我却不去理睬，那便是不应有的怯懦了。

我将听到来自各方的声音——“我们是男人和女人，而不是猿类中仅仅高明一些的种类，只是比你的那些粗野的黑猩猩和大猩猩腿要长一些，脚更结实一些，以及脑子大一些。不管它们看来是如何同我们近似，但是知识的力量、善与恶的意识、人类感情中的怜悯之心，都使我们超越于一切兽类的伙伴之上。”

对此我只能回答说，这种叫喊，如果是适当的话，那么就可以说是有道理的，我会完全同情。但是我并不是根据大脚趾如何而去确定人类的尊严。相反，也不是因为猿脑也有小海马，所以去讽刺我们失去了尊严。相反，我尽力去排除这种虚荣心。我一直致力于证明人和动物界之间没人比猿猴本身之间还要宽的绝对的构造上的分界线。我更可以就我的信念来说明，企图从心理上来区别人和兽，也同样是徒劳的。甚至情感、智慧等最高级的能力在低等动物中已开始萌芽。同时没人比我更深信文明人和兽类之间有着巨大的鸿沟。而且我更深信，不论人是否由兽类进化而来，但肯定人不属于兽类。没有一个人会轻视这个世界上唯一有理智

赫胥黎的《人类在自然界中的位置》是一部举足轻重的科学著作，被英国《剑桥科学史》评定为文明进步史代表作。

的居民的现在的尊严和放弃对他未来的希望。

的确曾听到有些装作是这些问题的权威的人们告诉我，这两种不同的意见是不能协调的，人兽同源的信念中包含着人类的兽化和堕落。但果真是如此吗？难道一个聪明的孩子会被一些明显的论点造成思想混乱，肤浅的辩论家们能把这种结论强加于我们吗？诗人、哲学家或艺术家（他们的天才是他们时代的光荣）由于确实的历史可能性（就不说必然性），便会从高位上退落下来，说他是某些裸体的无人性的野人的后裔，他的知识仅足以使他比狐狸稍微狡猾些，比老虎更险恶一些，这些说法难道是真实的吗？难道说因为他从前曾是一个卵，用一般的方法不能与一只狗的卵相区别，所以他就得跳起来狂吠，并用四只脚趴在地上？难道说博爱主义者或圣人，因为对人类天性的最简单的研究从根本上揭示出人具有四足兽的利己之心和凶残的欲念，因而就不再致力于过一种高尚的生活了吗？难道说因为母鸡表示出母性爱，所以人的母性爱也是微不足道的，或者因为狗有忠诚性，所以人的忠诚性也就毫无价值了？

广大群众的常识就能毫不迟疑地回答这些问题。健全的人类发现自己迫切需要从现实的罪恶和堕落中解脱出来。把思考上的污浊让给讽刺家和“过分的公正者”吧，这些人憎恨一切事物，对于现实世界的高尚品德盲目无知，对人类所占据的崇高地位没有能力去领会。

不但如此，而且善于思考的人，一旦从传统偏见的令人眩目的影响中解脱出来，将会在人类的低等祖先中找到人类伟大能力的最好证据；并且从人类过去的漫长进化过程中，将会找到人类对达到更崇高的未来的信心的合理根据。

人们应该记住，在把文明人与动物界相比时，好似一个阿尔卑斯山上的旅行家，看到那高耸云霄的山岳，不知道那暗黑色岩石和蔷薇色山峰到何处的尽头，天空的云层从何处发生。地质学家告诉他说：这些巍峨的山岳，归根到底只是原始海洋底部的固结的黏土，或是从地下大熔炉中喷出的冷却了的熔渣，与那暗黑色的黏土原是同一物质，但是由于地壳内部的力量而上升到了那壮丽和显得高不可攀的位置。诚然，这位惊异的旅行家，如果在最初拒绝信任地质学家的这番话，那是可以谅解的。

但是地质学家是正确的。适当地思考他的指导，不会减少我们的尊严和我们的好奇心，反而可以在未受教育者的单纯审美直观之外，增添各种崇高的知识力量。

在激情和偏见消失以后，关于生物界里的伟大的阿尔卑斯山和安第斯山脉——人，我们从博物学家的指导中可以得到同样的结果。我们并不因为人在物质上和构造上与兽类相同而降低了人类高贵的身份。因为，只有人具有能创造可理解的和合理的语言的天才，就凭这种语言，人在他生存的时期逐步积累经验和组织经验，而这些经验在其他动物中当个体生命结束时就完全消失了。因此，人类现在好像是站在大山顶上一样，远远地高出于他的卑贱伙伴的水平，从他的粗野本性中改变过来，从真理的无限源泉里处处放射出光芒。

# 敬畏生命①

◇ 阿尔贝特·史怀哲

本文是史怀哲1919年2月23日在斯特拉斯堡圣尼古拉教堂的布道词。

**阿尔贝特·史怀哲**（1875—1965），法国神学家，哲学家、医生，一生致力于非洲国家的医疗事业，1953年世界诺贝尔和平奖获得者。

善是保存和促进生命，恶是阻碍和毁灭生命。如果我们摆脱自己的偏见，抛弃我们对其他生命的疏远性，与我们周围的生命休戚与共，那么我们就是道德的。只有这样，我们才是真正的人；只有这样，我们才会有一种特殊的、不会失去的、不断发展的和方向明确的德性。

敬畏生命、生命的休戚与共是世界中的大事。自然不懂得敬畏生命。它以最有意义的方式产生着无数生命，又以毫无意义的方式毁灭着它们。包括人类在内的一切生命等级，都对生命有着可怕的无知。他们只有生命意志，但不能体验发生在其他生命中的一切；他们痛苦，但不能共同痛苦。自然抚育的生命意志陷于难以理解的自我分裂之中。生命以其他生命为代价才得以生存下来。自然让生命去干最可怕的残忍事情。自然通过本能引导昆虫，让它们用毒刺在其他昆虫身上扎洞，然后产卵于其中；那些卵发育而成的昆虫靠毛虫过活，这些毛虫则应被折磨至死。为了杀死可怜的小生命，自然引导蚂蚁成群结队地去攻击它们。看一看蜘蛛吧！自然教

① 选自《敬畏生命》，（法）史怀哲著，陈泽环译，上海社会科学院出版社1996年版。

给它的手艺多么残酷。

从外部看，自然是美好和壮丽的，但认识它则是可怕的。它的残忍毫无意义！最宝贵的生命成为最低级生命的牺牲品。例如，一个儿童感染结核病菌。接着，这种最低级生物就在儿童的最高贵机体内繁殖起来，结果导致这个儿童的痛苦和夭亡。在非洲，每当我检验昏睡病人的血液我总是感到吃惊。为什么这些人的脸痛苦得变了形并不断呻吟：我的头！我的头！为什么他们必须彻夜哭泣并痛苦地死去？这是因为，在显微镜下人们可以看见10‰~40‰毫米的白色细菌；即使它们数量很少，以至于，为了找到一个，有时得花上几个小时。

由于生命意志神秘的自我分裂，生命就这样相互争斗，给其他生命带来痛苦或死亡。这一切尽管无罪，却是有过的。自然教导的是这种残忍的利己主义。当然，自然也教导生物，在它需要时给自己的后代以爱和帮助。只是在这短暂的时间内，残忍的利己主义才得以中断。但是，更令人惊讶的是，动物能与自己的后代共同感受，能以直至死亡的自我牺牲精神爱它的后代，但拒绝与非其属类的生命休戚与共。

受制于盲目的利己主义的世界，就像一条漆黑的峡谷，光明仅仅停留在山峰之上。所有生命都必然生存于黑暗之中，只有一种生命能摆脱黑暗，看到光明。这种生命是最高的生命——人。只有人能够认识到敬畏生命，能够认识到休戚与共，能够摆脱其余生物苦陷其中的无知。

这一认识是存在发展中的大事。真理和善由此出现于世，光明驱散了黑暗，人们获得了最深刻的生命概念。共同体验的生命，由此在其存在中感受到整个世界的波浪冲击，达到自我意识，结束作为个别的存在，使我们之外的生存涌入我们的生存。

我们生存在世界之中，世界也生存于我们之中。这个认识包含着许多奥秘。为什么自然律和道德律如此冲突？为什么我们的理性不赞同自然中的生命现象，而必然形成与其所见尖锐对立的认识？为什么它必须在自身中发现完全不同于支配世界的规律？为什么在它发挥善的概念的地方，它就必须与世界做斗争？为什么我们必须经历这种冲突，而没有有朝一日调和它的希望？为什么不是和谐而是分裂？等等。上帝是产生一切的力量。为什么显示在自然中的上帝否定一切我们认为是道德的东西，即自然同时是有意义地促进生命和无意义地毁灭生命的力量？如果我们已能深刻地理解生命，敬畏生命，与其他生命休戚与共；

那么，我们怎样使作为自然力的上帝，与我们所必然想象的作为道德意志的上帝、爱的上帝统一起来？

我们不能在一种完整的世界观和统一的上帝概念中坚定我们的德性，我们必须始终使德性免受世界观矛盾的损害，这种矛盾像毁灭性的巨浪一样冲击着它。我们必须建造一条大堤，它能保存下来吗？

危及我们休戚与共的能力和意志的是日益强加于人的这种考虑：这无济于事！你为防止或减缓痛苦、保存生命所做的和能做的一切，和那些发生在世界上和你周围，你又对之无能为力的一切比较起来，是无足轻重的。确实，在许多方面，我们是多么的软弱无力，我们本身也给其他生物带来了多少伤害，而不能停止。想到这一点，真是令人害怕。

你踏上了林中小路，阳光透过树梢照进了路面，鸟儿在歌唱，许多昆虫欢乐地嗡嗡叫。但是，你对此无能为力的是：你的路意味着死亡。被你踩着的蚂蚁在那里挣扎，甲虫在艰难地爬行，而蠕虫则蜷缩起来。由于你无意的罪过，美好的生命之歌中也出现了痛苦和死亡的旋律。当你想行善时，你感受到的则是可怕的无能为力，不能如你所愿地帮助生命。接着你就听到诱惑者的声音：你为什么自寻烦恼？这无济于事。不要再这么做，像其他人一样，麻木不仁，无思想、无感情吧。

还有一种诱惑：同情就是痛苦。谁亲身体验了世界的痛苦，他就不可能在人所意愿的意义上是幸福的。在满足和愉快的时刻，他不能无拘束地享受快乐，因为那里有他共同体验的痛苦。他清楚地记着他所看见的一切。他想到他所遇见的穷人，看见的病人，认识到这些人的命运残酷性，阴影出现在他的快乐的光明之中，并越来越大。在快乐的团体中，他会突然心不在焉。那个诱惑者又会对他说，人不能这样生活。人必须能够无视发生在他周围的事情，不要这么敏感。如果你想理性地生活，就应当有铁石心肠。穿上厚甲，变得像其他人一样没有思想。最后，我们竟然会为我们还懂得伟大的休戚与共而惭愧。当人们开始成为这种理性化的人时，我们彼此隐瞒，并装着好像人们抛弃的都是些蠢东西。

这是对我们的三大诱惑，它不知不觉地毁坏着产生善的前提。提防它们。首先，你对自己说，互助和休戚与共是你的内在必然性。你能做的一切，从应该被做的角度来看，始终只是沧海一粟。但对你来说，这是能赋予你生命以意义

史怀哲，他一生都对自然界的各种生命怀着极大的敬畏，正因为如此，他才会义无反顾地把自己的一生都献给非洲国家的医疗事业。

的唯一途径。无论你在哪里，你都应尽你所能从事救助活动，即解救由自我分裂的生命意志给世界带来的痛苦；显然，只有自觉的人才会从事这种救助活动。如果你在任何地方减缓了人或其他生物的痛苦和畏惧，那么你能做的即使较少，也是很多。保存生命，这是唯一的幸福。另一个诱惑，共同体验发生在你周围的不幸，对你来说是痛苦，你应这样认识：同甘与共苦的能力是同时出现的。随着对其他生命痛苦的麻木不仁，你也失去了同享其他生命幸福的能力。尽管我们在世间见到的幸福是如此之少；但是，以我们本身所能行的善，共同体验我们周围的幸福，是生命给予我们的唯一幸福。最后，你根本没有权利这么说：我要这么生存因为你认为，你比其他生命幸福。你必须如你必然所是地做一个真正自觉的人，与世界共同生存的人，在自身中体验世界的人。你是否因此按流行的看法比较幸福，这是无所谓的。我们内心神秘的声音并不需要幸福的生存——听从它的命令，才是唯一能使人满足的事情。

我这样和你们说，是为了不让你们麻木不仁，保持清醒的头脑！这与你们的灵魂有关。如果这些表达了我内心思想的话语，能使在座的诸位撕碎世上迷惑你们的假象，能使你们不再无思想地生存，不再害怕由于敬畏生命和必然认识到共同体验的重要而失去自己，那么，我就感到满足，而我的行为也将被人赞赏……

# 一个春天的困惑[1]

◇ 林达

**林达**，为两名作者合用的笔名，现居美国。作品有“近距离看美国”系列：《历史深处的忧虑》、《总统是靠不住的》等。

相比人们的自信，我许是有些悲观。而且，很不合时宜地，在美国南方一个欣欣向荣的春天。

春天又来了，鸟儿在明亮地叫着。让我想起蕾切尔·卡逊的书，那本《寂静的春天》。卡逊的故事早已家喻户晓，一个柔弱女子，战胜庞大的“化学帝国”，证明了DDT危及鸟类生存，也在毁坏人类的健康与生存，最终使得DDT在美国禁止生产。DDT的发明人，曾经获得诺贝尔奖。今天，人们提及此事，口气之中，多半暗示那是发奖委员会的一个污点。好在，看上去愚昧和恶势力纷纷落马，环境保护的概念从此发端。结局就像是一个灰姑娘的童话。

可是，王子和灰姑娘并没有从此过上幸福的生活。我们的面前不是一个童话世界。DDT是杀虫剂，当初发明、启用它，是为了救森林庄稼于虫害，也是为了挽救生命。它扑杀的重要对象之一是蚊子，蚊子传播着可能致命的疟疾和各种疾病。从DDT开始推广，到上世纪70年代被禁止，它拯救了至少五百万个生命。我回想多年前，自己被卡逊的故事深深打动，却忘了问一声：DDT停止使用，疟疾怎么办？

疟疾病例在回升。今天每年有二百五十万人死于疟

---

① 选自《扫起落叶好过冬》，林达著，读书·生活·新知三联书店2006年版。

疾，其中百分之九十在非洲。在那里，每年有一百五十万儿童死于由蚊子传播的各种疾病，DDT因此在许多国家恢复使用。在这些国家儿童的眼睛里，DDT竟不是穿了一袭黑色斗篷的恶魔、倒是长着白色翅膀的天使。

善意的环保组织们不曾想到，他们推动全球禁用DDT施加的压力，甚至被贫穷国家看做是富国的傲慢。因为，改用任何新型的、被认为是更安全的杀虫剂，价格都在五倍甚至十倍以上。他们根本用不起。

问题假如仅仅归结到钱上，也许还好办了。真正的问题是，新药物就安全吗？

在发达国家，停止使用DDT之后，科学家发明了替代药物。人们相信科学能解决问题，是因为相信人类认识和征服自然的能力。可是，不论大家是否承认，人的能力实际上是有限的。事实上，每一种新药物的产生，对它安全性的全面了解，永远慢一拍。例如，广泛用来替代DDT的仿雌性激素，二十年一过，待发现它对人类、野生动物的生殖有危害，男性的精子总数已经荒唐的下降了一大截。

那么，恢复使用DDT吗？这又绕回四十年前卡逊已经提过的老问题：危及人类生存的环境毒害又怎么办？

我们面临的，要说是“两难困境”，都嫌说简单了。

群体的困境，源于我们个人的困境。人性的弱点与生俱来。人有求生避祸的本能。

最近有一条新闻，在香港发现火蚁。虽几经下毒仍然止不住火蚁在香港蔓延。我不知道香港居民是不是重视这条新闻。他们也许不知道火蚁是什么。我看着新闻却直摇头，火蚁是美国南方的生存常态。

我们住在乡下，每年春天，家家户户至少要买两种杀虫剂，一种对付毒性很大的黄蜂，另一种对付漫山遍野的火蚁。它们对过敏体质的人都会带来很大危险。

三年前，我们七十多岁的邻居杰米老头被黄蜂叮了一口。他估计自己至少能够坚持赶到五分钟车程以外的诊所，马上开车前往。结果，刚刚上路不久，蜂毒发作，他突然昏迷。杰米的车子失控，冲出公路，连人带车翻进沟里。幸亏只是车毁，人还是被抢救过来了。

我们刚搬到这里时，全然不晓得厉害，直到也有了蜂叮蚁咬、休克后招救护车急救的惊险，才真正成为一个美国乡下人。第一课的教训，就是开春买杀虫剂，救眼前燃眉之急。

美国当局警告大家，有六千九百万个家庭在使用各种杀虫剂。每到春天，我会很有负罪感地想，一个并非没有环境保护意识的我，怎么也站进了这个行列里？

这样的困境难以挣脱。杀虫剂只是环境问题的九牛一毛。而人性的弱点远不止于求生，除了避祸，人还是趋利的。

今天人们对美洲印第安人弱势的反省，都是停留在政治层面。而当年美洲印第安人锐减的一个重要原因，是交流本身。欧洲移民带来美洲从未有过的病菌，致使对此没有免疫力的印第安人大批死亡。今天，交流仍然是环境灾难的一个重要原因。就像北美的火蚁，今年在香港的山坡上，拱出高高的蚁穴。

我们会在政治层面检讨检疫制度，虽然我们知道，其效果只是杯水车薪。我们不可能检讨“交流”，因为那是潜在于我们内心不可克服的渴望。我们乐于从政治层面检讨。不仅是这一层面尚有改进的余地，还因为我们能够获取道德感的满足。而涉及人性本身的弱点。我们鲜有改良的余地，还可能把自己逼上道德感失衡的险途。

我只需要问一下自己，空气污染是最直观的污染。那么，我是不是因此会放弃车船乃至飞机的便捷？为了阻止水电站对生态的危害，我会不会放弃电灯、洗衣机、冰箱，拔掉家里所有的电器插头？或者，在三里岛和切尔诺贝利核电站事故之后，仍然让自己坚信，核电站就一定是安全的电源？

我们面对的问题，大部分来自难以克服的人性本身。

环境恶化的加速度似乎并不意味着我们的无能。相反，它恰和我们能力的扩展同步。最突出的是技术，假如套一句俗话，技术是在“突飞猛进”，更新的速度，还分分秒秒在加快。

与生俱来，人有创造的欲望，人有攀登高峰的欲望，有“更快、更高、更强”的欲望。也有更便利、更舒适的欲望。那么，究竟在跨出哪一步之后，就会失去了分寸？尽管不断有有人呼吁，要人们有所克制，但人性的优点和弱点，有时只是一个硬币的两面；人所创造的善果恶果，也往往齐头并进，无力弃恶而仅仅扬善。

原来分散的，现在有能力集中；原来小规模的，现在纷纷合并。在我们为电子信箱的便捷欢欣鼓舞的时候，不知何时起，城市、国家、世界，已经兼并成一些大电脑的主机。

结果，像是在应着巫师的咒语，强大技术的催生婆，一面培育起超强的个人，一面催生出脆弱的社会。几个人，花一千美元买机票，就可以发动一场造成人员、经济损失都超越珍珠港事件的战争；一个不那么难得到的低污染核弹，就可能将一个大都市逼成一座空城；电脑病毒的入侵，就可能瘫痪一个国家的核心部门。技术提升，终于令一个质变在魔术般地完成：战争能力从国家军队，无声无息地开始转让给个人。而大国的经济命脉，日益命若丝弦，只维系在几个大都市的金融中心，牵一发，便全国方寸大乱。

过去，避免毁灭性的灾祸，要阻挡的是一个国家的或像纳粹那样一个政治团体的疯狂。现在须防备的，竟可能只是某个个人的疯狂。我们说，只要大家都善待他人，即可免遭此祸。对这样的天真论断，我想，最先在一旁暗笑的，准是一个写小说的——社会是否能够杜绝疯狂，专事研究"人"的文学家，也许最有发言权。人的复杂性带来了社会的丰富性。也是文学创作者乐见的良田，生长善恶恩仇、也生长关爱和嫉恨、由此丰收喜怒、哀乐、祥和与暴乱。人或许希望能够建立一个全体一致微笑的机器人社会，可惜人的世界上帝已经如此安排：终有人是疯狂的。我们为技术的高速发展兴奋得满脸通红，只能闭上眼睛不去看；而从事创造和毁灭的双方，都因此获得了同样大展身手的机会。

恐怕，前面纵为悬崖峭壁，我们也已经回不去了。

我们连回顾的时间都没有，观念在前所未有地加速变换、急奔乱走。以往，我们的观念曾经在时间河流的缓缓冲刷下，逐步沉淀、逐步淘洗、逐步修正和演进。今天，我们从一个急速的漩涡，被抛向另一个急速的漩涡，已经难辨南北与东西。

我问自己，在飞旋直下的潮流中，我脚下的支撑点在哪里？我又有多少道德自信的空间？我能使自己改善多少？我知道，每个人只是一个微不足道的个体。可是，同时又可以是一个有意义的、随机的考察目标。我像是在回答一份社会学的调查问卷，面对问题，却满腹狐疑。

春天的鸟儿还在叫着，而我，或许永远也找不出一个满意的答案了。

# 动物解放[1]（节选）

◇ 彼得·辛格

## 死亡，从来就不是不痛苦的……

**彼得·辛格**（1946—），美国著名哲学家、伦理学家。《动物解放》被誉为是“动物保护运动的圣经，生命伦理学的经典之作。

屠杀动物，本身就是一件令人胆战心惊的事。有人说，如果要吃肉的人自己去杀他要吃的动物，则将人人吃素。到屠宰场亲眼看过屠杀的人极少，而有关屠宰场的影片也甚少播放。说起来大家总希望自己吃的肉是在死的时候没有痛苦的，但若叫大家真的去知悉动物是怎么死的，却没有几个愿意。但是，那因买动物肉而致使动物被屠杀的人，没有资格回避动物的悲惨遭遇景象。

死亡，从来就不是不痛苦的。如果按照发达国家的人道屠杀法案来执行，则死亡可以既快又无痛。动物应先用电流或电击棒击昏，在尚未恢复意识之前割断喉咙。在死前片刻它们可能会感到恐惧，那时它们被人用刺棒赶上斜坡，到屠宰手跟前，而闻到死在它们之前的动物的血气；但理论上，死的本身应是完全免痛的。不幸的是在理论与事实之间往往隔有鸿沟。《华盛顿邮报》的一位记者最近参观了美国东岸最大的肉品企业公司史斯密菲尔德在维吉尼亚州所经营的一处屠宰场，有一段报道如下：

① 选自《动物解放》，（美）彼得·辛格著，光明日报出版社1999年版。

猪肉加工的最后手续是在高度自动化而井然有序的工厂中进行的；一片片的肉或火腿从输送带送来，用塑胶袋真空包装。但加工是从厂外开始的，是在臭秽的、泞湿的、血渍遍布的猪槛中。参观者在史斯密菲尔德的郭廷奈屠宰场内只能停留几分钟，免得死猪的臭味沾染衣服与身体数日挥之不去。

加工的开始是把尖叫的猪赶上一条木板，在那里由电击人员电击它们的头部。被电击倒下的猪由工作人员迅速倒挂在输送带上，将它们的后腿夹到铁夹上。有时被电昏了的猪会从输送带上掉下来，又恢复了知觉，工作人员必须在猪于那狭窄的区域狂奔之前急急再把它们的后腿重新用铁夹夹住。杀猪者用刀子戳入虽被击昏但仍在蠕动的猪的头静脉，让猪的血大部分流干而死。刚刚屠过的猪从充满血水的屠宰场立即送往烫洗锅。

屠宰场的痛苦很大一部分是来自屠杀工作的疯狂速度。经济上的竞争使屠宰业必须比赛一个钟头能宰多少头。从1981年至1986年，美国的某一大屠宰场的速度就从一小时225只增加至275只。迅速工作的压力即意味着疏于注意——而且不仅是对动物如此。1988年，美国国会的一个委员会报告，美国工业伤害最大的行业就是屠宰业。证据显示每年屠宰场员工有58 000名受伤，也就是每天160名。对人都这般疏忽，动物的命运当然可知了。另一项问题是，既然这种工作是那么不愉快，所以员工难以待久，许多工厂每年离职率达60%~100%。这意味着惊恐的动物不断的在陌生的环境中由生手送死。

英国的屠杀业是受人道屠杀法严格管制的；然而，农用动物福利公立评议会在调查了许多屠宰场之后报告到：

我们本以为在许多屠宰作业中动物理当处于没有知觉状态，但实际情况很可能是动物的无知觉状态不足以使它们无痛。

该评议会又说，虽然法律要求必须由技术熟稔的人运用适当的器材做有效的击昏和免除无必要之痛苦的死亡，但“执行的情况不能让我们满意”。

在这篇报告公布以后，一位英国资深科学家曾提出疑问：电击，即使正确使用，是否无痛？苏利大学生理学讲师兼实用神经生物学联合实验所所长，哈洛德·希尔曼博士说，遭受电击的人，不论是意外触电还是因精神疾病而接受电击疗法，都会感到很痛。他指出，现在电疗法普遍都是先麻醉再实施，这是很值得思考的。因为，电击如果立刻使被击者失去痛觉，则就不需预先麻醉。为此理由，希尔曼博士怀疑以电刑处死是否人道。在电椅上的受刑人可能只是先被瘫痪，而非没有知觉。希尔曼博士接着转向屠宰场的电击，他说：“电击被认为是人道的，因为我们以为动物不感觉痛或难过。这可以说是确定不对的，原因和电椅的情况一样。”因此，屠宰可能根本不是无痛——即使是在现代化的屠宰场中确当的执行。

即使这些问题可以克服，屠杀动物还有其他问题。许多国家，包括美国与英国在内，都有因犹太教和回教的仪式而屠杀的特例。这两种宗教要求动物在被屠杀时需意识完全清醒。美国另一个重要的特例是1958年通过的联邦人道屠宰法，该法只适用于卖肉给美国政府及其相关机构的公司，而且不适用于屠杀数量最多的肉业——鸡肉业。

让我们先来说说第二个漏洞。美国的屠宰场约有6100所，然而受联邦政府监督而须遵守人道屠宰法的不及1400所。因此，其余4700所可以完全合法地使用古老而野蛮的屠牛斧，而屠牛斧也确实是在美国的某些屠宰场中被使用。

屠牛斧其实是一种沉重的大锤而不是斧头。站在牛头上方挥舞长柄屠牛斧的人要做的是一斧把动物打昏。问题是目标是移动的，而长柄的斧头抡上去再抡下来必须瞄得很准：要想一击而倒，斧头必须精确地落在牛头某一点，而惊恐的动物此时又常常快速地摇头。如果斧头落点稍偏则可能打到牛的眼睛或鼻子，这时，牛就会在痛苦与恐惧中狂冲，为了把它打倒，又需好几下。即使是熟练的屠牛斧手，也不可能次次皆中。由于每个钟头要杀80只以上的牛，而如果偏失率为1%，则每天便有好几只会遭到那恐怖而痛苦的追击。我们也须记得，熟手是由生手培养出来，

作者在本书中阐述了一个观点，即如果不改变那种认为动物生而为人类口中之食的看法，我们也就难以改变自己对整个自然的态度。

而生手要成为熟手，就表示必须实际经验，而这些经验则是由屠杀动物而来。

像这种被人人认为原始而残暴的屠宰法为什么还能继续存在？理由和人工饲养业其他的弊端一样，就是为了省钱：如果某些同行不采用人道屠宰法，另一些业者就采用不起，因为每个钟头的屠宰数减少，意味着成本增加，因之减少竞争力。要用电击棒，每只动物的分摊成本虽然很少，但电价却足以吓阻业者。若用电击昏，长远算来是比较便宜，但设备却贵。除非法律规定业者必须用这些方法，否则就无人采用。

人道屠宰法的另一个漏洞是宗教方面：有些动物的屠杀必须符合宗教仪式，不得在屠宰前击昏。正统犹太教和回教的饮食法，规定人吃的肉，在屠杀时必须"健康而会走动"。击昏被认为是在断喉前所受的伤害，因此不被接受。犹太教与回教的这项教规，本意是让人不要吃有病或已死的动物，然而在今日的宗教解释下，却连屠杀前数秒的击昏也被排除在外，教规的规定是用利刃一刀把动物的颈动脉与颈静脉割断。在当时，将这种屠宰法列入犹太律法中可能比别的屠宰法都更人道；然而，到了现代，比起屠宰前先用电击击昏，可能就不那么人道了。

而且，美国的某些特有情况使得这种屠宰法变得更为扭曲其人道原意。这是宗教仪式需求跟1906年的"纯粹食物与药品法"(the Pure Food and Drug-Act)结合的结果。该法案规定，被屠杀的动物不得倒在原已被屠杀的动物之血上。这规定是有卫生理由的，但结果却变成动物在被杀时必须倒挂在输送带上，或用其他方式保持在地面上空，而不得躺在屠宰场的地面上被屠。如果动物被杀时先击昏，这项法规就不致违背动物福利，因为倒挂是在被击昏之后。但如果动物遭屠宰时必须清醒而又必须倒挂，就变为极其恐怖的惨痛的事。这样，依照美国的宗教仪式的屠宰法，动物不是先被击昏并几乎在倒地的刹那被杀，而是清清醒醒地被镣铐铐住一只后腿悬入空中，在输送带上倒挂2至5分钟——如果"屠宰线"出了问题还会倒悬更久——再被割喉。这个过程曾有以下的描述：

沉重的铁链夹住重达1000至2000磅肉牛的一条腿，肉牛想要挣脱，结果皮开骨现。距骨往往不是断就是裂。

倒挂的、腿骨断裂的动物，因痛苦与惊恐而疯狂摆动，因此必须拴住其颈或将夹子夹住它的鼻孔，才能让屠宰手依照教规屠宰。执着法令条文而违背其立法精神，恐怕难以找到比这更强烈的例子了。（然而，即使是正统犹太教的长老，对杀前击昏的反对也不一致；例如在瑞典、挪威和瑞士，长老们就接受杀前击昏的法律。许多回教徒也接受杀前击昏的屠宰法。）

"美国防止虐待动物协会"发明了一种"铸栏"（casting pen），可以使动物清醒被杀而又不需倒吊。现在为符合宗教仪式而做的屠宰，大约80%采用此种设施，但小牛则不及10%。格兰丁牲口处理公司的谭波·格兰丁说："由于宗教屠宰业不受人道屠宰法规的限制，有些工厂便不愿为人道花钱。"

不受犹太教规或回教教规饮食法约束的人，可能会以为他们买的肉不是用这种残酷而怪异的屠宰法所屠杀的，但他们可能错了。因为，保守派长老们所允许的"清洁"肉类不但屠宰时要清醒，而且有些部位是禁止食用的，如血管、淋巴结和坐骨神经及其支脉。要把后腿肉中的这些部分剔除是很麻烦的事，所以，只有前腿当做净肉来卖，剩下的则放在超市中，不标明其来源。这意味着，为供应这种肉类，要屠杀更多的动物。英国农用动物福利评议会估计，依宗教仪式法所屠杀的动物，有"很高的比例"流入一般市场。

如果有人反对这种宗教仪式性屠杀，宗教人士就可喊"宗教自由"，并指反对者为"反犹太"；结果，美国、英国和许多其他国家，便难以立法来阻止宗教仪式性屠杀。但反对以宗教之名对动物行残暴之事的，未必是反犹太或反回教。现在已是时候，两教人士应重新思考目前这种屠宰法是否与宗教的慈悲精神相合。再者，那些不愿意吃违反其现行教义之肉的人可以有另一种选择，就是根本不吃肉。我做这种建议并没有对教徒的要求比我对自己的要求更多；我之所以建议这些教徒不要吃肉，只是因为他们吃的肉使动物遭受了更大的痛苦。

我们这个时代是种种潮流互相冲突的时代。有的人坚持要依照古老的经典规定来屠宰动物，而有的人则迫不及待地要用最新的科技来改变动物的本性。1988年，美国专利与商标管理局发给哈佛大学研究人员专利权，去制造经过基因工程的老鼠，其目的主要是鉴察可能的致癌诱因——因为这种老鼠特别容易致癌。管理局的这项批准是随1980年美国最高法院的一项决议案而来的，该议案使得人造微生物能获致专利权；但为动物的基因工程而给予专利，则以1988年为第一次。

宗教领袖、动物权益促进人士、环保人士和农场场主都联合起来反对这种动物专利。(农场场主之所以反对,是因为基因工程一旦流行,为了竞争,他们就不得不付专利费。)而同时,基因工程公司却已和农业综合企业集团携手,要投资研发新品种的动物。除非舆论压力足以使该行业止步,该行业即将大赚其钱,因为他们会制造出短期内长更多的肉、生更多的奶或下更多的蛋的动物。

这对动物福利威胁已是显而易见的。位于马里兰州贝特维尔的美国农场局就已引进了给猪施用的生长激素的基因。基因被改变的猪产生严重的副作用,包括肺炎、内出血和一种导致瘫痪的严重关节炎。这批猪只有一只长大到成龄,但也只活了两年。这只猪,曾经上过英国电视,很巧的是在“如何赚钱”的节目上。电视上可以看到,那只猪站不起来。这批猪的研究负责人之一对《华盛顿时报》说:“我们是像在七四七飞机发展史中的莱特兄弟阶段。有好些年的时间我们会不断坠毁与燃烧,离开地面飞不了多远。”

但他们坠毁与燃烧的是动物,而不是研究者自己。《华盛顿时报》也引述了基因工程的辩护者如何排斥动物福利说:

人类千万年来就在把动物杂交、豢养、屠杀和剥削利用。这情况不会有什么根本的改变。

没有错。久来我们就在为自己方便而利用动物,而最近30年,则用最新的科技来使它们更合我用。从某种角度看,基因工程虽然有其革命性,但从另一意义上说,则只是为了使动物更曲从人意。我们真正需要的是自身态度与行为的根本改变。

## 你一定要身体力行

从严格的逻辑来说,又怜悯动物又贪吃它们的肉,也许并不冲突。你可以反对让动物痛苦,但如果动物自由而活,无痛立即而死,就可食其肉。但是,在事实上和心理上,又悲怜动物又继续食其肉却不可能不矛盾。如果我们只为了口味而取其他动物的性命,则该动物就只不过是我们的某种目的之手段。不管我们对它们何等怜悯,终有一天我们会把猪、鸡、牛作为我们所用的“东西”;而只要我们继续用我们可以花得起的钱来买动物的身体为我们的食物,你就不可能不改变它们自然的生存状态,而我们也不会觉得那些改变有何不妥。工厂化农场正是以动物为人类之手段而将科技施诸于它们身上的结果。我们的饮食习惯是顽强的，不容易改变。我们总是想让自己相信我们可以关怀其他动物而又可以继续吃它们。没有一个吃肉的人能够毫无偏见地去判断人类饲养与屠杀动物对它们造成的真正痛苦。

为给人食用而大量饲养动物却不造成它们痛苦是不可能的。即使不用集约法，传统的牧养也使动物遭受阉割、幼兽与母亲分离、社群破坏、烙印、运往屠宰场而终遭屠杀。我们很难想象如何能把动物养来当食物而又不造成它们痛苦。如果少量饲养或许还有可能，但今日城市吃肉的人那么多，又如何供应？设若以少量饲养法供应众多人的肉食，则价格必然极高——何况饲养动物以供应蛋白质本就已是代价极高的办法！如果以合乎动物福利的方法来饲养和屠宰动物，则肉品必然只是少数富裕人士的特权。

但所有这些与我们每天吃饭面临的道德问题还没有直接关系。理论上不管是否真可以饲养与屠宰而不造成痛苦，我们每天吃的肉却是来自痛苦地生、痛苦地死的动物，它们的生与死没有受到任何真正的关照。所以，我们必须自问的不是“吃肉‘都’不对吗？”而是“吃‘这块’肉对不对？”问题这样提出时，不管是反对对动物做“不必要的”屠杀的人还是仅反对使动物不“痛苦”的人，都会回答说“不对”。

做素食者并不仅是象征性的姿态。也不是为了在丑陋的世界中洁身自好，表示自己未参与周遭的残忍与屠杀。吃素是一项实际而有效的行动，志在结束对动物的屠杀与摧残。现在，暂时让我们假设：我们所对的只是让动物痛苦而非屠杀——那么，上一章所记述的集约农场饲养法又该如何终止呢？

只要大家还继续购买集约农场的产品，一般的抗议和政治行动就不会产生重要的改革。即使在大家以为爱护动物的英国，由于受到露丝·哈里逊的《动物机器》一书的刺激而引起广泛争论，英国政府指派了一个专家委员会（布伦贝尔委员会）来调查动物遭受的虐待，并提出建议，但在建议提出后政府拒绝执行。1981年，下议院农委会再度对集约农场做调查，这次调查也对消除最残忍的一些方式做出建议，可是，照样全未实行。设若英国的改革运动如此，则美国绝不会更好，因为美国的农业综合企业游说团的力量更大。

这并不是说一般的抗议和政治行动无用而应放弃；不，它们是有效改变动物待遇的奋斗中必要的部分。在英国，像“悲怜全球牲口”等等组织，就让公众了解到牲口所遭受的摧残，甚至于废除了小肉牛的牛栏。最近，美国的一些社团也激起大众对集约农场动物的关切。但是，只有这些运动是不够的。

那些因剥削动物而获利的人并不需要我们的赞同。他们要的是我们的钱。出钱购买他们饲养的动物之尸体，乃是他们得自大众的主要支持（在许多国家中，另一主要支持是政府贴补）。只要他们能把集约饲养法养出的动物卖掉，他们就会用这样的方法继续饲养，就会有足够的财力来反抗政治改革运动，他们也能够振振有词地说，他们只是供应大众所需。

所以，我们必须拒绝吃现代化农场的动物之肉——即使你认为如果动物活得快乐、死得无痛则食之不错。吃素，是一种抵制。对大部分素食者而言，这种抵制是终身的，因为一旦他们突破了以动物为食的习惯，便无法再赞同区区为自己的口味而屠杀动物性命。但抵制今日市场肉类，主要用意不是在反对杀，而是在反对对动物的凌虐。除非我们不食其肉，否则我们所有的人都在助成现代农场，使其继续存在、繁荣，助成这些农场对动物的种种残暴行径。是在这个地步，物种歧视与否才踏入了我们的日常生活。是在这个阶段我们被迫验证我们对动物的关怀是否真切。在这个门槛，我们可以自己做一些事，而不是只说道理，只等着政客去采取步骤。远处发生的事，我们有立场并非难事；但在家门口，物种歧视像种族歧视一样就会现形。反对西班牙斗牛，反对韩国人吃狗，反对加拿大人杀小海豹，而自己又继续吃囚禁笼中的母鸡所生的蛋，继续吃被剥夺了母爱的、没有适当食物的、关在笼中不能伸腿的小牛的肉，正像反对南非种族隔离而又劝自己邻居不要卖房子给黑人一样。

为让吃素的抵制涵义更有效更明显，我们就不可羞于承认自己拒绝吃肉。在杂食性的社会中，素食者常被问起为什么吃东西那么古怪？被人这样问时，可能很气恼，甚至很窘；然而，这却是好机会可以让人知道他们所不曾觉察的残忍。（我第一次听说工厂化农场，便是经由一位素食者；他很有耐心地告诉我，他为什么吃得和我不一样。）设若唯有不吃肉才能终止对动物的残暴，则我们就必须鼓足勇气，让参与抵制的人尽量增加。但要想抵制有效，我们自己却必须以身作则。

我们有时候会说，反正动物已经死了，我们不吃，也不能使它们起死回生，我们就吃吧！这种借口是我经常听到的，而且也似乎说来当真，但是，一旦我们认定不吃肉是一种抵制行动，则前述借口便难以成立。当抵制葡萄行动因凯撒·卡维兹的努力而酿起——其目的是为改善葡萄采集工的薪水与生活条件——市场上仍供应由工会之外的廉价劳工所采集的葡萄；当我们抵制这些葡萄时，并不能让那些已采过的劳工获得工资弥补，正如动物死不能复生，为什么我们还要抵制？我们要做的，不是改变过去，而是不让我们所反对的事继续下去。

我对素食的抵制涵义既然这般强调，有些读者不免会问，如果抵制的效果不彰，则素食还有什么必要性呢？我的回答是：一件我们认为该做的事，在未能确定其是否成功以前，往往必须坚持；任何反压迫、争正义的伟大运动，如果领导者必须确定其成功才做努力，便永不可能存在。所以，如果只因素食目前效果不彰而加以反对，则不成为反对理由。何况，素食运动即使就整体而言尚未成功，但个体的行为确实已有一些成效。萧伯纳曾说，他死后送葬的队伍中将有成群的猪、牛、羊、鸡和大群的鱼，这些动物都因他是素食者而免遭杀害。虽然我们不能指认哪一只动物是因我们吃素而未遭杀害的，但我们可以相信，我们自己的不吃肉食加上原已就有的不吃肉食者的行为，对现代工厂化农场饲养和屠杀的动物数量一定有所影响。需求量少，价格就低，利润便少。利润越少，则被饲养与屠杀的动物也会随之减少。这只是初级经济学，而且我们可以在肉鸡期刊上看到这样的报表：肉鸡的价格跟鸡棚中无数的鸡，数目关系密切。

所以，素食比一般的抵制更有意义。为反对南非种族隔离政策而抵制南非产品的人，除非迫使南非做了政治改革，就什么也未达成（但不管成果如何，这种抵制都是应该的）；但素食者却不管能否目睹点燃广大的拒吃肉食运动，从而终止农场的残暴行为，他都知道他自己的吃素可以减少某几只动物的饲养与屠杀。

再者，吃素还有一层特殊的意义，就是以身体力行的方式驳斥了常见的而又根本错误的工厂化农场辩词。因为，有些人竟然说，工厂化农场是解决世界飞涨的人口食物之道。这种说法真是荒谬无比，以致我必须在此对粮食问题做一简述——仅管它跟本书所强调的动物福利没有直接关系。

## 最好的策略——不杀生!

不过我们必须承认，肉食动物的存在对于动物解放的伦理学确实带来一个问题，那就是人类是否应该对这个事实有所具体回应。假设人类可以把肉食动物从地球上消灭，从而世界上动物所承受的痛苦总量可以降低，我们应该下手吗?

明快简单的回答是：只要人类放弃了“主宰”其他物种的主张，我们就完全不应该再干涉它们。我们应尽可能地让动物自生自灭。既然摆脱了暴君的角色，我们就也不必扮演上帝的角色。

这个回答不是没有道理，但是也失之于太明快、太简单。不管喜欢不喜欢，人类对于未来将发生的事确实比动物知道得多，而在有些环境里，拥有这样的知识却不去干涉介入，会显得冷血无情。1988年10月，美苏两国联手拯救了两条在阿拉斯加险遭冰封的加州灰鲸，赢得全世界电视观众的喝彩。有些批评者指出，人类每年要猎杀大约2000只鲸鱼，更别提据估计每年有125 000只海豚在鲔鱼网上遭溺死；如今居然为了援救两条鲸鱼如此大费周章，说来着实讽刺。可是即便此说成立，也只有一个冷血无情的人才会说这场拯救做得不对。

这么看来，在某些情况里，人类的干预确实可以改善动物的处境，因此也就有其道理。但是谈到了像消灭所有肉食动物这样的一套构想，就是完全不同的一回事了。根据人类过去的记录，任何大规模改变生态系统的企图，后果注定弊多于利。仅仅考虑此一端，不论其他，我们便不可以也不应该妄想扮演自然整体的警察，除了在少数极为局部的情况下之外。人类只要消除了自己对其他动物毫无必要的屠杀和残虐，就已经功德圆满了。

不过，另外还有一种说法，也根据自然状况下某些动物杀害其他动物之事实，在设法替人类对待动物的方式辩解。常有人说，现代农场里的条件虽然恶劣，总没有动物在野外受冻、受饥、受猎食者威胁的生活条件恶劣；言下之意是，我们不应该反对现代农场里的动物生活条件。

说来有趣，为黑奴制度辩护的人，往往有类似的说法。其中曾有一人写道：

这些非洲人在家乡深陷在残暴、凄惨、痛苦的状态里，因此，如今将他们迁移到这片充满光明、人性和基督教知识的国度里，对他们而言当然是莫大的福气，大家并无异议，即使仍有个别人等在这方面尚由于不必要的虐待行为，而有可訾议之处；至于由于这场迁移，而在我国必然产生的整套屈从状态是否符合自然法，实不应该继续成为一个问题。

像野外与农场（或者自由的非洲人和栽种场上的黑奴）这样差异悬殊的两种状况，其实很难比较；可是如果一定要做比较，自由的生活当然略胜一筹。养殖农场里的动物无法走动、奔跑、随意伸展、或者跟家族、同类聚在一起。不错，野生动物有许多会因为艰苦的环境而死，或者遭猎食者所杀；但是农场动物能活的时间，充其量也只及于它们正常应有寿命的一小段而已。农场里食物的供应稳定无缺，也不见得真是福气，因为动物反而因此被剥夺了最基本的自然活动——觅食。结果，动物的生活变得索然乏味，没有任何事可做，除了待在窄笼子里吃了又吃。

无论如何，养殖场的状况和自然状况的对比，其实跟养殖场制度是否有道理可以辩解并不相干，因为我们没有必要非在这两套状况里选择一种不可。废除养殖场，并不代表要把里头的动物放归山野。今天在养殖农场里的动物，都是先由人繁殖出来，供给这类农场饲养然后出售供食用。倘使本书鼓吹有成，抵制养殖农场的产品竟然有效，那么养殖农场产品的销售量便可望下降。这不是说一夜之间，我们就可以从现今的状况跨跃到一个无人购买这类产品的地步（对于动物解放运动我相当乐观，不过并不自欺）。下降将是渐进的事。养殖动物的利润会减少。农人会转而从事其他农产品的经营，大公司的资本会移向其他的行业。结果，为了这个目的而繁殖的动物数目会大为减少。养殖农场里的动物数目会降低，不是由于动物被送回山野，而是由于动物宰杀之后不再补充。到最后，或许（在此容我的乐观纵情发挥）只有到大规模保留区才能见到牛群和猪群，一如今天的野生动物保护区。这样子看，我们面对的选择并不是维持养殖农场还是让动物回归原野，而是是否该让注定要在养殖农场里过一生，然后遭屠宰的动物出生。

在这里，我们会遇到另一种反对的意见。有少数吃肉的人指出，倘使大家都改为素食，猪、牛、鸡、羊的数目会大为减少，结果吃肉不啻是在帮助被吃掉的动物，因为若不是有人要吃它们，这些动物根本不会出世！

在本书的第一版，我否定了这个说法，理由在于它假定了使一个生命诞生，等于给予它一项利益——而这个假定又预设了嘉惠一个尚未存在的东西乃是可能的。这一点，当时我以为荒唐而无意义，可是如今我已不敢如此确定。（本书第一版提出的哲学论点里，这是我唯一改变立场的地方。）毕竟，假如在怀孕之前，我们已经知道生下来的小孩会由于基因缺陷而活得凄惨又短命，大多数人都会同意，让这样的小孩生下来是不对的。怀这样的小孩，不啻对他造成伤害。既然如此，我们又岂能否认，使一个将有愉快生命的东西诞生，不是给予它一项利益？要否定这一点，我们得说明这两种情形有什么不同，可是我还找不到一个满意的法。

以上的讨论，带出了“杀生的错误”这个问题。这个议题，由于要比造成痛苦的是非问题复杂麻烦得多，我一直没有去直接处理。不过，第一章近结尾处的简短讨论足以显示，就一个能够对于未来有欲望、有期待的生物来说，被杀死当然可以说乃是一件特别不幸的事，而此不幸无法用另一条新生命的创造来平衡弥补。可是一旦开始考虑没有能力对未来有欲望的生物，也就是可以说只活在当下此刻、而没有连续的意识生活的生物，真正的棘手麻烦才出现。让我们承认，即使就这种情形而言，杀生仍然令人憎厌。一只动物面对生命的威胁时会奋力挣扎，即使它无能力理解自己有“生命”——意思是说能够了解什么叫作在一段时间之中生存——可言。但是如果它缺乏某种形式下的连续意识，我们确实很难说明，为什么从一种超然的角度来看，这只动物因为被杀死所蒙受的损失，不能因为诞生了一只可望过同样愉快生活的新动物而获得平衡弥补。

关于这个问题，我仍然充满怀疑。所谓一只新生命的诞生可以多少弥补另一只动物的死亡，这个说法确实有点古怪。当然，假若我们有明确的根据说，一切有感觉的生物都有生存的权利（包括无法对于未来有欲望者在内），那么我们便大可以轻松地指出，为什么杀死一只有感觉的生物时所犯的错无法借创造一个新生物而弥补。但是我和别的人已经都撰文指出，这样的假定在哲学上与实际方面，都有严重的问题。

纯粹在实际的层次上，我们可以这样说：把动物杀死作为食物（除了在完全为活命所必需的情形下），会让我们认为动物只是供大家为了满足人类的非必要需求而轻率使用的物件。而根据我们对人性所知，一天我们这样看待动物，那么那些在常人采取之后必然造成——因此虐待——歧视动物结果的各种态度，我们也就不必奢望可能加以改变。由此可见，把“除非事关存活必需，都应避免杀死动物作为食物”奉为单纯的一般原则，或许才是最好的策略。

这个反对杀死动物作为食物的论证，必须借助于一项预测：持有某种态度会带来什么结果。可是这个预测，我们却无法证明是正确的；我们只能根据对于常人人性的所知而有所判断。不过，即使这种预测不可信，上面有关创造一只新生命可以弥补一只动物遭宰之损失的论证，应用的范围仍然极为有限。食用养殖农场动物的肉品，它便无法开脱，因为这类动物身受生活单调贫乏之苦，转动、梳理羽毛、伸展身体、运动或是参与正常的社会互动等等基本需求都无法满足。让它们出生过这样的一生，对它们并不是利益、而是严重的伤害。充其量，这种视诞生为利益的论证所能开脱的吃肉行为，仅限于食用那些自由放养（并且没有能力对于未来有欲望）、在符合其行为需要的社会团体里快意生活、最后迅速且无痛苦地遭宰杀的动物。有人毫不苟且，只食用这种动物的肉。对这类人我表示尊重，不过我猜测，除非他们有自己农场可以自己照顾动物，他们实际上大概已经十分接近于素食了。

关于这个一只动物的损失可以用另一只动物的诞生来弥补的论证，我们最后还要补充一点。人们用这个巧妙的说法，辩解开脱自己吃牛肉、猪肉的欲望，却绝少穷究这个说法的全部含义。倘若使生命出生是一件好事，那么可想而知，其他条件不变，我们也应该尽量使更多的人类出生才对；倘使再进一步，加上人类生命比动物生命重要的说法（肉食者一定认同这个说法），这个论证便会适得其反，令鼓吹者大为尴尬。由于不拿谷物喂牲口的话，更多的人便可以获得食物，这个论证的结论竟然是：说到最后，我们都应该改为素食！

# 藏羚羊传奇[①]

◇ 佚名

## 野牦牛青年队

这是唯一一支常年战斗在反偷猎藏羚羊第一线的队伍。在海拔五千米以上的生命禁区出生入死，功勋赫赫。

杰桑·索南达杰，治多县县委书记，1992年7月，创立西部工委，开展可可西里开发、保护工作，545天后，在无人区与18名持枪偷猎者对峙，流尽了最后一滴血，至死保持手枪卧射姿势，被可可西里零下40℃的风雪塑成一尊冰雕，成为藏民心中和所有热爱生命的人们心中的英雄。

扎巴多杰，索的妹夫，在索牺牲后毅然接替了索。提出反偷猎要靠武装，1995年10月7日，在青藏公路八工区一顶帐篷内组建“野牦牛队”——中国第一支武装反偷猎队，（野牦牛是高原的保护神，温顺忠厚、吃苦耐劳，但是一旦侵犯了它，即使是一辆正在行驶的卡车，也会被它掀翻）成员多是退役军人。扎巴多杰1998年曾赴北京各大学演讲，使长江源区的保护和藏羚羊的保护受到了关注，于1998年11月8日在家中中弹身亡。

现任西部工委书记梁银权，扎巴多杰的战友，带

① 选自《成长的岁月——我的学生时代读本》，严凌君主编，商务印书馆2003年版。

领“野牦牛”队继续战斗至今。而他本人有严重的高原心脏病，日常血压40-80mmHg。

几年来，西部工委野牦牛队怀着对可可西里无比的深情，对保护野生动物的执着，出生入死，以丰富的巡山经验，超人的毅力，与盗猎分子长期周旋，被誉为“藏羚羊的保护神”。至1999年7月15日为止，共破获盗猎案件74起，抓获犯罪嫌疑人290多人，缴获各种皮张25 233张，作案用车86辆，各种枪支86支，子弹近11万发。

野牦牛队现有队员40余名，年龄最大的近50岁，最小的只有19岁，大多是藏族同志，因长年的奔波和劳累饥饿，许多队员都不同程度的患有胃病、关节炎和高原性心脏病等，队员的耳朵、脸部、手脚常有冻伤。在日常巡山过程中，每天吃干粮，就咸菜；喝泥水、雪水；在高原强烈的紫外线下，他们经受着缺氧、严寒的考验，偷猎者的车比他们快，人比他们多，枪比他们好，每一次冲突都是九死一生。每月210元的微薄收入，没有一分专项经费，给养没有保障，交通、通信跟不上，可是野牦牛队员从没有放弃自己的信念，依然守护在可可西里。

## 杰桑·索南达杰

“在中国办事，不死几个人是很难引起全社会重视的，如果需要死人，就让我死在最前面。”

——杰桑·索南达杰

杰桑·索南达杰，治多县索加乡人，生于1954年。1974年毕业于青海民族学院，毕业后要求返回治多县工作，从学校教师做起，先后担任县文教局局长、索加乡党委书记、治多县县委副书记。在他的倡导下，治多县为开发西部地区，制止日益猖獗的淘金、偷猎活动，成立治多县西部工作委员会，索南达杰担任西部工作委员会书记。治多县有2万人口，土地面积有8万平方公里，其中西部的可可西里无人地区就有近5万平方公里，那里不仅地下有丰富的矿产，地面也是我国大型兽类种群数量最多的地区，有上千只一群的藏羚羊，数百只一群的野牦牛，还有野驴、藏原羚、盘羊等珍稀野生动物。近年由于可可西里发现了金矿，淘金人蜂拥而入，四处开挖，寻找金子，地表植被遭到破坏。淘金人一般是春天在解冻前成群结队进入可可西里，一直要等到年底封冻后才能出来，这期间除了自己带一些面粉外，肉食主要靠打猎，十年来，可可西里的野生动物减少2/3，矿产资源也遭到破坏，大量黄金流失，可可西里成为一个无法地区，金把头各自为政，占山为王。西部工作委员会就是在这个时期成立的。

治多县是个穷县，每年靠财政拨款，县政府东拼西凑了2万元钱，靠这2万元钱，索南达杰开始投入西部地区的勘察和保护工作，一年多的时间里12次进入可可西里，多次与偷猎者遭遇。

1994年1月18日，索南达杰带领四名西部工作委员会的成员，在可可西里泉水河附近抓获两支非法偷猎团伙，共20人，在抓获过程中，索南达杰下令对拒捕逃跑的车辆开枪，强行他们停车，打伤了司机。从人道主义出发，索南达杰让扎多和他的司机押送伤者和一个得肺水肿病的偷猎者乘小车连夜赶往四五百公里外的格尔木治疗，自己和另一个工作人员押送18名偷猎者和七台车辆，每台车除留下司机开车外，其余人员全部集中在一台东风车上，西部工委一工作人员在前车引路，索南达杰自己在最后一台车压阵，行至太阳湖附近时，索南达杰乘坐的车辆车胎爆了，待他修好车赶上来的时候，偷猎者已经反扑，趁前车工作人员不注意时，将其击昏，捆绑、堵嘴，并搜出被缴获的武器，把六台车排成弧型，对着索南达杰来的方向，待索南达杰一到，六台车打开大灯，把索南达杰照得睁不开眼，他意识到不好，立刻下车，此时从侧面跑上一条大汉拦腰抱住他，索南达杰一转身，用力把抱他的人甩倒在地，顺手一枪击毙这一罪犯，枪声一响，早已有所准备的偷猎者们，十几条枪同时开火，索南达杰卧倒在地，利用汽车掩护，一个人与剩下的17名罪犯进行枪战，偷猎者的一颗子弹射中索南达杰，直接打中大腿动脉，索南达杰枪中的子弹打光了，又拿出一梭子弹，但怎么也推不上去。枪声停止了，罪犯见索南达杰趴在地上一动不动，手里还握着枪，都不敢上前，十几个人钻进两辆小车猖狂逃命。索南达杰始终保持着推子弹准备射击的姿势，可可西里的严寒把他冻成一尊不屈的雕塑，伴随在他身边的是两卡车、上千张藏羚羊的皮。

索南达杰走了，索南达杰留下过一句话："在中国办事，不死几个人是很难引起全社会重视的，如果需要死人，就让我死在最前面。"生前索南达杰也一直在为设一个保护站而奔波，而这个站就设在昆仑山脚下的青藏公路旁边，将有效地控制淘金者、偷猎者进入无人区，但至死也没能实现。不管怎么样，索南达杰是在做了。

## 迷人的可可西里

可可西里蒙语意为“美丽的少女”，长江的主要源区之一，位于青藏高原西北部，夹在唐古拉山和昆仑山之间，周边地区大部分都是少数民族；西部与西藏自治区毗邻，西北角与新疆维吾尔自治区相连。

可可西里无人区是世界第三大，也是中国最大的一片无人区，也是最后一块保留着原始状态的自然之地。周围没屏障，地势高峻，平均海拔高度在5000米以上。这里气候寒冷，常年大风，最大风速可达20米/秒~28米/秒，年平均气温在-4℃度以下，最冷温度可达—40℃多度。由于空气稀薄，气压偏低，氧气稀薄，只有低海拔地区的一半，烧开水的沸点只有80℃。可可西里气候恶劣，但却是野生动物的天堂。野牦牛、藏羚羊、野驴、白唇鹿、棕熊……青藏高原上特有的野生动物使这位少女更加妩媚动人。由于该地区是中国最大的一片无人区，受人类活动干扰较少，大部分地区仍保持着原始的自然状态。有资料显示，可可西里目前是中国动物资源比较丰富的地区之一，拥有的野生动物多达230多种，其中属国家重点保护的一、二类野生动物就有20余种。

## “最后的”藏羚羊

藏羚属牛科、藏羚属，别名藏羚羊、长角羊、羚羊，主要分布在中国青海、西藏、新疆三省区，现存种群数量约在7万~10万只。由于藏羚独特的栖息环境和生活习性，目前全世界还没有一个动物园或其他地方人工饲养过，而对于这一物种的生活习性等有关的科学研究工作也开展甚少。

藏羚是中国青藏高原的特有动物、国家一级保护动物，也是列入《濒危野生动植物种国际贸易公约》中严禁进行贸易活动的濒危动物。藏羚羊一般体长135厘米，肩高80厘米，体重达45~60千克；形体健壮，头形宽长，吻部粗壮。雄性角长而直，乌黑发亮，雌性无角；鼻部宽阔略隆起，尾短，四肢强健而匀称。全身除脸颊、四肢下部以及尾外，其余各处被毛丰厚绒密，通体淡褐色。它生活于青藏高原88万平方公里的广袤地域内，栖息在海拔4000~5300米的高原荒漠、冰原冻土地带及湖泊沼泽周围。藏北羌塘、青海可可西里以及新疆阿尔金山一带令人类望而生畏的“生命禁区”，那里尽是些“不毛之地”，植被稀疏，只能生长针茅草、苔藓和地衣之类的低等植物，而这些却是藏羚羊赖以生存的美味佳肴；那里湖泊虽多，绝大部分是咸水湖。藏羚羊成为偶蹄类动物中的佼佼者，不仅体形优美、性格刚强、动作敏捷，而且耐高寒、抗缺氧。在那十分险恶的地方，时时闪现着藏羚羊鲜活的生命色彩、腾越的矫健身姿，它们真是生命力极其顽强的生灵！它生性怯懦机警，听觉和视觉发达，常出没在人迹罕至的地方，极难接近。

经过千万年自然演变，它们与冰雪为伴，以严寒为友，自由自在地生息在世界屋脊之上。然而，由于一些所谓贵族对被称为“羊绒之王”的藏羚羊羊绒——“沙图什”的需求，藏羚羊的栖息地正在变成一个屠宰场，每年数以万只的藏羚被非法偷猎者捕杀！昔日茫茫高原上数万只藏羚一起奔跑的壮观景象，如今再也见不到了。

## 藏羚羊陷入灭绝的边缘

藏羚羊在生命禁区与恶劣环境斗，它们是胜利者；与饥饿严寒斗，它们是成功者；与豺狼虎豹斗，它们是无畏者。它们从不屈服于来自自然界的任何灾难，从未放弃过这里的家园。生命力如此顽强的野生动物却大批大批地惨死在人类的屠刀下，如今青藏高原的藏羚羊总数，已由十年前的10万余只急剧降至5万余只，而且每年以2万只的数量减少。而反盗猎的行动仅仅停留在收缴皮张的水平上，无法解决藏羚羊仍被猎杀的现实问题，目前我国的人力、财力、物力都达不到能够保住藏羚羊不被继续猎杀的程度。以现在的猎杀速度，残存的5万只藏羚羊在地球上还能挣扎多久？

可可西里地区自然环境的严酷现状也令人担忧。青藏公路昆仑山口、不冻泉和索南达杰保护站的近百公里地段内，我们连一只藏羚羊都没见过，只有即将退化为沙漠的大荒原悲哀地面对苍天，原来的水草地连一点潮气都没有了，地表龟裂的大口子在狂风中呻吟，枯黄而稀疏的草底下是白茫茫的盐碱花，青藏公路线109国道是青海与西藏两省间的唯一交通大动脉，但是昆仑山脚下的柏油路面已被巨大的沙丘覆盖了一半，沙漠化已经对可可西里地区的江河源头构成巨大威胁，冰川融化、河流干涸、草场退化，生态环境变迁与恶化对藏羚羊构成深层影响，加上人类肆虐的捕杀，使这一特殊动物陷入了灭绝的边缘。

## 为何要保护藏羚羊

许多人对藏羚羊所知不多，那么保护藏羚羊到底有什么现实意义呢？

藏羚羊仅存于中国青藏高原，是生活在海拔最高地区的偶蹄类动物，历经数百万年的优化筛选，淘汰了许多弱者，成为“精选”而成的杰出代表。许多动物在海拔6000米的高度，不要说跑，就连挪动一步也要喘息不已，而藏羚羊在这一高度上，可以60千米的时速连续奔跑20~30千米，使猛兽望尘莫及。藏羚羊具有特别优良的器官功能，它们耐高寒、抗缺氧、食料要求简单而且对细菌、病毒、寄生虫等疾病所表现出的高强抵抗能力也已超出人类对它们的估计。它们身上所包含的优秀动物基因，囊括了陆生哺乳动物的精华。根据目前人类的科技水平，还培育不出如此优秀的动物，然而利用藏羚羊的优良品质做基因转移，将会使许多牲畜得到改良。目前人类对藏羚羊资源的“利用”可以说是毁灭性的。人们仅仅用了它的部分皮毛，却把它的身体全部扔掉，就利用而言仅为2‰。今天的世界已经不允许有如此之大的浪费，况且是极其珍贵的生物资源。值得庆幸的是，在《濒危野生动植物种国际贸易公约》秘书处和中国濒危物种进出口管理办公室的共同倡议下，1999中国西宁藏羚羊保护及贸易控制国际研讨会近日在西宁召开，来自中国、法国、印度、意大利、尼泊尔、英国等7个国家的代表们经过深入讨论和充分酝酿，正式发布了《关于藏羚羊保护及贸易控制的西宁宣言》。宣言详尽地阐述了藏羚羊分布国、过境国和贸易消费国在保护和控制藏羚羊绒贸易中所承担的责任，标志着国际间合作打击盗猎藏羚羊、制止藏羚羊绒制品非法国际贸易活动的局面初步形成。

保护藏羚羊的意义和影响绝不亚于保护国宝大熊猫。任何一个物种都是地球的财富，更是我们人类的伙伴，切望避免当我们的后人需要了解藏羚羊时，却只剩下皮毛、标本和照片！

# 德国的森林文化 ①

◇ 赵鑫珊

**赵鑫珊**（1938—），哲学家、作家、文学家。先后出版《科学艺术哲学断想》、《普朗克之魂》、《地球在哭泣》等。

如果说中华民族是个内陆腹地的民族，英国民族是个蓝色海洋的民族，那么德意志民族则是个绿色森林的民族。森林的性格即德意志民族的性格。森林中的一切，构成了德意志民族的气质和心态，并反映在她的文化形态中。

的确，几乎没有一个德意志（日耳曼）民族的传说和民间童话故事不是发生在幽深大森林中的。其中尤以图林根森林和黑森林最为茂密、神秘。我忘不了那狭窄的峡谷，湍急见底的溪流，以及笔直的参天大树冷杉木。当然还有闻名于世的杉木布谷钟。

“德国的森林文化”这个术语是我到了德国之后，亲眼看到了、甚至用张开的双臂拥抱了德国的橡树、山毛榉、落叶松和云杉……之后才提出来的。它的主要涵义是：三百多年来，德国的茂密森林，那绿杨堤畔、数声啼鸟，那铿然一叶、布谷声里斜阳暮，无一不引发了德国诗人、音乐家和思想家的灵感。德国伟大的科学、艺术和哲学传统，往往同德国的森林有着许多内在的气质上的联系。揭示、阐明这些微妙的联系可以写厚厚的一本专著，书名就叫《德国的森林文化》。

大家知道，我们中国有酒文化，却没有森林文化。中国文化同酒和月亮的关系极为密切，德国文化则同森

① 选自《莱茵河的涛声》，赵鑫珊著，复旦大学出版社1996年版。

林有着千丝万缕的联系。

当然，全世界的民族（不论大小）对月亮总是众口一词，总是一片赞不绝口。在德国诗歌和音乐中，月亮、森林、鸟雀和大海都是主角。为了研究德国的森林文化，我以为必要在这里交待几句概况性的知识背景。

今天的德国不仅拥有现代化工业和农业，而且林业也十分先进，经营水平居世界前列。其国土面积被森林覆盖的比例约为30%。（这是我亲眼所见。全国几乎所有的道路两旁都是人造林）这不仅保护了德国的农牧业生产，维持了自然界的生态平衡，而且使德国变得非常幽静和美丽，素有“欧洲花园之国”的美称。在世界第一流的高速公路上急驶，看到两旁苍茫的森林和漫山的树丛，气韵深厚，白云在空，我不止一次地发问：

“如果把德国各个州的森林全部砍光，那么，德国还剩下什么？”

“果真如此，德国对我的吸引力便会突然减少三分之一。”我自问自答。

“如果再把德国各个州的建筑统统改换成中国河南开封或江西萍乡的建筑风格，那么，德国还剩下什么？”

“德国对我的吸引力又要减少三分之一。”

由此可见德国森林和建筑风格在我心目中的地位。在很大程度上是德国的森林和建筑风格造就了德国。

目前，全德国约有五分之一的土地是自然公园。

德国林业在世界之所以享有殊荣，我以为有两个最主要原因：

第一，近代科学的林业首先在18世纪的德国崛起。在一个多世纪前，正是德国的林学家提出了森林多功能经营理论，该理论至今还在全世界具有无比的生命力；

第二，德国林业发展过程在相当大的程度上反映了人类对森林的正确认识过程和善于处理人类自身与森林关系的过程。

德国林业发展过程颇有典型性和代表性。一般来说，它可以分为三个阶段：

1. 16世纪以前的原始林业阶段；

2. 16—18世纪近代林业萌芽和兴起；

3. 19世纪中叶以来的现代林业阶段。

其实，我所谓的德国森林文化指的就是第二和第三阶段同森林自然景观有关的德国文化。

16世纪之前，德国只有原始林业，没有德国文化。德国近代林业萌芽、兴起之日，正是德国科学、艺术和哲学伟大传统开端之时。

这是意味深长的事实，它使我激动不已。

这里面大有文章，大有内涵有待于揭示。

邵青还女士说："这三个阶段组成了日耳曼民族的一部森林利用史。"

说得很好。不过我想补一句：

"这三个阶段构成了日耳曼（德意志）民族的一部生存历史。后两个阶段则是一部德国森林文化史。从德国森林里的幽深同时冒出了两堆财富：物质财富和精神财富。中华民族同森林的关系却不像德意志民族同森林的关系那样密切，那样休戚与共。"

1961—1978年，我曾在中国农业科学院从事联邦德国农业研究。时至今日，据我所知，德国农业过于发达，农产品大量过剩。于是一项新的林业政策出台了：压缩农业，退耕还林。估计到2000年德国要退农地五十多万公顷。我将为德国国土森林覆盖率的增长更高声地唱赞美歌。我希望随着这一增长，德国伟大森林文化传统得到进一步弘扬。

我手头上有一本566页厚的德国民歌集。其中涉及到森林的就占很大一部分。如《月亮升了起来》（M·克劳修斯词，1778；JOH.A.P·舒尔茨曲，1747—1800）：

月亮升了起来，
天空闪烁着金色的星，
透明又亮晶晶；
森林一团幽暗，
伴随着久久的沉默；
从草地上升腾起了白色的雾，
真有说不尽的美妙处。

这歌词，一旦同旋律结合在一起，的确有种说不尽的美妙处。在莱茵河和多瑙河畔的森林和草地上，我就见过德国的月亮缓缓升起来的悲壮和忧伤。有一次是在草木摇落而变衰的深秋季节。我看着乌耳姆市大教堂的身影在远处若隐若现，哼着上面那首歌，想起一句宋词："从今后，断魂千里，夜夜岳阳楼。"

有关森林的歌，最著名的一首，当推舒伯特的《菩提树》，W.穆勒（1794—1827）作词，时间是1822年，在我的心目中，这首词曲交融的曲子是德国森林文化的代表作：

门前有棵菩提树，
站在古井旁边，
我做过无数的美梦，
在它的绿阴间。
今天像往日一样，
我徘徊至深夜，
我在黑暗中踯躅，
闭上了双眼，
仿佛听见那万叶
在轻轻向我呼唤：
"伙伴，回到我这里来
寻求平安！"

在德国，我至少造访过一百个村庄，并在其中的八个村子夜宿过。在不少古老的村庄，我看到过在一棵古老的菩提树旁，有口古老的水井。水井虽已废弃不再使用，但井台上还有完好的辘轳和水桶，那纯粹是一种古董装饰，用以对农业文明安详日子的无比怀念和眷恋。

在明斯特近郊有个中世纪的村落，井旁有棵被雷击毁的菩提树，在树下我独自徘徊了很久。我想起人生苦短，又不过是劳苦愁烦，最后便撒手而去。也许，给我唯一安慰的是追求神交千载之上、万里之外的哲学概括、思辨之功，自一人之心而达四海之远，自千古之前以至于万代之后。

于是坐在紧靠那棵菩提树旁边的石阶上，我写下了一首《我的理想》：

透过一棵被雷击过的树的
枝丫空间

推断太阳系的起源和时空的无穷
当灰脸雀鹰
掠过荒漠丘陵
我在沙地上
匆匆写下一组偏微分方程

德国古典严肃音乐同德国森林的关系更为密切。如果德奥古典音乐一共有五个音符，那么其中一个便是描写森林的。其余四个大概是：上帝、爱情、世界的忧虑和对未来的憧憬。

在德国作曲家韦伯（1786—1826）的笔下，森林便占有重要地位。比如他的第一部歌剧便是《森林的少女》。

至于贝多芬，他经常去森林中散步，谛听神性和崇高，并将这些感受一一写进他的作品。

在贝多芬听来，这神性和崇高正是世界本质的披露。对德国许多思想家来说，森林内部的和谐、神性和崇高，具有一种内在和解的功能。因为森林体现了世界绝对的美。

把天空、海洋和森林同时纳入自己观察和思考范围的人是不会有卑微感的。

人之所以不卑微，是因为他以天空、海洋和森林为怀的缘故。这样的人是不会被环境和命运击散骨架的。

他用大自然这三个大部件，构筑了他的内心要塞——永不陷落的要塞！

1969年—1975年，我在辽西海边放羊，正是天空、海洋和森林培育了我的胸襟，使我瞥见了世界的绝对美。

德国哲学传统有三个出发点：休谟、卢梭和牛顿。其实，它在德国国土上还有一个潜在的出发点：

德国的自然森林——阔叶林和针叶林的混交，并构成了日耳曼民族的精神王国。

# 伐木者，醒来！[①]（节选）

◇ 徐刚

徐刚（1945—），当代作家、诗人，主要作品有《夜行笔记》、《倾听大地》、《沉沦的国土》等。

最使笔者难忘的是三峡之行。谁都知道三峡是惊险而美丽的，长江是富饶而绵长的。李白笔下的“两岸猿声啼不住”之处，如今已无猿可见无声可寻了；至于杜甫吟哦的“无边落木萧萧下”更使人失望，两岸的山岭岩石裸露，灌木稀疏。诗，总是有夸张，可是从地理位置来说，三峡上接巴蜀天府之国，下连两湖鱼米之乡不假，而据史书记载，三峡两岸森林茂密草木繁多，上百种动物出没其间。只是到了近代，盲目的毁林开荒使生态环境急剧恶化。从50年代到80年代的三十多年中，各县森林面积减少了一半。如奉节县森林覆盖率由32.3%下降到17.4%，巫山县由24.6%，下降到了11.7%。森林的减少使野生动物无处藏身，再加上人类的过量捕杀，梅花鹿、白鹤、天鹅、金鹏等稀珍动物已明显减少。云豹与金丝猴只能在高山上人烟不见处才能偶尔露出一面，华南虎几乎绝迹！农民的耕地大部分是坡耕地，而且都是毁林开荒所得，水土流失日甚一日，土地肥力下降，每亩粮食单产只有100~200斤左右。川东、鄂西的人均粮食只有600斤，比全国少三分之一。

三峡上游的万县，竟出现土层完全冲光的光板田6000多亩，水土流失之极其严重实为罕闻罕见！

三峡如此之富又是如此之穷！

① 选自《伐木者，醒来！》，徐刚著，吉林人民出版社2000年版。

三峡如此之美又是如此之丑！

三峡之富之美均在于独得山水之天然，有“山水画廊”之称；三峡之穷之丑从根本上说是因为对天然森林的破坏导致水土流失田穷地薄，再加上治理和管理不当、无力所致。

三峡的城镇本来倚山傍水，多数分布于长江沿岸和支流的汇合口，本应有的山城之美实难寻觅，满眼都是零乱、垃圾，几乎看不见像样的绿地和行道树。商店、摊贩、行人、大小车辆一起拥挤在又脏又小的街道上，噪音之大不下于北京或上海！沿江排放的工业废水极大部分未经处理，城镇垃圾普遍向长江中倾倒。长江是中国的命脉，也是中国容量最大的流动垃圾场，垃圾的日积月累眼下颇有岿然不动之势，有的巨大的锥状垃圾堆，就连洪水季节也难以冲走。

源源不断的泥沙，因森林植被破坏而被冲洗而下。据宜昌测报，长江上游的多年平均输沙量高达5.3亿吨，三峡区间的输沙量为1000吨/平方公里，就这样，祖国的肥田沃土由滔滔江水裹挟流进了茫茫东海！

三峡地区又是长江沿岸崩塌滑坡集中分布的地区，近年来滑坡事件不断，云阳鸡扒子滑坡，新滩滑坡达1000立方米以上。去年9月1日巫溪县城附近大滑坡丧生近百人，巨大悬岩随时都会崩坍。正在活动的尚有黄腊石滑坡，链子崖滑坡。所有滑坡的地方森林资源均被破坏、几乎没有植被保护，再加上开山挖石或挖矿，而人们最担心的是一旦滑坡带来的滚滚乱石倾泻长江，后果又将如何设想？

然而，巫溪滑坡中的受难者还在病床上挣扎，三峡仅剩的一点森林中的砍伐便又开始了。从上游到下游，长江所面对的是递增的人口，递增的泥沙，递增的垃圾以及唯一能使长江得到保护和温暖的森林的减少！

一切都有极限。

长江的吞吐以及负荷量也是如此，这也就是长江如不及时加以治理而必将会成为第二条黄河的道理之所在！

长江两岸应该有人们悉心培植的防护林带。在不宜种树的地方则种草，无论什么草，只要有成片的绿色就能起到保护水土的作用。

长江岸边的芦苇荡，尤其在下游的江滩上，是特色独具的。它并不粗壮，却耐水耐风自有纤纤风骨，而且芦根纵横交错，繁殖极快。笔者从小与芦苇结伴度过了清苦而富于想象的童年，现在笔者被告知随着始于二十年前的围垦以及近几年芦苇经济价值的被发现，芦苇日渐减少，大片的芦苇荡更加不易寻觅。

我不禁想起了芦叶船伴我度过的孩提时代。这一只载走了我最初的想象的绿色的小船，还会属于现在和以后的江南水乡的孩子们吗？

中国人是怕别人掘自己的祖坟的。但我们时常忘记我们的最早的老祖宗便是从森林中站立并走出来的。作为生命的摇篮，森林在人类的文明史上是最初也是最美丽的一章，对森林的顶礼膜拜曾经产生了多少美丽的神话和传说！可悲的是人类越是进化，越是远离森林，越是不了解森林。正是这一种断裂产生了人与自然的全面对抗。

距今3.75亿年的时候，植物登陆全面成功，它们的原始茎开始分工分别起着根和叶的作用，最先长出的木质细胞使它们能得以站立并长高。地球此时，辽远而宁静，一片无声无息的世界，色彩也是单调的，有花的植物还没有出现，活着的植物一律是绿色，枯死和腐朽的植物全是黄褐色，还没有鸟兽，只有几种昆虫和蜘蛛的祖先已爬上岸来，惶惑地看着这陌生的世界，如同所有真正的开拓者一样，它们丝毫也不知道它们自己就是后来布满地球使地球有声有色的动物大军的先锋。

徐刚是一位做着绿色环保梦的诗人，我们几乎可以称他为中国的卡逊，他的《伐木者，醒来！》对中国环境发出的棒喝之声以及所起的警醒作用，应可比于《寂静的春天》之于美国。

森林就是这样形成的：从单细胞藻类发展到高大树木，从细胞之间没有分工的低等植物发展到花、叶繁多的高等植物，从水中登陆到地上。这样的过程现今的文字不难表达，在今天的任何一片森林中行走几十米就能看到这纷繁复杂的变化的某些过程，然而它却是植物在几亿年演变着的道路上反复摸索、出生入死的经过。它给人类的丰富启示在人类毁灭之前是真正永恒的——许多新的发展途径在尝试之后又被放弃；为了生存发展就必须要有大勇气冒险；各种结构不断增加、减少、再增加；有的植物整科的遭到毁灭，只留下化石作为见证；同样的植物在一个时期是森林中的主宰，而在另一个时期却是大树下矮小的臣民！

美国著名作家、博物学家彼得·法布在他的著作中，把地球上植物的发生、发展过程浓缩在一天24小时之内，所得到的数据是饶有兴味的，足以使现代人三思三省。

以最早的微生物发生于午夜为起点，到下午8点以后——也就是一天的时间过去六分之五以后，海洋中的生物才繁殖旺盛。在下午9时以前，植物登上陆地；9时50分，石炭期的森林达到全盛时代。到下午11时以后，近代开花植物开出第一朵花。直到午夜完结前仅剩下十分之一秒的时候，人类有记载的历史才告开始！

远在人类出现之前，森林就为他们搭起了绿色的帐篷，空气清新而湿润，林地是柔软的，并且有了无名的小花，微笑着，像森林的公主一样迎接人类的到来。古人类在树上攀援，在藤条上荡秋千，从各种野果的浆汁中获取营养，有野兽可供食用。茹毛饮血在现在听来是可怕的，在亿万年前却是森林中最美好的野餐……

我们现在的所有人的祖坟都在森林中。

我们以后的所有的后人的生命之摇篮仍然在森林中。

让我们放下斧子！

人啊。你应该忏悔！

# 大自然[①]

◇ 屠格涅夫

屠格涅夫（1818—1883），19世纪俄国有世界声誉的现实主义艺术大师，著作有《罗亭》、《贵族之家》、《前夜》、《父与子》等。

我梦见自己走进一座拱顶高大的地下大厦。整个大厦里流泻着某种也是地下的、匀和的光线。

大厦正中间，坐着一位身穿飘动的绿色服装的端肃女性。她一手支颐，仿佛正在沉思。

我立刻明白，这位女性就是自然之神本身。我一激冷，心里感到一种由崇敬而来的畏惧。我走近端坐的女性，向她深深鞠了一躬。

“啊，我们的万物之母！”我惊呼道，“你在想什么呢？你是否在思考人类未来的命运？抑或是考虑着人类如何尽可能地达到完满和幸福？”

女性慢慢地向我投来严厉、阴沉的目光。她的嘴唇蠕动了一下，便发出钢铁般铿锵有力的声音：“我正在思考的是如何让跳蚤的腿儿更有力量，以便它更容易逃脱它的敌人。进攻和防御的平衡已被破坏……应该恢复过来。”

“什么？”我低声嘀咕道。“你想的竟是这个？难道我们人类不是你心爱的儿女？”

女性微蹙双眉。

“一切生物都是我的儿女，”她说道，“所以我一视同仁地爱护它们，一视同仁地消灭它们。”

---

① 选自《人与自然精品文库：审美卷》，黎先耀主编，四川人民出版社1995年版。

“可是善良……理性……正义呢……”我又低声嘀咕。

“这是人类的语言，”响起铿锵有力的声音。“我既不知道善，也不知道恶……理性对于我决不是法典，再说正义是什么东西？我给了你生命，我把它夺走，赋予其他生物，赋予虫或者是人……对我都是一样……你还是防备跳蚤的袭击吧——别打扰我！”

我想反驳……可是周围的大地低声呻吟，抖动了一下，——于是我醒了。

# 生活在大自然的怀抱里[①]

◇ 让·雅克·卢梭

**让·雅克·卢梭** （1712—1778），法国伟大的启蒙思想家、哲学家、教育家、文学家，18世纪法国大革命的思想先驱，启蒙运动最卓越的代表人物之一。

为了到花园里看日出，我比太阳起得更早；如果这是一个晴天，我最殷切的期望是不要有信件或来访扰乱这一天的清宁。我用上午的时间做各种杂事。每件事都是我乐意完成的，因为这都不是非立即处理不可的急事，然后我匆忙用膳，为的是躲避那些不受欢迎的来访者，并且使自己有一个充裕的下午。即使最炎热的日子，在中午一时前我就顶着烈日带着芳夏特[②]出发了。由于担心一不速之客会使我不能脱身，我加紧了步伐。可是，一旦绕过一个拐角，我觉得自己得救了，就激动而愉快地松了口气，自言自语说："今天下午我是自己的主宰了！"从此，我迈着平静的步伐，到树林中去寻觅一个荒野的角落，一个人迹不至因而没有任何奴役和统治印记的荒野的角落，一个我相信在我之前从未有令人厌恶到过的幽静的角落。那儿不会有令人厌恶的第三者跑来横隔在大自然和我之间。那儿，大自然在我眼前展开一幅永远清新的华丽的图景：金色的燃料木、紫红的欧石南非常繁茂，给我深刻的印象，使我欣悦；我头上树木的宏伟、我四周灌木的纤丽、我脚下花草的惊人的纷繁使我目不暇给，不知道应该观赏还是赞叹；这么多美好

① 选自《人与自然精品文库：审美卷》，黎先耀主编，四川人民出版社1995年版。

② 芳夏特：卢梭养的一条狗的名字。

的东西争相吸引我的注意力，使我眼花缭乱，使我在每件东西面前流连，从而助长我懒惰和爱空想的习气，使我常常想："不，全身辉煌的所罗门也无法同它们当中任何一个相比。"

我的想象不会让如此美好的土地长久渺无人烟。我按自己的意愿在那儿立即安排了居民，我把舆论、偏见和所有虚假的感情远远驱走，使那些配享受如此佳境的人迁进这大自然的乐园。我将把他们组成一个亲切的社会，而我相信自己并非其中不相称的成员。我按照自己的喜好建造一个黄金的世纪，并用那些我经历过的给我留下甜美记忆的情景和我的心灵还在憧憬的情境充实这美好的生活，我多么神往人类真正的快乐，如此甜美、如此纯洁、但如今已经远离人类的快乐。甚至每当念及此，我的眼泪就夺眶而出！啊！这个时刻，如果有关巴黎、我的世纪、我这个作家的卑微的虚荣心的念头来扰乱我的遐想，我就怀着无比的轻蔑立即将它们赶走，使我能够专心陶醉于这些充溢我心灵的美妙的感情！然而，在遐想中，我承认，我幻想的虚无有时会突然使我的心灵感到痛苦。甚至即使我所有的梦想变成现实，我也不会感到满足：我还会有新的梦想、新的期望、新的憧憬。我觉得我身上有一种没有什么东西能够填满的无法解释

追求、寻觅，然后享受徜徉在大自然中的乐趣吧。也许追寻不是最重要的，享受整个过程中的状态才是根本。

的空虚，有一种虽然我无法阐明、但我感到需要的对某种其他快乐的向往。然而，先生，甚至这种向往也是一种快乐，因为我从而充满一种强烈的感情和一种迷人的感伤——而这都是我不愿意舍弃的东西。

我立即将我的思想从低处升高，转向自然界所有的生命，转向事物普遍的体系，转向主宰一切的不可思议的上帝。此刻我的心灵迷失在大千世界里，我停止思维，我停止冥想，我停止哲学的推理；我怀着快感，感到肩负着宇宙的重压，我陶醉于这些伟大观念的混杂，我喜欢任由我的想象在空间驰骋；我禁锢在生命的疆界内的心灵感到这儿过分狭窄，我在天地间感到窒息，我希望投身到一个无限的世界中去。我相信，如果我能够洞悉大自然所有的奥秘，我也许不会体会这种令人惊异的心醉神迷，而处在一种没有那么甜美的状态里；我的心灵所沉缅的这种出神入化的佳境使我在亢奋激动中有时高声呼唤："啊，伟大的上帝呀！啊，伟大的上帝呀！"但除此之外，我不能讲出也不能思考任何别的东西。

**组画《青春》之一** 麦绥莱勒 (1948)

中国有五千年丰富绵长的文化，素有礼仪之邦的美誉，过去一百年间，经历了中西文明的几度碰撞，经历了文化上的自我怀疑和放弃，传统的信仰、道德、伦理、文化认同面临挑战，转型期的中国出现了道德失范、理性俗化、社群意识淡漠、公民道德基线崩断的可怕景象。中国人已经进入了人的精神重建的时代。人的精神世界的内涵广博而精深，但是，不管是一个人还是一个群体，不能缺少公益服务，也不能没有慈善精神、公德意识。

## 第三章

# 重构中国精神

# 大冒险[①]

◇ 黑柳彻子

**黑柳彻子**（1933—），日本著名作家、演员、电视节目主持人，以《窗边的小豆豆》一书享誉国际。

在礼堂露营后的第三天，终于迎来了小豆豆的大冒险的日子。这一天，小豆豆和泰明有一个约定，而且这个约定对爸爸妈妈以及泰明的家里人都是保密的。那么，这个约定到底是什么呢？那就是“要请泰明上小豆豆的树”。说是“小豆豆的树”，实际上是巴学园校园里的树，巴学园的小学生们都在校园的这儿那儿，定下了每个人专用的树，爬树的时候只爬这一棵。小豆豆的那棵树在校园的一个角落，靠着篱笆生长着，正对着通往九品佛的小路。那棵树很粗，爬起来滑溜溜的，但是小心地爬上去之后，在离地两米高的地方分成两个大枝，分杈的地方就像吊床一样。小豆豆在课间休息的时候，或者放学以后，经常坐在那里，看看远处，眺望一番天空，或是看看路上的行人什么的。

因为大家都定下了每个人专用的树，如果有的孩子想爬别人的树，就要说一声：

“不好意思，我打扰了！”

等人家同意，才能爬别人的树，这就是小学生们“自己的树”的来历。

不过，泰明因为患过小儿麻痹症，从来没有爬过树，也就没有“自己的树”。所以小豆豆决定今天请泰明

---

① 选自《窗边的小豆豆》，（日）黑柳彻子著，赵玉皎译，南海出版社2003年版。

爬自己的树，已经和泰明约好了。之所以要对别人保密，是因为小豆豆认为“大家都会反对这件事的吧”。所以，当小豆豆出家门的时候，对妈妈说：

“我要去田园调布[①]，是去泰明的家里。”

因为是在说谎话，小豆豆尽量不看妈妈的脸，而是低头看着鞋带。不过，对送自己到车站的洛基，小豆豆却是说了实话：

“我是邀请泰明爬我的树呢！”

小豆豆脖子上挂着月票“啪嗒啪嗒”地来到了学校，这时候，泰明正站在花坛旁边，因为是暑假，校园里一个人也看不到。泰明只比小豆豆大一岁，但是他说话的神情却显得比小豆豆大好多。

泰明看到小豆豆，他拖着腿向小豆豆走来，手伸在身体的前面。小豆豆想到这个谁也不知道的秘密冒险，非常快乐，看着泰明的脸，“嘻嘻，嘻嘻”地笑了起来。泰明也笑了。小豆豆带泰明来到自己的树跟前，然后自己跑向校工叔叔的工具房，这是她昨晚就想好了的。从工具房里，小豆豆拖来一个梯子，把梯子架在大树分权的地方，然后自己嗖嗖地爬上去，在树上按住梯子，冲着下面喊道：“好啦！你也上来吧！”

但是泰明的手和脚都没有力气，一个人怎么也登不上梯子的第一级。于是小豆豆又飞快地转身下了梯子，这回她从后面托着泰明的臀部，使劲地把他往梯子上推。但是小豆豆毕竟太瘦小，从后面托住泰明就很吃力了，没有力量再去按住要滑动的梯子。泰明把脚从梯子上拿下来，默默地站在梯子前，低下了头。小豆豆这才发现，事情比自己设想的难得多。

“怎么办呢？”

但是，无论怎么做，一定要让泰明高兴，让他能够爬上自己的树。小豆豆转到泰明的眼前，对变得悲伤起来的泰明，鼓起自己的腮帮子做了一个鬼脸，快活地说：

“等一下，啊，我有好办法了！”

说着，小豆豆又跑向工具房。一边想着“有没有什么好办法呢”，一边把各种工具都拖出来看一看。终于，她发现了脚手架。

“这个梯子，不会到处滑动，即使不按住也没关系。”

于是，小豆豆又把脚手架拖到了大树跟前。小豆豆从来没有发现，原来自

---

①田园调布是地名，在日本东京。

己竟然有这么大的力气！把脚手架支起来一看，差不多正好到大树分杈的地方。接着，小豆豆说道：

“这样好吗？别害怕，这一次不会滑了。”

听小豆豆的语气，仿佛自己是泰明的姐姐。泰明很担心地看了看脚手架，又看了看满头大汗的小豆豆。这时候，泰明的身上也被汗水湿透了，他抬起头来看了看大树。然后下定决心，抬腿向第一级迈去。

从第一步到泰明登上脚手架的最高一级，总共用了多少时间，泰明和小豆豆都不清楚。在夏日阳光的照射下，两个人什么都不想。总之，只要泰明登上脚手架的最高一级就行了。小豆豆跟在泰明的后面，用手抬泰明的脚，用头顶住泰明的臀部。泰明也用尽了自己的全力，一点儿一点儿地，终于爬到了脚手架的顶上。

“万岁！”

但是，下一步却艰难得让人绝望。小豆豆跳上大树的分杈处，但是不管她怎么用力拉，也没办法把脚手架上的泰明拉到大树上。泰明抓住脚手架，看着小豆豆。突然，小豆豆想要哭：“不应该是这样的！我想请泰明到我的树上来，想让他看到好多东西……”但是小豆豆没有哭，因为她想，如果自己一哭，泰明一定也会哭的。

小豆豆拉过泰明的手，由于患过小儿麻痹症，泰明的手指是弯曲的。比起小豆豆的手来，泰明的手指修长，手也比小豆豆的大得多。小豆豆握了一会儿泰明的手，说：

“你就像睡觉那样躺下来，我来拉拉看。”

这时候，如果有大人看到趴在脚手架上的泰明，还有站在分杈的大树上拉他的小豆豆，大人们一定会惊叫起来，因为两个孩子看上去都摇摇欲坠。

但是泰明已经非常信任小豆豆，而小豆豆在此刻，也拼命努力着。她的小手紧紧地握住了泰明的手，用尽全身的力量，把泰明往树上拉。

积雨云不时地替他们遮住夏日强烈的阳光。终于，两个人面对面地站在大树上了。小豆豆一边用手理着水淋淋地贴在脸上的头发，一边鞠躬说道：

“欢迎光临。”

泰明倚在大树上，有些羞涩地笑着，答道：

“打扰了！”

对泰明来说，这是第一次在树上看风景，他高兴地说：

“我知道了，原来在树上，是这个样子的啊。”

两个人在树上呆了好久，说了许多话。泰明热切地说：

“我听在美国的姐姐说，美国有一种叫做电视机的东西。如果日本也有这个东西的话，在家里就能看到国技馆里的相扑比赛了！据说就像一个盒子那样。”

小豆豆的大冒险之所以能成功就是因为朋友之间彼此信任，从而创造出了一个大人不敢相信的奇迹。他们是朋友，坚持不放弃，最后大功告成——这就是小豆豆的世界，透明纯净。

泰明要出一趟门，是非常吃力的，如果在家里就能够看到各种东西，那该是多么快乐的事情啊。

小豆豆还理解不到这一层，她想：

“从盒子里就能够看到相扑，是怎么回事呢？相扑的力士们那么大，怎么能来到自己家里，还钻到盒子里去呢？”

想了半天，总觉得这是很奇怪的事。那时候，还没有人知道电视机是什么东西。第一个告诉小豆豆有电视机这种东西的人，就是泰明。

周围传来阵阵的蝉鸣。两个人都感到惬意极了。

而且，对泰明来说，这是他第一次、也是最后一次爬树。

# 战地天使[①]

◇ 乔安娜·斯特朗

战地天使克拉拉·巴东（1821—1912），美国内战时为伤员提供大量帮助，她的名字成为军队里的爱和感激的代号。她是美国红十字会的创建人，是慈善事业最伟大的开创者之一。

当钻心的疼痛减弱了一点的时候，杰克·吉伯斯的思维又恢复了。“我永远也好不了了，”他呻吟道。“再也好不了了。”

他叹着气，想转动一下身体，换一个姿势，以便在冰冷、硬邦邦的地上躺得舒服一点。但他每动一下，就有暖烘烘的血流出来，他知道，如果要活命，他必须直挺挺地躺着。

“要是他们晚一点把我运到后方的医院里，”他想，“我就可能要么流血致死，要么溃烂到最后，被他们锯掉一条腿。这叫我有什么脸去见苏呢？一个一条腿的丈夫！”

他眼前一阵发黑，躺在地上，昏死了过去。

当他再次睁开眼睛时，杰克以为自己已经死了，来到了天堂。一位女人俯身在他的眼前。这在内战时期的战场上是不可能发生的事。没有女人来过战场。没有女

① 选自《美德书》，（美）贝内特主编，何吉贤等译，中央编译出版社2000年版。

人愿意来！也没有女人能被批准来！

但在这儿，在战场上，却出现了一位女人。她名叫克拉拉·巴东。

在两名士兵的帮助下，她把杰克抬到了一间由马拉篷车改建成的简易房里。她从她的药箱里拿出了一些绷带，包扎了他的伤腿。然后给了他一些止痛药。杰克虚弱地吞下了这几片药，战友们把他抬上了外表简陋的救护车。

克拉拉·巴东整天都在做这种工作。她救助过无数伤员，消除他们的恐惧，减轻他们的痛苦，清洗他们的伤口。

残酷的战争刚刚发生，克拉拉·巴东就对前线的战士充满担忧。她知道，伤病员们会被留在战场上，直到战事结束。她知道，这些伤病员直到什么时候才能被集中起来，送到医院——远离前线的后方医院里去。她知道，即使他们侥幸熬过了治疗耽误这一关，马车的激烈颠簸也会使他们没有包扎的伤口破裂。她知道，伤员们常常在到达医院前就流血致死。

内心对这种状况的伤痛促使她下定决心，要到战场上去，就在战场上，给这些人以帮助。第一步，她购买了一辆篷车。然后她在车上配备了一些药品和急救设施。然后再去见军队的将军。

她是一位身材瘦小的女人。对于在战场上纵横捭阖的指挥官来说，她并不像是战场上的好材料。事实上，她这个别出一格的想法着实让他大吃了一惊。

“巴东小姐，”他说，“你提的要求绝对不能得到满足。”

“不过，将军，”她坚持着，“为什么这不可能呢？我自己会赶着马车上战场，为战士们做一些力所能及的事。”

将军摇着头，“战场不是女人能去的地方，你忍受不了那种艰难的生活。我们正在竭尽全力为战士们做好一切工作。别人再也不能做什么了。”

“我能，”克拉拉·巴东大声说。然后，就像刚刚走进这间屋子一样，她又从头到尾向将军描述了一遍她准备在战场上提供急救帮助的计划。

这种见面进行了很多次，一次次的拒绝并没有使她灰心。最后，指挥官妥协了。克拉拉·巴东得到了一张通过封锁线的通行证。

在整个内战期间，她为她遇见的每个人提供帮助。她不停顿地劳作着。有一次，她几乎没有休息，连续为一排伤员工作了五天五夜。她的名字渐渐成了军队里的一个代号，一个爱和感激的代号。

政府也看到了她实际取得的成绩，慢慢对她采取了合作的态度。军队提供了更多的篷车，并让更多的士兵来给她赶车。她能提供的医疗帮助也越来越多了。但对于勇敢的巴东小姐来说，这仍然是一场极为艰苦的战斗。

战争结束了，别人都以为克拉拉·巴东会好好地休息一下，但那些不幸的人经受的痛苦却无法使她忘怀，有些家属们不知道自己的丈夫、父亲、兄弟究竟发生了什么。她决心去寻找那些失踪的士兵，并把他们的消息告诉给他们的家属。这项工作她做了很长时间。

她已亲眼见过战争了。她知道战争会对战场上的男人做些什么，她也知道战争对后方的家庭意味着什么。当她听说有一位名叫让·亨利·杜南特的瑞士人有一个帮助战争中士兵的计划的时候，马上就去瑞士帮助他。杜南特建立了一个名叫红十字会的组织。这个组织的工作人员都佩戴白底红字的红十字标志，以便人们很容易辨认他们。他们被允许自由出入战场，可以帮助所有的士兵，不论他们属于哪种国籍、民族或宗教。

这时，克拉拉·巴东心里又有了一个新的想法。她回到美国，说服美国政府与其他二十二个国家一起加入这个为战争中的士兵提供帮助的国际红十字会组织，给它提供资金和物资。

但克拉拉·巴东对这个伟大的红十字会计划有一点自己的想法，那就是《美国人修正案》。

“人类还面临着许多其他灾难，”她说，“地震，水灾，森林大火，虫灾，龙卷风。这些灾难突然来临，造成许多人伤亡，还使许多人无家可归。红十字会应该对这些人伸出援助之手，不论这些灾难发生在何处。”

今天，国际红十字会为全世界数以亿万计的人提供帮助，这个伟大的主意就出自克拉拉·巴东。她那伟大的勇气、伟大的爱和伟大的仁慈将永远受人尊敬。

# 公德[1]

◇ 冯骥才

**冯骥才**（1942—），当代著名作家、艺术家，著名民间文艺家。著有《一百个人的十年》、《神鞭》等。

在汉堡定居的一个中国人，对我讲了他的一次亲身感受——

他刚到汉堡时，跟几个德国青年驾车到郊外游玩。他在车里吃香蕉，看车窗外没人，就顺手把香蕉皮扔了出去。驾车的德国青年马上“吱”地来了个急刹车，下去拾起香蕉皮塞到一个废纸兜里，放进车中。对他说：“这样别人会滑倒的。”

在欧美的快餐店里，有个不成文的规定，吃完东西要把用过的纸盘纸杯扔进店内设置的大塑料箱内，以保持环境的整洁。为了使别人舒适，不妨碍别人，这叫公德。

在美国碰到过两件小事，我记得非常深。

一次是在华盛顿艺术博物馆前的开阔地上，一个身穿大衣的男人猫腰在地上拾废纸。当风吹起一块废纸时，他就像蝴蝶一样跟着跑，抓住后放在垃圾筒内，直到把地上的乱纸拾净，拍拍手上的土，走了。这人是谁，不知道。

另一次在芝加哥的音乐厅。休息室的一角是可以抽烟的，摆着几个面盆大小的落地式烟灰缸，里面全是银白色的细砂，为了不叫里边的烟灰显出来难看。但大烟缸里没有一个烟蒂。柔和的银穗很柔美。我用手一拂，

① 选自《小品文大观》2004年第9期。

道德是人们为了我们群体的利益而约定俗成的我们应该做什么和不应该做什么的行为规范。

几个烟蒂被指间勾起来。原来人们都把烟蒂埋在下面，为了怕看上去杂乱。值得深思的是，没有一个人不这样做。

有人说，美国人的文化很浅，但文化很好。我十分赞同这见解。教育好，可以使文化浅的国家很文明；教育不好，却能使文化古老国家的人文明程度很低，素质很差。教育中的“德”，一个重要成分是公德。公德的根本是重视他人的存在。

美好的环境培养人们的公德，比如说清洁的新加坡，有随地吐痰恶习的人也不会张口把一口痰唾在光洁如洗的地面上。相反，混乱肮脏的环境败坏人们的公德，比如纽约地铁的墙壁和车厢内外到处胡涂乱抹，污秽不堪，人们的烟头乱纸也就随手抛了。

好的招致好的，坏的传染坏的，善的感染善的，恶的刺激恶的，世上万事皆同此理。

# 中国人怎么了[①]

◇ 李玉

刚刚迈过温饱的门槛，刚刚吃了几顿饱饭，刚刚穿上几件遮体蔽寒的衣服，我们中国人中就有些分子头脑发热血压升高了，花起钱来手脚大方得令人瞠目，特别是对外国人尤其如此，挥金如土已不足以形容其豪奢的气概。

据新闻媒体披露世界三大男高音歌唱家之一的某人到上海演出，出场费为40万美金。TCL请韩国美女金喜善拍广告，拨弄拨弄手机，回眸一笑，报酬为人民币1000万元（据业内人士透露）。据说我们还有几千万人没有脱贫；据说我们还有许多因贫困而失学的儿童；据说我们还有许多下岗职工靠领取生活保障金度日；据说我们的人均国民生产总值在全世界排名尚在140多位；据说我们还是发展中国家；据说我们2000年的人均年收入为500美元多一点，美国2006年规定的贫困线人均年收入为4500美元左右……

中国人有什么必要、有什么资格、有什么脸面这样一掷千金？

就是在今年夏天，我曾经到过冠县一户农民家里。他的家甚至不能算作严格意义上的“家”。因为既无大门，亦无像样的院墙，那“墙”还不过半人高，而且是高低不一，豁豁牙牙的泥土“掩体”。东面和南面是几间

① 选自《时文选粹》，王玉强主编，南方出版社2009年版。

东倒西歪的斑驳陆离的屋子。屋顶上压着塑料布。显然屋子漏雨，显然又无钱翻盖，甚至无法做简单的修葺。南屋的地上堆着几塑料编织袋的麦子，那是他们的劳动收获，家里最值钱的财富，也是活命的口粮。女儿上中专，学费昂贵，只得往学校背粮食和咸菜以解决吃饭问题。一罐咸菜吃一周，周末再回家取，怕带多了时间长了坏掉。她和她的同学们都是以咸菜佐餐，吃不起菜，而且日复一日，月复一月，年复一年。这样的家庭，这样求学的农家子弟，在冠县，在聊城，在鲁西北地区，不知有多少！

40万美元听几首歌，1000万人民币请外国美女回眸一笑，已令我辈孤陋寡闻者叹为观止，想不到这仅是小巫而已。《齐鲁晚报》11月12日A13版的一则报道，又让我们大跌眼镜。此文题为《两天轻松表演赚得盆满钵满（引题）“老虎”狂吞600万美元（主题）》。文中披露，著名高尔夫球手泰格·伍兹日前到深圳观澜湖，“仅出场费就200万美元，而两天的表演赛将净赚600万美元”。其间，“举行亚洲普及高尔夫基金研习班活动，十余名儿童成为幸运儿，接受伍兹为时半小时的亲身指导。”每个儿童要缴多少钱？——“10万元人民币。”其中中国女孩唐月儿的助教对记者说：“明天她还会和伍兹打两个洞，两个洞20万元人民币。”呜呼！什么洞这么值钱？就是到盘丝洞里会会那妖艳绝色的蜘蛛精，也不至于如此这般吧？

同一版上另一则消息可以对比着赏析：申雪、赵宏博在花样滑冰世界锦标赛德国站的比赛中赢得冠军，得美元3万。那是一项世界冠军的报酬啊！看来外国人比我们吝啬多了。中国阔佬的气魄，用一句老话来说，那真是——试看天下谁能敌？

伍兹先生拿走的这笔钱，我们将它形象化一点吧——可以建希望小学大约350座。若买成小麦，按国家收购价格计算，能买1.4亿斤左右，折合7万吨，能装满载重4吨的卡车1.75万辆，这些汽车首尾衔接能绵延80公里！这是多么巨大的一笔财富啊！它能使多少失学儿童重返课堂？它能使多少没有摆脱贫困的家庭充满温馨和欢乐？它能使多少终年啃咸菜的孩子的碗里增加点油星？——可惜，这笔财富让泰格·伍兹几杆子就给拨拉没了。怪得了人家吗？要怪只能怪我们某些中国人的贱气！崇洋媚外的贱气！表面财大气粗骨子里自卑和浮躁的贱气！也许伍兹回到家中一边数着票子一边骂中国人——这些穷烧包！

中国人怎么了？怎么会涌现出这样一批“发烧友”？我们什么国情？什

么国力？

……著名学者陈寅恪先生有一句深刻的反省：“中国这个民族血液中有一种特别浮躁的东西，每隔十几年就会丧失理性，来一阵疯狂行为。”不知这可否为以上的发烧友们作注脚。《红楼梦》中的《好了歌解》中有这样几句：“金满箱，银满箱，转眼乞丐人皆谤。”“昨怜破袄寒，今嫌紫蟒长。”难道我们这个发展中国家的款爷们也到了这种“甚荒唐”的地步？即便到了这种地步也不要做出那副“宁赠外邦，不与家奴”的洋奴嘴脸，还是将那嫌长的紫蟒和满箱的金银匀一点给贫苦的同胞和失学的儿童吧。这其中大约还有些人是慷国家集体之慨，对他们，除棒喝制止之外，应当永远将其钉在耻辱柱上！

依我看，我们的各级政府应当制定相应的法规，甚至由各级人大立法，制止这种败家子作风。不能让中国老百姓来之不易的血汗钱像“逝者如斯”的川上流水一样，流向外国阔佬的腰包！起码应当让那些给老外进贡的单位和个人，必须向希望工程或其他公益事业慈善事业捐出同等数量的钱。

# 儿童与公共秩序①

◇ 陈弱水

**陈弱水**，著名学者。台湾大学历史系毕业，美国耶鲁大学历史学博士。现任台湾中央研究院历史语言研究所研究员。

一般谈论公德或公共秩序的问题，主要以成年人为对象。但儿童也是社会的一分子，出现在公共空间的机会很多，一个社会如要发展成熟的公共生活，实在不能不考虑儿童与公共秩序的关系。在台湾，儿童与公共秩序的关系是个实际而敏感的问题。我们从生活经验中可以发现，儿童经常是破坏公共秩序的来源。譬如在餐厅、商店或交通工具上，儿童的喧闹与嬉戏常为他人带来困扰，至于破坏物件、行为乖张者，也非罕见，另一方面，台湾一般人认为幼儿是属于父母的，并不承认社会（学校除外）有管教儿童的权利，如果有人在公共场合制止他人子女的行为或加以劝导，家长很容易认为是在指责自己。在此情况下，人们通常不愿干涉儿童在公共场合的行为，社会对这方面的问题等于毫无拘束力。为什么台湾的儿童会成为破坏公共秩序的一个明显来源，牵涉的原因不少。我个人认为，其中一个重要因素是，在本地的儿童文化中，公共领域的意识非常淡薄，儿童对在公共场合与私人场合的行为不作区分。因此，本文的探讨集中在以下的问题：幼童是否有能力辨识公共领域，并以此认识而调整行为？幼童如有此能力，社会应否鼓励儿童及早发展这项能力？这不是一篇科学性的报告；此文所表达的，只是一个关心公德问题的人

---

① 选自《公共意识与中国文化》，陈弱水著，新星出版社2006年版。

的观察与思考。

长期生活在台湾的人，对儿童在公共场合的嬉闹司空见惯。不少人或许会认为这不过是儿童本性的展露，无以为怪，根本不是问题。但台湾儿童在公共场所的行为模式并非举世皆然。在许多其他的社会，儿童在公共场所的行为中规中矩，恂恂如成人，却又不失天真的意态，好像跟台湾的小孩有完全不同的一套基因。我手边有一份1994年10月5日的《中时晚报》，第七版上有一张日本广岛的小朋友参观亚运会的照片。记者在图片说明中写着："亚运期间，各会场均有老师带小朋友去参观比赛，小朋友不见得看得懂，也不见得喜欢看，但一个萝卜一个坑，小朋友就是不会离开座位乱跑乱窜，也不会喧哗吵闹，所以会场观众秩序井然……"照片中有三十五位小朋友坐在观众席上，大约都是小学一二年级的年龄，其中有个人抱胸歪坐在座位上笑着，两组人在互相说话，绝大多数都以各种姿态发呆着，但所有人都紧紧贴坐在位置上，说话的人也仅是转头。这幅图像生动地显示了幼童有不必受大人喝阻而能自然遵守公共秩序的能力。此一能力在西方小孩身上也常可见到。我们不必远赴异国，当我们在本地的公共场所见到西方侨民小孩时，如果留意观察他们的行为，也应能得到相同的印象。从上述的情况看来，许多台湾儿童在公共场合惯于喧闹奔跳，大概是文化的因素居多。

儿童与公共秩序的关系之所以引起我的特别兴趣，主要是源于去年（1994）夏天在美国旅行时的一次经验。这次经验使我对幼童对公共领域的敏感程度有极深刻的印象。当时，我住在西雅图的一间小旅馆。一天早上，我坐在旅馆的lobby（面积不大，不好称作大厅），身边突然传来电梯的机械声，夹杂着大人和小孩欢乐的嬉笑声，是电梯降到一楼了。门开后，走出一对年轻夫妇、一个小男孩和一个小女孩。这时，夫妇两人把食指放在嘴唇上，轻发出"嘘"声，要孩子们安静下来，但脸上还带着笑意。小女孩约在三岁左右，还继续笑叫着，与男孩嬉戏。男孩大约五六岁，显然是女孩的哥哥。他也继续和妹妹玩着，脸上仍在笑着，但几乎完全没有了声音。更妙的是，他一边玩，一边要把一个手掌盖在妹妹的嘴上，显然是设法让她的声音不要干扰到他人。这幕景象使我有机会对儿童公共性的行为做了一次细微的观察。

首先，我发现，两三岁的小孩大概是没有辨识公私场合之分的能力。我看到的女孩显然生长在一个极重视公德的环境，但她无法了解父母的"嘘"声和哥哥手掌动作的意义。据我所知，在重视公共秩序的社会，一般避免把小小孩带到室内的公共场所，当必须把他们带到这种场合时，也尽量教育、约束他们。在这种环境下成长的儿童，很快就会有公共意识了。我写作本文的此刻，距离见到那位小女孩已近一年，她现在也许已经听得懂“嘘”声了。

其次，由我在西雅图所看到的景象可知，五六岁的儿童对公共领域的意义已能有高度的领会。我所见到的小男孩的举动并不只是对父母“嘘”声的反应。事实上，电梯门一开时，全家就只剩下小女孩的笑叫声了。这位男孩不但敏锐地察觉他所在的空间已由家人独处的电梯改为有其他客人的厅堂，从而调整自己的行为，他还有教育他人的能力，主动把应当改变行为的讯息传达给妹妹。但这位男孩绝不是个呆板的礼俗的羔羊。他看来活泼可爱，一面试图教导妹妹，一面还在与她嬉戏。用中国魏晋南北朝时的话语来说，可说是“情礼兼到”、“名教与自然将毋同”了。

就一个五六岁孩童的公共行为能力而言，我在西雅图所见的显然不是孤例。1994年11月1日的《联合早报》有一篇文章论及儿童在公共场所的行为。作者叙述，她居住在美国时，有一次带自己的孩子去看电影，为了讲解剧情，偶尔与孩子低声说话，同去的五岁和六岁邻居小孩看了，便忙以食指压唇示意安静。相反地，作者在国内带孩子看电影时，则饱受场内儿童奔跑喧嚷、玩弄座椅之苦（《民意论坛版》，谢瑶玲：《家长，该上礼仪课程了》）。作者文中提到的两个邻居小孩显然都是美国本地儿童，他们不但能够自己在公共场合遵守规范，还能要求别人保持公德，与我在西雅图所见，如出一辙。

我还听过另一则类似的故事。纽西兰奥克兰地区对于钓鱼有一项法令，即钓客只能拿走特定长度以上的鱼，如钓得小鱼，必须放回水中，这是保护幼鱼的作法。有一次，某些台湾移民在钓一种叫snapper的鱼，依规定，能够取走的长度是27厘米以上。有位台湾移民钓得小鱼，见四下无人，就把鱼放入篓中。突然，一位六七岁的小孩跑过来，告诉他，这条鱼不到27厘米，要求把鱼放回水中，台湾移民只好照办。听了这个故事后，我猜想，当台湾移民钓得小鱼、四下张望的时候，他（或他们）可能也看到了那位小孩。移民们或许觉得那只是小孩，不懂事，所以没有把他当“人”看，而觉得是自己可以占便宜的时机。这些移民大概到纽西兰未久，不知道那里许多儿童遵守公共规范的意愿与能力远超过台湾的许多大人，因而结结实实地受了一个教训。此外，我又猜想，这位小孩之所以能毫不犹疑地执法，恐怕和家庭教育有相当的关系。他的家人在钓鱼的时候，一定随时注意鱼的长度是否合于规定，以至他对鱼的大小十分敏感。

我最近又有机会到北美旅行，在各处都特别留意儿童在公共场所的行为，得到的印象相当一致：对公共秩序造成干扰的几乎都是两三岁以下的小孩，但因家人在旁不断用各种方式约束，所造成的干扰程度相当低。综上所述，就我个人的观察和得到的信息，两三岁的小孩大概还无法感受公共领域的意义，很难在公共场合控制自己的行为。但如果家庭和社会能施予持续的教育，五六岁的小孩在公共场合就已能中规中矩，甚至有教育他人乃至执法的能力。我以上所描述的西方和日本儿童遵守公共规范的情况当然与我们社会的现实相差甚远。现在的问题是：为什么有这个差距？我们应怎样看待这个差距？要不要缩小这个差距？

对于有此差距的原因，我们可有好些解释。譬如，我们的文化——大人的文化——不重视公德，小孩在此环境成长，耳濡目染，行事因之惯于随心所欲，不考虑他人。另一项解释是，许多成人也相当重视公德，但由于社会的积习，没有意识到幼儿经由教育，也有能力在公共场合遵守规范，这些大人因而未能成为改进儿童行为的泉源。

在此，我想特别讨论另一个相关的问题。台湾有许多人似乎认为，小孩就应该天真活泼，大人对儿童的行为不必多加约束，等他们长大，自然就懂事了。这种想法显然也是造成本地儿童缺乏公共意识的一个原因。我认为，这是一种很有问题的想法。从经验上看来，儿童在公共场合是否有遵守规范的习惯与他们是否天真活泼并没有一定的关系。也许有人会辩说，日本儿童因为重视纪律而显得严肃呆板，但恐怕没有人敢说，西方小孩缺乏天真的气息。更何况，天真和活泼是不同的概念。许多小孩在公共场所奔跑叫嚷，也许可以算是活泼，但从表情看来，很难用天真来形容。

我个人揣测，儿童“天真”论的流行，还跟我们社会上对公共秩序的认识有关。在台湾，许多人似乎把公共秩序纯粹当做是纪律的问题，人们如果这么想，就很容易觉得公共规范对儿童是不必要的束缚。公共规范当然是纪律的一种，有防止公共场域陷入混乱的功能，但它并不纯是是工具性的纪律。公共规范有一个极重要的道德基础，这就是：尊重他人，特别是尊重陌生、与自己没有特定关系的人。在公共场合，我们接触到的多是自己不相识的人，我们不了解这些人的性向，无从知道他们的情绪与身体状况；我们甚至不容易看出他们在做什么事。在这种情况下，人的行为自由度自然应该比在私人领域时缩小，以免侵犯到他人。尊重他人虽是一种普遍性的道德，但它在现代社会更有急切的重要性，因为这是一个公共领域极度扩大的社会。公共规范的道德基础其实可以解释为什么这些规范不是对儿童自然发展的不必要束缚，因为这些规范并非僵硬的纪律，它们只是尊重他人的人在公共场所的行为准则。一个小孩在公共场所降低说话的音量，与他（她）在家中看到母亲睡觉而降低音量的心理基础其实是相去不远的。我们难道可以说，体贴母亲的小孩是不天真吗？

我在上文试图说明为什么台湾儿童与西方、日本儿童在公共行为能力上有很大的差距。在我的讨论中，我也表露了自己对这个差距的态度。个人觉得，这个差距是可以缩小，也应当缩小的。就我的认识，在北美和日本，学龄前后——即五至七岁——的儿童一般已有实践基本公德的能力，他们当中很多人显然已能领会公共道德的道理，而不只是把这些规范当做权威来服膺。我们没有理由相信，在学习行为规范的能力上，惯于学习困难事物——如钢琴、英文——的台湾儿童，会比北美和日本的小孩差太多。

既然我们了解到幼童可有履行基本公德的能力，现在的抉择是，应不应该导引他们尽早发展这项能力？我想，希望改善台湾公德状况的人对此问题的答复应是肯定的。事实上，这篇文章就是要写给这些人看的。个人希望，关心公共道德的人，不要把儿童当做“化外之民”，我们应该在影响力所及的范围，要求儿童——至少是五六岁以上的儿童——遵守公德，而对年龄更小的孩子，则尽量施予教育。这是一举两得的事。这么做，我们一方面可以直接有贡献于公共秩序的改善；另一方面，这些儿童将来一定会是对公德问题敏感的社会成员，而能成为改变台湾公民文化的动力。

到目前为止，本文的讨论一直以外国的情况为模范，现在我想介绍一个本土文化对儿童与公共秩序之关系的考虑。唐代人所著的《杂纂》（旧题李商隐撰）是一本俏皮语的分类集录，内容反映出许多当时社会上的情态和价值观。其中有一类叫做“不达时宜”，用现在的话来说，就是“不合时宜”。在作者所列出的“不达时宜”之事中，有一件是“将男女赴筵”。“将”是“带”的意思；“男女”指的是小儿小女。整句话是说，带小儿女到宴席是不合时宜的（曲彦斌校注，《杂纂七种》，上海古籍出版社，1988，页28）。这句话很简略，除了字面的意思，我们或许可以猜测，《杂纂》的编者未必在原则上反对儿童参加成人的聚会，他引述此语的用意，是要求家长负起责任，勿使儿童成为破坏公共秩序的来源。我引《杂纂》的文字，意在说明儿童与公共生活的关系是一个普遍性的问题，即使在一千多年前的中国，也有人注意及此。在一个陌生人接触日益频繁的现代社会，更值得大家重视。

最近十几年，台湾社会经历了非常急遽的变化，从技术和社会结构的观点来看，可说是现代化的程度日益加深。但另一方面，向来为人所诟病的公德薄弱的情况，并没有显著的改进。这为台湾社会的生活质量和公共秩序带来了很大的危机，有时不免令人有绝望之感。几个月前，偶然读到日本近代文学大家谷崎润一郎（1886—1965）的一篇散文，发现几十年前日本的公德水平也相当低，捧读之余，觉得世间到底还是有“进步”这一回事，心里又对台湾公民文化的前途生起了一丝希望。谷崎在文中对他所见到的公德低落现象有非常生动的描述，现在不避烦长，摘引一段：

> 我每次乘坐火车感到不愉快的，便是乘客缺乏公德心。……从国民在火车里的形象来看，说什么“亚洲盟主”，什么“三大强国之一”，而“一等国民”竟是这种样子实在无法想象。……就以一件小事为例，无论是到餐车去或是上厕所，没有一个人会顺手把通道的车门关紧的。在寒冬腊月，车门即使打开一条小缝，北风也会呼啸而入，何况坐在厕所旁边的乘客，更要饱受臭气的侵袭，这是不言而喻的。可是人们进进出出之后只是顺手“砰”的一声把门带上，从来不会回过头看看有没有关紧，所以总是留下一、二英寸的缝隙，不得不由别人替他再关一遍。坐在出入口附近的乘客最倒霉，往往要千百次地替人关门。虽然十分恼火，也不得不干，因为如果置之不理，那么寒风和臭气袭来，自己便首当其冲，只有忍气吞声地服务。虽然任何人都会碰到这种倒霉的事情，可是轮到自己进进出出时，也是“砰”的一声，不管别人死活。最叫人气愤的是人们从餐车归来，吃饱喝足，嘴叼牙签，施施然络绎不绝从车门通过，还说什么最后的不要关门，还会有人过来，结果车门一直洞开，令车门附近的乘客啼笑皆非。此外，火车上的厕所都有冲水设备，而且墙壁上用斗大的字体写道：“便后冲水”，可是真正这样做的人连百分之一也没有。不仅如此，

洗脸间的脸盆，总是满满地存着洗过脸的污水，……只有等后来的人替前面的人把水放掉才能使用。这种作风就像大便后不擦屁股一样，先不说什么“公德”这样艰深的道理，就是从常识来考虑也是应该懂得的。然而对于这种现象，谁也不觉得惊讶，更不感到羞耻，这不能不说是十分不可思议的“文明国民”。(《漫话旅行》，收在谷崎润一郎著，丘仕俊译：《阴翳礼赞——日本和西洋文化随笔》[北京三联书店，1992]，页114—116；见《谷崎润一郎全集》第二十一卷[东京：中央公论社，1968]。译文根据原文做了两处修改)

谷崎的文章发表于1935年，文中所写的，已完全是历史了。我几年前在日本乘坐火车旅行时，看至的是安静有序、干净清爽的景象，但在谷崎的文字中，我却看到了现在自己同胞的影子。我一直惮于在台湾旅行，部分的原因，就是害怕有因公德问题而引起的不愉快。我希望台湾能有类似日本的转变，谈谈儿童与公共秩序的问题，也许能对这个期盼在遥远未来的实现稍有帮助吧！

# 从交通堵塞看道德的发生和巩固[①]

◇ 茅于轼

茅于轼（1929—），著名经济学家，中国民间经济学者的重要代表。

我国许多大城市的交通堵塞问题日益严重，究其原因，固然和道路容量不足有关，但更重要的是秩序混乱，不信的话只要站在十字路口的红绿灯前观察几分钟就会发现这个结论不错。堵车的关键的地方通过能力降低了一半以上，交通焉能不堵。

为什么汽车到了十字路口要减速？因为不论大小汽车、自行车和行人，都是争先恐后，寸步不让，见缝就钻，彼此都不相让，其结果就是彼此妨碍，降低速度，有时甚至堵得谁也动弹不得。这种心理导致了损人不利己的结果，因为自己把别人和自己统统都堵在里面。见缝就钻，寸步不让并不能使自己得利。这里产生了引人深思的问题，为什么人们要按照使自己和别人都遭受损失的方式行事？

在制度经济学中有一条重要的原理，即当个人改变行为不能扭转局势时，人们会选择不利于自己的制度。在混乱的十字路口，如果某人决定改变一下自己的行为，采取礼貌谦让的态度，结果将如何呢？他原本是一位先知先觉者，可是他一个人的礼貌谦让不会改变其他人的行为，马路上仍旧是一团混乱，他温良恭顺地站在旁边反倒成了傻瓜，最后他只好和其他人一样，冲向

① 选自《中国人的道德前景》，茅于轼著，暨南大学出版社2003年版。

良好的交通环境的建设是一个复杂的社会系统工程，要靠全社会的共同努力。要以交通道德的宣传配合交通法规来治理城市交通。

那已经乱成一团的道口。这一原理深奥又简单。如果我们和司机们谈谈道路的堵塞问题，他们会十分确切地总结说，司机和行人的文化水平还没有达到那个层次。每个人都明白个中道理，可是任何人对此都无能为力。

人原来是万物之灵，可是陷入这样的困境居然找不到解决的办法。根据考古学家的考证，人之异于动物还不在于学会了直立行走和使用工具，而是从互相争斗转变为互相合作和自我制约，换句话说，是道德的出现使人类最终脱离了动物，但这个过程耗费了几十万年之久。如果我们听任交通堵塞的状态自生自灭，经过十年、二十年，通过反复的协商和调停，人们也会慢慢地改变行为方式，但这并不是我们所希望的，我们能够找到别的更好的出路吗？

这里就要政府来起作用了，是的，政府已经在起作用了，在道口设了红绿灯，配了交通警，制定了交通法规，但这些还不够，因为当前堵车就是在红绿灯下发生的。光有硬性指令而缺乏道德的自觉，堵车照样难免。我们需要在法规之外再增加尊重他人的自我制约，也就是要求政府在道德的层次、文化的层次上来解决交通问题，要通过他们的表率作用唤起全体市民的觉悟。

前面说了，普通人的行为改变不了全局，但领头人的行为却会产生广泛的影响。在家庭里家长是领头人，在学校里老师是领头人，在社会上官员是领头人。不难设想，如果一国的政府官员个个严于律己，它的社会必有一种向上的道德风气；如果政府官员人人见钱眼开，苟且偷生，它的社会很可能是盗贼蜂起，人心思乱，这就是中国古话说的“上行下效”。官员们的带头行为比写几百篇文章，开几十次大会更有效得多，正因为如此，许多国家都制定有关政府官员的道德守则。我国将来或许也会制定。

良好的道德风气难于建立和稳固，在博弈论中称之为不稳定均衡。在一个大多数人都充分尊重别人、信任别人的社会中，恰好容易给少数不义小人钻空子，因为“君子可欺以其方”。少数人钻空子得了利，可能诱致更多的人学他们，道德风气很快就会垮下去。

在交通礼让的例子上，如果官员们不能严格要求自己，而是以高人一等的态度，甚至运用政府的特权，带头破坏大家应该共同遵守的交通规则，那么交通混乱的状态更无望解决。可惜我们经常可以看到法院、公安、检察等执法部门的小车，鸣着警笛，呼啸而过。政府是应该拥有某种特权的，因为他负责管理公共事务，所以交通规则中允许救火车、警车等在执行紧急公务时可以例外地不遵守交通规则。可是这种特权对许多人而言极具诱惑力，所以有时不是紧急公务的情况下，也动用警车开道。究竟什么情况下应该用警车，什么情况不该用，局外人根本无从判断，只有靠这些拥有特权的部门自觉执行，相反，如果执法部门带头不守法，要谈道德表率作用则更是缘木求鱼了。

# 好人人权论是对人性人权的反动[1]

——国人的健忘和加拿大人的不健忘

◇ 童大焕

**童大焕**（1968—），国内最活跃时评人之一，现为《青年话题》编辑、东方早报评论专栏作者、搜狐星空财经论专栏作家。

钟南山院士自从2003年在抗击“非典”中坚持真理为国为民立功，他的一言一行就都成为社会关注的焦点。前不久钟院士因手提电脑被劫而发出恢复收容遣送制度的言论，更是使社会沸沸扬扬了好一阵。当然，有关方面迅速成立了高级别的专案组，省委书记批示百余警察倾力悬赏两万擒贼，让钟院士的电脑很快失而复得，还“顺便”找回另外八十几台被劫电脑。这是另外的话题，按下不表。

我本不想掺乎这件事，因为我认为即使有乔新生教授和许向阳教授主动站出来为钟院士帮腔，试图从“学术”角度为收容遣送制度招魂，臭名昭著的收容遣送制度也不可能因此死而复生。除非是有关方面想借钟院士的巨大影响力，达到一言九鼎“力排众议”的目的。

有媒体说有60%的网友支持钟院士的观点，我是不相信的。因为各大论坛的跟帖中，批判、抗议或漫骂钟院士的言论明显占压倒优势。而更为“严肃”的纸媒体上，知名的不知名的人中，赞同钟院士的，除了乔新生和许向阳，似乎找不出第三人，其余的均是反对者。

钟院士认为“偷窃与抢劫的人，和城市流浪人员只有一水之隔”。对此的反驳，可谓精彩有加，比如《南方

---

① 源自：http：//book.qq.com/20060703/000002.htm

都市报》的“当某个地方饱受贪污之苦时，我们是否会以‘官员都是潜在贪污犯’（为由）将所有官员都遣返原籍，继而废除整个文官制度呢？”再如“失窃一台手提电脑，可以通过警方找回。但是，公民被夺去的生命如何找回呢？再贵重的电脑，它的价值也是不能与人相比的”。

但钟院士的观点的确有非常动人、迷人、惑人的一面：“在设计法律制度方面，我们应以什么人为本？就是应以好人为本，而不是以坏人为本，对敌人的宽容就是对人民的残酷。”这句话我们似曾相识，往上溯，是以阶级斗争为纲年代，“对待同志像春天般的温暖，对待敌人像严冬般的冷酷”；再往上溯，是斯大林的极权；再往上，是希特勒法西斯种族清洗。

是啊，这是多好的逻辑：制度设计不以好人为本，岂不就是以坏人为本？！但是好人坏人由谁定？若不是由法律来定，而是由自以为好人的人来定，那么，普通百姓即使认为某些官员是坏人，也是无可奈何的；而若官员或其他强势群体认为某些百姓是坏人，他就可以定规则以至动用国家暴力机器。最后的“以好人为本位”实际上就是以权力为本位，为专制极权张目。

更何况，“好人人权论”是对人性和人权的反动。

世界上没有纯粹的好人也没有纯粹的坏人，人是社会关系的总和，每个人都有天使的一面也有魔鬼的一面，关键在于环境是激发他的魔鬼心还是天使心。人类文明的历史以及政治学、社会学等理论告诉我们，要防止人类由天使向魔鬼堕落，只有两条途径：对强者，包括一切权力（经济的、文化的、政治的）掌控者，唯一的办法是限制、监督他们的权力；对于弱者则相反，要千方百计地保障他们的自由和权利。秦晖先生的研究表明：世界各国发展历史和现状表明，在现代化——城市化阶段，城市中出现大量主要来自农村与不发达地区的新进入者是普遍现象，他们作为弱势群体在未能融入城市主流社会之前只能以都市边缘人的方式存在。但他们对城市社会稳定所起的作用则在不同体制下有极为悬殊的区别：南非的种族隔离身份歧视制度是索维托不稳定的根源，而美洲较为开放的体制则是“移民保守主义”甚至“贫民窟保守主义”的根源。原因是作为城市边缘群体的外来人口，虽然在城里处于社会下层，但却处境仍比在原籍时好，因此并非天生的穷而思乱之人。他们在城里立足未稳，更需要社会安定并希望现存秩序能容纳他们，因此他们反而比白领阶层更保守。如果社会此时给他们更多的是排斥和歧视，那么他们“回报”这个社会的，也更多的是各种反社会行为。

可怜中华常常走着与文明二字相反的路：强者的权力常常得不到有效的监督和制约，弱者的权利和自由则不断地受到破坏和约束。它使得社会各个阶层都迅速地滑行在成为魔鬼的道路上。

而之所以说“好人人权论”是对人权的反动，在于现代文明的法治和人权理论认为，法律只能对人的具体行为判定他是否有罪、是否应该被剥夺和限制自由，而不应该根据他的人种和所属的种群来划分好坏，否则，即是对人种和族群的歧视，也严重违背“无罪推定”的基本法治原则。

也许老天要故意讽刺一下我“文明古国礼仪之邦”，2006年2月22日下午，加拿大总理斯蒂芬·哈珀在国会发表正式声明，同时使用英语、法语、汉语普通话、粤语、台山话5种语言，代表政府就人头税和“排华法”问题向全加华人道歉。在随后的招待会上，加联邦祖裔部部长小田宣布，将对在世的“人头税”纳税人及其配偶每人补偿2万加元。小田还表示：加联邦政府将斥资2400万加元用于一项“社区历史认同项目”，其中250万加元用于提高社会对“人头税”以及“排华法”的认识；另一项独立的1000万加元资助的“国家历史认同项目”，也以提高社会对歧视问题的认识为重要目的。哈珀总理为已经停止近六十年的歧视郑重道歉，而中国的收容遣送制度废除不到三年，孙志刚以及其他浮在水面下的被收容致死者尸骨未寒，就有院士和教授忙不迭地为它招魂。这是何等尖锐的刺激！

比起加拿大当年每人每年50至500加元的人头税，收容遣送制度带给人们的恐惧更大、危害更深。据不完全统计，中国大陆在2003年废止收容遣送制度前的十多年中，每年大概收容300万人次。一些地方收容遣送对象不仅包括无业游民，也包括“民政部门认为应当予以收容遣送的其他人员”，另外，有的城市规定的收容时间竟然长达半年以上。

反省和道歉，使人类收获人格的尊严和心灵的自由。那么，谁来为收容遣送制度的受害者道歉？谁来终结时下仍广泛存在的城市间身份和地域歧视？我们用什么办法来进行反歧视的教育和反省？

# 丑陋的中国人[①]

◇ 柏杨

## 礼义之邦

**柏杨**（1920—2008），台湾知名作家，人文大师。他的言论和书籍在社会各界产生了广泛争议，代表作有《中国人史纲》。

一个人的教养和全民的品质，在人际关系第一层面的接触上，完全显现出来。贵阁下还记得《镜花缘》乎，唐敖先生到了“君子国”，对礼义之邦的定义是：“圣圣相传”、“礼乐教化”、“八荒景仰”。其实他阁下不过见了商店买东西时童叟无欺一件事，就五体投地。而在美利坚，童叟无欺早已稀松平常，不仅仅价钱不欺，服务态度更使人叹为观止。柏杨夫人在拉斯维加斯一家小店，看上了一件小褂，言明十二美元成交，货银两讫，正要包装，发现右腋下有块米粒大，仿佛可以看得见的黑斑，老妻曰：“哎呀，这是啥？”店员老奶拿起来，映着日光细瞧，歉然曰：“确实是一个汗渍，用水洗可能洗掉，但也可能洗不掉。你如果同意的话，我去问问老板，看是不是可以减一点价。”接着冬冬冬冬跑上二楼，再冬冬冬冬跑下，说可以便宜两块美元。

这件事对我来说，无疑当头一棒，盖被店员虐待，已成习惯，一旦春风化雨，真忍不住上去抱住那老奶亲个嘴。如果换了台北，或换了香港，一场警匪枪战的节目，铁定地盛大推出。死婆娘竟然有胆量吹毛求疵，店

---

① 选自《丑陋的中国人》，柏杨著，人民文学出版社2008年版。

我们的丑陋，来自我们不知道自己丑陋。作家柏杨以“恨铁不成钢”的态度，强烈批判中国人的劣根性，指出中国传统文化有一种滤过性疾病使我们的子子孙孙受感染，到今天也不能痊愈。

员必然横眉怒目，迎头痛击：“怎么，你说啥，黑斑？笑话，我怎么看不见？就是有黑斑，在胳肢窝底下，有啥关系，你是举起胳膊走路的呀？要挑眼早挑眼，买主还有老实的，现在发票都开好啦，你想退货？减价？莫名其妙，以后买东西时先背地里数数自己的家当，银子不够时少充阔佬！怎么，你不服气呀，我们是五千年传统文化的礼义之邦，向来宾至如归的，你不敢不如归呀！撅嘴嘟囔，好像谁欺负你似的，我们这么大的公司，还在乎你那点碎银子？你们这些文化根基太浅的外国土包子，我也懒得去报官。反正一句话：买不起，算啦，拿来。”

拉斯维加斯是纯观光的赌城，百分之九十都是旅客，而这些旅客又百分之九十九一生中只来一次两次，坑这些人绝无后患。但他们却仍跟其他地方商店一样，亲亲切切，正正派派。

## 为别人想一想

在中国，只拼命想到自己，视别人如无物的现象，多如驴毛。对方如果竟然胆敢证明他也存在，而且有独立的人格，麻烦可就大啦，小者吵嘴，大者打架，再大则一顶帽子罩下来，不是说你小题大做，就是说你惹是生非，不是说你不知道安分守己，就是说你不知道温柔敦厚，乱发牢骚乱骂人。而乱发牢骚乱骂人者，一一都在卷宗里，后果堪哀。

柏杨先生安居汽车间中，将近十月，头顶之上，都是富贵之家，而就在二楼阳台的栏杆外边，屋主支起铁架，在上面放了一排盆景。盆景赏心悦目，当然妙不可言。但该屋主每天都要浇水两次，而且每次都浇得淋漓尽致。有一次，酷日当空，柏老在门前买了一碗豆花，蹲在那里正吃得起劲，忽然大雨倾盆，倾了我一头一脸，刚吃了半碗的豆花，也荡荡乎变成满碗，心里诧曰："这是何方神圣，赐下这种宋江式的及时之雨。"抬头一看，原来能源出在浇花上，而屋主老爷已经龟缩在家，不见踪影。我本来要大声开骂的，怕骂了要挨揍，就没有骂。又想上楼找该家伙理论，心里一想，我这个三无牌恐怕不是对手，只好作罢。于是不久我就练就一种三级跳的奇功，只要他阁下手提喷壶，抛头露面，我就一跃而入，或一跃而出，身上滴水不沾。

这种栏杆上列盆景的奇观，在公寓式的楼房之上，几乎触目皆是，有些更前后夹攻，在屋屁股的阳台上也罗列一排，则下面晒的衣服就要遭殃。而且日久天长，铁架生锈，忽然有一天塌啦，下面的朋友岂不要脑袋开花。即令不塌，铁架孔洞奇大，万一掉下一片碎瓦或一块石头，尊头同样受不了。实在想不通，住在上面的家伙，为啥不为下面的人想一想。

和这同属奇观的是悬挂高楼的一些冷气机。呜呼，巍巍大厦，七层焉，八层焉，九、十、十一、十二、十三、十四层焉，高矗天际，美仑美奂，俨然小型皇宫，却每个窗口都突出一个黑漆漆的小棺材。既大小不同，也式样不一，每个小棺材又都有一根输尿管，晃晃当当，迎风招展。好像一个雍容华贵的贵妇人生了一身脓疮，把全部美感都破坏无遗。然而我们担心的倒不是美感，而是万一有一天小棺材的支架跟花架一样，由老而锈，由锈而断，忽地扑通，翻滚而下，砸到路人的尊头之上，据我了解，那效果可比倾盆大雨厉害。我们再一次地想不通，有钱的大爷，为啥不为路人想一想。

公寓的威胁不仅是后天的人造雨和小棺材，也有先天的胎里毒。柏杨先生为了谋生，每天要经过台北市忠孝东路四段两次之多，每逢驾临到一个名"国泰宝通大楼"的庞然大物，就怦然心动。心动不是想搬进去住，我可是从没有这种想法，犹如我从没有想搬进吾友伊丽莎白二世的白金汉宫去住一样。我之所以怦然心动，是它的窗子。盖别的大楼，窗子都是左右拉的，只有"国泰宝通大楼"的窗子，却是向前开的焉。

夫窗子向前开，空气的流通量，当然比窗子左右拉要大两倍，屋主老爷住在其中，可能因此多活三千年。但问题也就出在这上面，向前开的现象是，每个窗户都跟衙门一样——作八字形，金属的窗轴是唯一的支柱，这支柱再粗也粗不过放盆景或冷气机的铁架。即令是钢的吧，钢也有腐烂之日。好吧，俺的窗轴是钻石做的，那就算钻石做的。可是窗架窗框总不能也是钻石做的吧，窗轴如不先坏，窗架窗框也会先坏。一旦坏啦，恐怕倒霉的仍是行路的朋友。如果它不垂直而下，来个天女散花，散到马路之上，坐汽车的朋友，也难逃此劫。

最主要的是，风力的强度，随着高度而比例增加。比例的数字，柏杨先生一时想不起来（这非关记忆不好，如果你阁下欠我银子，看我记得清楚），只仿佛记得，纽约的帝国大厦，如果地面是一级风，屋顶就是八级风，而八级风足可以把一个人像稻草一样卷起来抛到半空，以致游客们不得不像幼儿园一样，“大家小手牵小手”，或战战兢兢，紧抓栏杆，胆小鬼还得用一条绳索绑住纤腰。

台北“国泰宝通大楼”固然没有纽约帝国大厦那么高，但风力的递增定律，却是天下一样。该大楼现在是新盖的，还没有跟台风老爷碰过面。而且即令撑过一次两次，柏老也不相信那细细的窗轴能长期抵抗日夜不停的高空的强风，万一表演炸弹开花，别人的态度如何，我不知道；我自问可是誓不敢当。于是又想不通，当初设计的工程师老爷，为啥不为窗外人想一想。

写到这里，敝孙女拿了一张表格，教我老人家填写。表是啥表，不必说啦，反正是临表泣涕，不知所云。尤其使人泪落如雨的是，表上留给填表人应填项目的位置，空白奇小。像“住址”栏的“省”、“县”、“市”、“路”、“街”、“巷”，上面的空格，小得简直是在主办视力测验。有些空格倒是比较大方，留的位置较大，但也只能大到眼睛可以看见的地步，想把要填的字挤进去，恐怕得使用世界上最尖的笔，外加上一副世界上最精细的显微镜。“阅读书籍”栏，奇窄而且奇短，填三本两个字书名的书，都得冒汗，一个人一生如果读过三十本书，仅填表就能填出近视眼。更想不通，制表人为啥不为填表人想一想。

这些都是小事，但从这些小事，可看出心理上的症结。浇花水倾到你身上，冷气机掉到你头上，窗子把你砸得稀烂，填表填不进，那都是你的事，原主钱大力猛，就是这么干啦。不出事时，谁嚷嚷都没用，嚷的嗓门稍大，则招灾进祸。一旦出了事，血肉横飞，官盖云集，开会如仪，号叫着要追查责任，结果查来查去，除了死人有责任外，谁都没责任。呜呼，这症结跟家家户户门口的臭鞋大阵一样，是一目了然的，过度的自私和自卑，使头脑不清兼老眼昏花。

## 沉重的感慨

在中国社会上，侠义情操已被酱成了“管闲事”，对之没有一丝敬意，更没有一丝爱意，而只有讥嘲和忌猜。或尊之为“傻子”，或尊之为“好事之徒”，成为千古以来最大的笑柄和千古以来最大的殷鉴。年轻人血气方刚，可能考虑不到这些，即令考虑到这些，也可能不在乎。而柏杨先生早已老奸巨猾，我岂能惹这种无聊的麻烦？这正是我老人家聪明之处，世人不可不知。盖中国人最大的特点是聪明过度，中国社会正是由这种无数聪明过度组合而成。而聪明过度是吝啬同情心的，这不能怪谁，同情心一丰富，就聪明不起来。

中国人同情心的贫乏，使狄仁华先生有沉重的感慨，一团沸腾的灵性被酱成一条麻木的酱缸蛆，要它活泼起来，恐怕非一时之工所可收效。

# 缺乏公共精神[①]

◇ 阿瑟·史密斯

**阿瑟·史密斯** （1845—1932），于1872年偕妻子来华，居住中国二十五年之久。从事于农村布道、医药、慈善、教育等事业。著作《中国人德行》一书，被译成法、德、日等国文字，在国际上享有盛名。

中国古典作品之一《诗经》曾这样表述农夫的祈祷："先降雨于公田，再润及私田。"且不说周朝兴盛时以及以后的朝代是否有过这样的佳话，现在不会有这样的祈祷了。不管农夫，还是其他人，都不会让上苍"先"恩泽于"公田"。人们经常提醒我们，中国政府是家长制，要求其臣民孝顺，服从。一个种植园的黑奴听人家讲："人人为自己，上帝为大家。"他没能准确地理解这句话，以为是说"人人为自己，上帝为自己"。黑奴对格言的解释道出了普通中国人思想的本质。"我，有责任照顾好自己。"即使他想到了政府，也认为："政府强大健全，有能力照顾它自己，不需要我的帮助。"尽管政府是家长制的，它更忙于照顾家长，而不是家长的家庭。一般说来，不遇到危险，政府不会为其家庭做什么，可一旦危险降临，由于事先无准备，便不得不做许多事。老百姓清楚，赋税的损失是政府试图减轻河水泛滥造成的灾难的原动力，老百姓为避免这类灾祸所做的一切，都是出于自我保护的本能。人们确认工作已做好，便避免了无数苛捐杂税，因为，随着政府能量在地方上的施展，随之而来的便是赋税。

中国的公路状况最能说明政府对公共事务的忽

① 选自《中国人德行》，（美）史密斯著，张梦阳、王丽娟译，新世界出版社2005年版。

略，和老百姓缺乏公共精神。石头铺砌夹在大树中间的道路曾经纵横交错，联接着帝国的各大城市。我们不只在北京，而且在遥远的湖南、四川等地，都看到过废弃的道路。道路的修建要花去大量的金钱，维修道路相对要容易得多。可是，人们却忽略了维修，遗弃的道路成为交通的障碍，不再是必要的交通要道。假定道路的毁坏发生在明末动乱年代，那么，扣除政治动荡年月，二百五十年的时间也足够修复交通干线。然而，从没有人这样做，连想也未想过，其结果我们再熟悉不过了。

政府的态度与百姓的态度相辅相成。百姓认为，只要他们个人不遭受损失，就不关心，也没有责任关心公共财产的状况。事实上，一条路或什么东西是"公共"财产，中国人脑子里就没有这样的概念。"河山"（即帝国）是当今皇上的，他想拥有多长时间，就拥有多长时间。道路自然也是他的。若需要修复，也是皇上的事。但是，与属于皇上的农田相比，从另外意义上说，道路在很大成分上并不属于皇上，道路仅仅是田间小路，是供那些想使用它们的人使用的，而不必获得土地所有者的同意。使用道路是生活所需，皇上也未要求过臣民必须获得他的恩准才可使用。道路是属于农田的，同其他田地一样，要支付税赋。当然，皇上并不比他人从道路的使用中获得更多的好处。因而，农夫就要尽力限制道路，扩展沟渠和田埂，使人们只能往来于田间小路。若夏季的暴雨将耕田冲到路上，农夫就会到路上，掘出自己的耕田。这样一来，再加上自然的排水和尘暴，道路就成了一条水沟，中国人没有我们所说的"公共道路"的概念。

游客乘坐船只，航行在津京之间的潮白河上，有时会看到河里的小旗。经询问，方知插旗的地方埋着鱼雷，过往船只都要绕行。中国炮兵在军事训练时，直接在交通干线上训练炮兵，结果，交通中断，牲口受惊，引起一场严重的混乱。

车夫要想装卸货物，行到车水马龙的道路中间就开始卸货，大家只能等他卸完。农夫要想砍倒树，就把树放倒在马路中央，来往行人只好等他把树砍断，搬开为止。

农村自由自在的生活与城市道路的拥挤互相映照。北京宽阔的街道两旁摆满了货摊。货摊本不应摆在道旁，若皇上经过，就立即挪开。等皇上过去了，再回到老地方。中国大多数城市里，狭窄的街道两边摆满了各种形式的手工做坊，屠夫，理发师，流动的吃食挑子，木匠、修桶工等各种工匠，都在小道两旁占有一席之地，溶进大都市生活中，并形成一个自成一体的小社会。妇女也把被褥拿出来，当街一抻，小院子也不如街上宽敞。中国人没有不能拿到街上做的事情。

各种小摊不只妨碍了交通，木匠在其摊前留下一堆大块木头，染色工挂起长长的布，做面条的在大路上晒起面条，摊前的空地不是“公共的”，是摊主的。但是，有所有权，就应负维修的责任，目前的中国人却不能接受这一点。一个人即使想修路，也没有时间和原料。许多人联手一起干更不可能，因为每个人都会斤斤计较，唯恐自己干得多，得到的少。当然，若地方官员把保证道路畅通的事情，交给沿路村庄去办，事情就要容易得多，可他们恐怕想都没这样想过。

中国人不仅对属于“公共的”一切不感兴趣，而且，对这些财产，不加保护，使之成为偷窃的目标。铺路石不见了，城墙上的方砖不见了，某个港口外国人基地的围墙也不见了，因为墓地那地方不属于任何人。不久以前，北京皇宫曾发生了一起轰动一时的偷窃案，紫禁城房屋上的铜顶不见了。中国人普遍认为，十八个省份中，皇上是最易受欺骗的了。

我们经常提起这样一个话题：中国人到底有没有爱国心？这不是一个用一两句话就能回答的问题。中国人，尤其是学者，有着强烈的民族感情。正因为如此，他们才轻视外国人。外国人的发明创造可以追溯到中国古代。最近几年，湖南省的反外国檄文如洪水涌来，作者们对外国人恶意诽谤，试图引起混乱，把外国鬼子赶出中国。在中国人看来，出版这些文章的动机，就如同我们看待反无政府主义者一样，是值得称赞的。檄文的出现，一部分是由于误解，一部分是由于西方民族也有民族憎恨。许多中国人认为，这种攻击是爱国主义的充分体现。那么，这些人究竟足为维护自己国家的利益而写，还是为报酬而写？这是一个需要进一步论证的命题，而不是让我们在现有证据的基础上，相信他们是爱国的。我们并不是要说，不关心目前鞑靼朝命运的人才是爱国的。不过我们有充足的理由认为，大多数人对各朝各代的感情都如同现在——极度的冷淡。孔子曾在《论语》中，意味深长地说过一句话，表达了上述感情：“不在其位，不谋其政。”这句话一半是结果，一半是原因，导致了中国人对自己不负责任的事情不感兴趣。

赫克先生提供了一个很好的例证：“1851年，道光皇帝驾崩时，我们正好离京外出。有一天，我们在一家客栈饮茶，遇到一些中国人，我们想发起一场小小的政治讨论。我们谈到皇帝的驾崩，这是一件非常重要的事情，一定会引起在场的人的兴趣。我们谈了对皇位继承的焦虑，当时，还未公开宣布谁来继位。我们说：'你们说说看，皇上的三个儿子中，谁会继位？如果是大儿子，他还延用现在的政府体制吗？如果是小儿子，他还小。据说，大臣分为两派，他倾向哪一派？'我们又简短地提出了各种猜测，以引导这些良民说出他们的看法。但是，他们几乎无动于衷。我们一再抛砖引玉，想听听他们对继位一事的看法。然而，对我们的建议，他们只是摇头做答，继续喷云吐雾，大口饮茶。他们的冷漠渐渐激怒了我们。这时，一位德高望重的长者离开椅子，走过来，像父亲似的，把两手放在我们的肩膀上，冷笑着说：'听我说，朋友，你为什么要让这些无聊徒劳的推测来劳心、劳神呢？大臣们关心此事，他们拿的就是这份俸禄。让他们拿他们的俸禄去吧。但是，别让我们操这份心。我们一无所得地关心政治，岂不成了最大的傻瓜？''是这么个理儿。'其余的人附和着，接着告诉我们，'茶凉了，烟斗空了。'"

我们还记得，1860年，英国军队进攻北京时，用的是从山东人手里买的骡子。天津和铜川为了各自的利益，也签订了投降条约，只要英法联军不侵犯他们，他们同意向英法联军提供一切。连苦力也是从香港雇来的中国人，当这些苦力被中国军队俘虏，送回来时，他们的辫子被剪掉了——不难看出，如果说中国人有爱国精神和公共意识的话，其含义也不同于盎格鲁-撒克逊人的解释。

当人们必须站起来，反抗统治者的压迫苛捐杂税时，总有一些人带领大家反抗，迫使政府妥协让步。事后，无论政府如何处理"愚蠢的"大众，带头的人都要为公正的结果付出自己的头颅。为事业冒风险、甚至丢掉性命是公共精神的最高体现。

中国历史上的动乱年代，尤其是改朝换代时，忠诚勇敢的人往往挺身于危难中，义无反顾地献身于他们崇仰的事业。这些人不只是真正的爱国主义者，也无可辩驳地证明了中国人在具有公共精神的领导人带领下，可以表现出最无畏的英勇气概。

# 老外劝我们别作弊[①]

◇ 铁铧

在北京大学读博士学位的时候，有幸认识了来自美国的帕垂特教授。他给我们上英语课，每次进教室他都带着一本为我们编写的教材，我们称它为“黄皮书”。

作为博士生，如果公共英语考试不及格，就将失去获得博士学位的资格；所以在上这门课的最后一次课前，大家心里暗暗祈祷：尊敬的帕垂特教授，我们这些人都不易呀，您可千万别太较真！

那天，帕垂特教授仍然像往常一样，笑嘻嘻地跨进教室。不同的是，他只带了个信封。大家开玩笑地问帕垂特教授是不是把试题的答案带来了。结果帕垂特先生笑眯眯地从信封里掏出一打照片。那是五一节时我们班和美国老师郊游的合影，他给我们每人发了一张，发完照片教授竟然问我们：“这是什么？”

我们实在搞不清这个美国佬葫芦里卖的是什么药。大家一边有气无力地回答说是照片，一边又盼着他快点来点“实惠的”，可是他却眨着绿眼睛说：“这是‘爱’！”帕垂特接着说：“我们很快就要分手了，也许再没有机会见面了。但是，请记住我是爱你们的！”被他这么一说，我们都不禁感觉有点鼻子发酸。这可爱的美国老头毕竟使我们这些沉默了十几年的英语哑巴统统开口讲话，有五分之一的人竟达到了“巧舌如簧”的

① 选自《环球时报》2000年8月18日。

程度。

最后还是皮特打破了寂静："帕垂特先生，我们也爱您，但还是请快点给我们讲讲考试吧！"大家不禁激动起来。帕垂特却意味深长地说："你们现在要做的就是，相信自己并且认真学习我们编写的教材的最后一课。"我们迫不及待地翻开了"黄皮书"。在课文的后面却还有一个名为《关于诚实》的真正的最后一课。内容翻译出来竟然是这样的——

为什么要考试？1.测试你对某门课的掌握程度；2.测试你的学习技巧和记忆力；3.评估老师的教学质量，了解哪些教的不错，哪些需要加强；4.最重要的是，测试你是否诚实。

什么是"诚实"？人类社会正常的和必要的道德原则，正直、诚信、实在。

与诚实有关的故事和谚语：1."狼来了"；2.人无诚信，好景不长；3.来路不明的财宝一文不值；4.诚实最明智，老实人不吃亏；5.如果我耍花招，人们便不再信任我，我再也享受不到诚实的快乐。

在这次考试中，你可以用以下方式表现你的正直，证明你的诚实：1.即使没有老师监考，你也知道怎么做才合适；2.会多少答多少；3.不要作弊。听说作弊在中国是一种普遍现象，每个学生都作弊。打死我也不信！没人作弊，或者说大多数人不作弊，因为，一个作弊的民族怎么可能进步和强大呢？

考试作弊的行为包括：1.偷看别人的试卷；2.问别人怎么答题；3.看事先写好的小纸条。你作弊的时候，你就失去了老师对你的信任，本来我们这些老外都是信任你，爱你的呀！

假如你作弊了：1.你伤害了老师，给师生关系蒙上了阴影；2.你的良心就有罪了；3.你改变了你在人们心目中的形象。

作弊的后果：1.没收并撕毁试卷，打零分；2.你丢脸，我们丢脸，大家都无地自容。不过，即使你真的作弊了，我们也不会那么做，我们会装做没看见，眼睛故意向别处看。因为，生活本身的惩罚要严厉得多。

孩子，你的信誉价值连城，你怎么舍得用一点点考分就把它出卖了？作弊的代价太高了，实在划不来！

第二天考试时，帕垂特教授又出现在考场，他还是笑眯眯的。但还是有人作弊了，帕垂特教授真的像书里说的那样，将眼睛转向了另一边。

# 中国人你为什么不生气[①]

◇ 龙应台

**龙应台**（1952—），台湾著名文化人及公共知识分子，作家、社会批评家、思想家。

在昨晚的电视新闻中，有人微笑着说："你把检验不合格的厂商都揭露了，叫这些生意人怎么吃饭？"

我觉得恶心，觉得愤怒。但我生气的对象不是这位人士，而是台湾1800万的懦弱自私的中国人。

我所不能了解的是：中国人，你为什么不生气？

包德甫的"苦海余生"英文原本中有一段他在台湾的经验：他看见一辆车子把小孩子撞伤了，一脸的血。过路的人很多，却没有一个人停下来帮助受伤的小孩子，或谴责肇事的人。我在美国读到这一段，曾经很肯定的对朋友说：不可能！中国人以人情味自许，这种情况简直不可能！

回来一年了，我瞪大眼睛，发觉包德甫所描述的不只可能，根本就是每天都在发生，随地可见的生活常态。在台湾，最容易生存的不是蟑螂，而是"坏人"，因为中国人怕事，自私，只要不杀到他床上去，他宁可闭着眼假寐。

我看见摊贩占据着你家的骑楼，在那儿烧火洗锅，使走廊垢上一层厚厚的油污，腐臭的菜叶塞在墙角。半夜里，吃客喝酒猜拳作乐，吵的鸡犬不宁。

你为什么不生气？你为什么不跟他说"滚蛋"！

哎呀！不敢呀！这些摊贩都是流氓，会动刀子的。

---

① 选自《中国时报·人间》1984年11月20日。

那么为什么不找警察呢?

警察跟摊贩相熟，报了也没有用;到时候曝了光，那才真招祸上门了。

所以呢!

所以忍呀!反正中国人讲忍耐!你耸耸肩，摇摇头!

在一个法治上轨道的国家里，人是有权生气的。受折磨的你首先应该双手叉腰，很愤怒地对摊贩说:“请你滚蛋!”他们不走，就请警察来。若发觉警察与小贩有勾结——那更严重。这一团怒火应该往上烧，烧到警察肃清纪律为止。可是你为什么都不做;畏缩地把门窗关起来，耸耸肩，摇摇头!

我看见成百的人到淡水河畔去欣赏落日，去钓鱼。我也看见淡水河畔的住家把整笼整笼的恶臭的垃圾往河里倒;厕所的排泄管直接通到河底。河水一涨，污秽气直逼到呼吸里来。爱河的人，你为什么不生气?

你为什么没有勇气对那个丢汽水瓶的少年郎大声说:“你敢丢，我就把你也丢进去?”你静静坐在那儿钓鱼(那已经布满癌细胞的鱼)，想着今晚的鱼汤，假装没看见那个几百年都化解不了的汽水瓶。你为什么不丢掉鱼竿，站起来，告诉他，你很生气?

我看见计程车穿来插去，最后停在右转线上，却没有右转的意思。一整列想右转的车子就停滞下来，造成大阻塞，你坐在方向盘前，叹口气，觉得无奈。

你为什么不生气?

哦!跟计程车可理论不得!报上说，司机都带着扁钻的。

问题不在于他带不带扁钻。问题在于你们这20个受他阻碍的人没有推开车门，很果断地让他知道你们不齿他的行为。你们很愤怒!

经过郊区，我闻到刺鼻的化学品的味道。走进海滩，看见工厂的废料大股大股的流进海里，把海水染成一种奇异的颜色。湾里的小商人焚烧电缆，使湾里生出许多缺少脑子的婴儿。我们的下一代——眼睛明亮，嗓音稚嫩，脸颊透红的下一代，将在化学废料中学游泳，他们的血管里将流着我们连名字都说不出的毒素……

你又为什么不生气呢?难道一定要等到你自己的手臂也温柔地捧着一个无脑婴儿，你再无言地对天哭泣?

西方人来台湾观光，他们的旅行社频频叮咛:绝对不能吃摊子上的东西，最好也少上餐厅;饮料最好喝瓶装的，但台湾本地出产的也别喝，他们的饮料不保险……

这是美丽宝岛的名誉，但是名誉还是其次。最重要的是我们自己的健康，我们下一代的健康。一百位交大学生中毒——这真的只是一场笑话吗？中国人的命这么不值钱吗？好不容易总算有几个人生起气来，组织了一个消费者团体。现在却又有“占着茅坑不拉屎”的卫生署，为不知道什么人做说客的立法委员要扼杀这个还没做几桩事的组织。

你怎么能够不生气呢？你怎么还有良心躲在角落里做“沉默的大多数”？你以为你是好人，但是就因为你不生气，你退让，你忍耐，所以摊贩把你的家搞得像个大破烂杂院。所以台北的交通一团乌烟瘴气，所以淡水河是条烂肠子；就是因为你不说话，不骂人不表示意见。所以你疼爱的娃娃每天吃着，喝着，呼吸着化学毒品。你还在梦想他大学毕业的那一天！你忘了，几年前在南部有许多孕妇怀胎九月中，她们也闭着眼梦想孩子长大的那一天，却没想到吃了滴滴纯净的沙拉油，孩子生下来是瞎的，黑的。

不要以为你是大学教授，所以做研究比较重要；不要以为你是杀猪的，所以没有人会听你的话，也不要以为你是个大学生，不够资格管社会的事。你今天不生气，不站出来的话，明天你、还有我、还有你我的下一代。就要成为沉默的牺牲者、受害人！如果你有种、有良心，你现在就去告诉你的公仆立法委员、告诉卫生署、告诉环保局：你受够了，你很生气！

你一定要很大声地说！！！！

# 穷人的银行家[①]

◇ 穆罕默德·尤努斯

**穆罕默德·尤努斯**

（1940—），孟加拉国经济学家，格莱珉银行的创始人，2006年荣获诺贝尔和平奖。

1974年，孟加拉陷入饥馑之中。

我任教并担任经济系主任的大学，位于这个国家的东南端。开始时，关于那些发生在北方遥远村落中的死亡与饥荒的报道并没有引起我们太多关注，但是随后，瘦骨嶙峋的人们开始出现在首都达卡的火车站与汽车站。很快，这些小股的人流就变成了一场洪水，饥饿的人们涌遍全城。他们一动不动地坐在那儿，以至于无法确定他们是死是活。无论男人，女人，还是儿童都一个模样：老人看起来像孩子，而儿童的样子像老人。

政府开设了救济粥棚。但是很快，所有新开的粥棚都没米了。报社向全国提出警告：饥荒将继续蔓延。研究机构搜集数据，分析造成突然向城市移民现象的根源。宗教团体动员起来，将死者的尸体从大街上抬走，以适当的习俗将他们埋葬。但是很快，这种收集死尸的简单工作就变得非常繁重，远远超过了这些组织的能力。

这些饥饿的人并不叨念任何标语口号，他们对我们这些衣食无忧的城里人毫无要求，只是静静地躺在我们的台阶上等死。

人有许多死法，但是，饿死是所有死法中最让人无法接受的。它慢慢地发生，随着时间一秒一秒地过去，

① 选自《穷人的银行家》，（孟）穆罕默德·尤努斯著，吴士宏译，生活·读书·新知三联书店2006年版。

生死之间的距离变得越来越短，直到如此接近，以至于让人无法辨别。饿死如同睡眠一样，静悄悄地、不可阻挡地发生，甚至让人感觉不到它正在发生。而一切都是源于每餐饭缺少的一把米。在这个物质丰富的世界里，就那么任由一个还不理解这个世界之奇妙的小婴儿，得不到生存下去所需要的乳汁。她哭啊，哭啊，最终睡了过去。第二天，她可能再没有继续活下去的气力了。

过去，向学生们教授那些高雅的经济学理论，总是令我感到快慰，以为那些理论应该是能够医治各种社会问题的。但是在1974年，我开始惧怕授课了。当人们在人行道上、在我的课堂对面的门廊里正在饿死的时候，我的所有这些复杂的理论又有什么用呢？我讲授的课程就像那些总是好人获胜的美国电影。但当我走出舒适的教室，面对的是城市街道上的现实。在这里，好人遭受命运无情的毒打与践踏。生活每况愈下，穷人更加贫穷。

我所教授的经济理论对周遭生活没有任何的反映，我怎么能以经济学的名义继续给我的学生讲述虚幻的故事呢？我想从学术生活中逃离。我需要从这些理论，从我的课本中逃离，去发现有关穷人生存的那种实实在在的经济学。

对于我来说幸运的是，乔布拉村恰巧离校园很近。1958年，当时的巴基斯坦总统——陆军元帅阿尤布·汗在一次军事政变中夺取了政权。由于对桀骜不驯的学生们的疑惧，他颁布法令，让所有新建的大学都远离市中心。我所任教的吉大港大学，当时被建在吉大港地区的山区，紧邻乔布拉村。

紧邻乔布拉村，这为我提供了一个重新学习的绝佳选择。我决定重新做一个学生，而乔布拉的村民将是我的教授。我发誓要从这个村子学到尽可能多的东西。传统大学在其学生与孟加拉的现实生活之间，制造了一个巨大的鸿沟。我不想再按照传统照本宣科地教书，我想教给我的大学生们如何去理解一个穷人的生活。当你将世界放在掌心仅以鸟瞰的角度去审视它时，你很容易变得傲慢自大——虽然你意识不到，一旦拉开距离，事物就会变得模糊不清了。我选择以“蚯蚓”的视角（the worm's eye view），我相信，如果我贴近贫穷去研究，我会更深切地理解它。

通过对吉大港大学周围村落的反复造访，我得到了许多对格莱珉银行的建立至关重要的发现。穷人教会我一种全新的经济学，我从他们的立场理解他们所面临的那些问题。我做了很多尝试，有些是有效的，而另一些则毫无用处。其中一个尝试很有收效，那就是向人们提供小额贷款，帮助他们自雇谋生。这些贷款提供了一个起点，使那些贷款者可以从事乡村手工业，以及利用他们已有技能的其他方式来挣钱。

穆罕默德·尤努斯开创和发展了“微额贷款”的服务，专门提供给因贫穷而无法获得传统银行贷款的创业者，因此他又被称为“穷人的银行家”。

我从未想象过，我的小额贷款规划会成为一个为250万人服务的全国性的“穷人的银行”（bank for the poor）的基础，也没想到它会绵延五大洲，在一百多个国家得到采用。当时，我只是努力想从自己的负疚感中解脱出来，想要实现帮助几个饥民的个人愿望，但结果并未止于只帮助几个人。那些由于小额贷款而生存下去的人是不会允许我就此止步的。到后来，我也不允许自己就此止步了。

对于如何开办一家为穷人服务的银行，我一无所知，不得不从零学起。1977年1月，格莱珉银行刚起步时，我研究了其他银行做信贷业务的方式方法，从他们的错误中学习。传统的银行与信贷公司通常要求全额还款；在贷款到期时拿出一大笔现金，通常会使贷款人心理上很难受，他们就尽可能地拖延还款，于是，在拖延的过程中，贷款数额越滚越大。最终，他们决定根本不还这笔钱了。如此长期而全额偿还的贷款，也使得借贷双方对早期出现的一些问题不予理会；他们不是在问题出现时解决它们，而是希望随着贷款到期，那些问题会自行消失。

在建立我们的信贷规划时，我决定要与传统的银行完全背道而行。为了避免大额付款而带来的还款心理障碍，我决定设立一个每日还款规划。每笔还贷的数额非常之小，使借贷者们几乎根本不在乎，为了便于计算，我决定贷款要在一年内还清。照此，365塔卡的贷款可以每天还一塔卡，在一年内还清。

对于这本书的大多数读者来说，一天一塔卡看上去可能是个可笑的数目，但是它的确制造出稳定的增值收入。这每天一塔卡的力量使我想起那个聪明的死刑犯的故事。在行刑那天他被带到国王面前，被恩准可以提出他最后的愿望。他指着棋盘说：“我只想在棋盘的一个格子里放一粒米给我，接下来的每一格，按前一格双倍的米给我。”

“批准。”国王说，他根本不了解几何递进的威力。很快，那个犯人就统治了整个王国。

穆菲亚·哈吐恩就是一个生动的例证。穆菲亚是吉大港以北的默沙来地区的一个格莱珉的贷款者，她是1979年末加入格莱珉的，此前，她的生活一直十分心酸。1963年她13岁时，她的父亲，一个善良的农夫和渔民，把她嫁给了默沙来的东卡利村一个名叫贾米尔卢丁的男人。在丈夫长期出海打渔时，穆菲亚的婆婆总是辱骂她，穆菲亚非给全家做完饭后，只得到一点点吃的，或者根本没饭吃。穆菲亚忍饥挨饿地过了好多年。丈夫出海归来时经常打她，有时，住在几英里外的父亲想要保护她，但根本没有任何持久的作用。

这些年中，穆菲亚三次怀孕，一个孩子出生不久就死了，另外两个也没能怀到足月。她营养不良，贫血，终于生下一个儿子活了下来，但却使她自己的健康状况濒临危险。无论如何她活下来了，继续过着遭受毒打与忍饥挨饿的生活。

1974年，经村里的头人出来干涉，安排她离了婚。穆菲亚终于摆脱了丈夫的毒打，但是饥饿仍紧紧追随着她。她开始乞讨。她在海亚查拉与米塔查拉富裕的邻村乞讨，一整天才讨来几盎司米，还不够她和三个孩子吃的。（在生了儿子以后，她又生了两个女儿，她还照顾着一个外甥，是个孤儿。）一天，她乞讨到一个女人家里，那个女人开着家庭作坊，制售篮子、席子和其他竹制品，她问穆菲亚，想不想从她那儿借15塔卡，买些竹子去市场上卖。穆菲亚同意了，她赚到了10塔卡，并偿还了借款。她用这10塔卡给孩子们买了一些食物。在以后的几年中，这样的事又有过几次，但过了一阵之后，那个女人不再借钱给穆菲亚了，于是她又被迫去做乞丐。

1974年的饥荒中，穆菲亚差点饿死，她寄居栖身的地方也在1978年的一场暴风雨中被毁掉了。但是在1979年，她加入了格莱珉银行，借了500塔卡，重新开始了她的竹制品加工营生。当她偿还了首批贷款时，她感到自己得到了重生。1980年12月25日，她得到的第二批贷款是1500塔卡。虽然有时在竹制品销售淡季她会错过分期还款，但在收割季节经济状况好转时，她总是能赶上来。

在加入格莱珉银行的头十八个月里，穆菲亚为自己和孩子们买了价值330塔卡的衣服，还有值105塔卡的厨具。这些都是她离婚十五年来从没有过的奢侈品。她和孩子们能够更规律地吃上饭，食物也更有营养了。她们从来不吃肉，但常常能吃上蔬菜，偶尔的，她会从市场买点干鱼来开开斋。

穆菲亚是成千上万原先只能以乞讨为生的人们之一，由于他们能从格莱珉银行中获得贷款，现在都过上一种有尊严的生活了。

# 在诺贝尔和平奖颁奖大会上的演讲[①]

◇ 特蕾莎修女

感谢上帝给我们在这里聚会的机会，为我们带来诺贝尔和平奖，我想我们在这里共同用圣芳济一章祷文来祈祷一定是非常适宜的。我们每天接受圣餐后，都要用这段祷文来祈祷，因为它适合于我们每一个人。我总想弄明白的是，四五百年以前当圣芳济撰写这段祷文时，当时的人们一定遇到了和我们今天一样的困难，我们将这段祷文修改得更加适合今天的状况。我想在场的大多数人都已经有了这份祷文，让我们共同来祈祷：

**特蕾莎修女** （1910—1997），生于南斯拉夫，三十七岁正式成为修女，1948年远赴印度加尔各答，且于两年后正式成立仁爱传教修女会，竭力服侍贫困中的最穷苦者。1979年获诺贝尔和平奖，1997年9月逝世后葬于加尔各答。

感谢上帝刚给我们机会，让我们大家今天聚在一起，和平奖的获得告诉我们，我们生来就是要为和平而生存，它也告诉我们，基督除了没有原罪外，他和我们简直没有两样，他明确地告诉大家，他给众人带来了一个喜讯。

这个喜讯就是所有善良的人所期盼的和平的愿望，也是我们都欲得到的——一颗维护和平的心。上帝是如此热爱我们这个世界，他不惜将自己的儿子都贡献出来，当然，这对他是件非常痛苦的事情；上帝是忍受何等的痛苦，才将自己的儿子贡献给我们这个世界啊。然而，当他将自己的独生子送给少女玛利亚时，她又是如何对待基督呢？

---

① 选自《活着就是爱》，特蕾莎修女著，王丽萍译，四川人民出版社2000年版。

当他闯入她的生活中时，她厌恶将这个喜讯传播给世人。当她走进她的表兄家时，这个未出世的孩子已经在她的腹中欢跃。这个孩子便是第一个为我们带来和平讯息的使者。他，这个名叫基督的人认识和平王子，他把和平带给你，带给我。但是作为男子汉的他仍嫌做的不够，他用被钉死在十字架上的悲壮行动，来向我们表示他对我们伟大的爱，他是为你，为我，为那些身患麻风病，为那些因饥饿而将死的人，为那些赤裸着身体横卧在加尔各答和其他城市的大街上的穷人，为在非洲、纽约、伦敦和奥斯陆的穷人而献身。他用他的死来劝告我们相互同情、互相爱戴。福音书中讲的非常清楚："像我爱你们一样去爱；像我的父亲爱我一样去爱。我爱你们。"他的父亲正是因为深深地爱着他，才把他贡献出来。我们彼此间也应该互相爱戴，应该像上帝对待他儿子那样，彼此将爱心贡献出来。

如果我们说："我爱上帝，但是我不爱我的邻居"，这是远远不够的。圣约翰说："如果你说只爱上帝，不爱邻居，那么你就是一个说谎的人。"如果连每日相见，彼此接触，和你住在一起的邻居都不爱的话，那你怎么能爱一个看不见的上帝呢？所以，对我们来说，重要的是去认识爱的含义。爱是实实在在的，是痛苦的。

基督忍受了极大的痛苦来爱我们，爱使他受难。我们一定要牢牢地记住他的爱。他将自己变成面包来让我们充饥，就是让我们满足对上帝的饥渴，因为我们生来就是要体验这种爱，我们生来就是要爱别人，被别人爱。基督之所以变成一个男子汉来爱我们，就是要我们尽可能地像他爱我们那样去爱别人。他故意把自己扮成一个饥饿的人、一个衣不蔽体无家可归的人、一个病人或者一个犯人，或者一个孤独的人、被遗弃的人。他对我们说："是你们拯救了我。"他渴求我们对他的爱，就如同穷人们渴求我们对他们的爱是一样的。我们一定要了解这种饥渴，也许这样的饥渴恰好发生在我们自己的家里。

我永远也不会忘记曾经访问过的一家养老院。这家养老院里的老人都是儿女将他们送来的。尽管这里的生活用品一应俱全，甚至还有点奢华，但是这些老年人却都坐在院子里，眼睛盯着大门看。他们的脸上没有一丝笑容。我转向一位老姐姐，问她："这是怎么回事？为什么这些衣食不愁的人总是望着大门？为什么他们脸上没有笑容？"

我已经太习惯看到人们脸上的笑容，甚至那些挂在垂死的人脸上的笑容。但是在这里，我看到的是一种对爱心的乞盼。那位老姐姐对我说："这里几乎天天都是如此，他们每天都在乞盼着，盼望他们的儿女来看望他们。他们的心受到了极大的刺伤，因为他们是被遗忘的人。”瞧，这就是世上存在的另一个种贫乏，被爱心遗忘的贫乏。也许这样的贫乏已经悄悄来到我们的身边和我们的家庭中。也许就在我们自己的家庭中，已经有成员感到孤独。也许他们的心已经受到伤害，或许他们处于某种焦虑不安的状态。如果有这样的事情发生，可能我们家庭中的其他成员或多或少都会有些烦恼。类似的事情是否已经存在我们的家庭呢？如果是，我们又如何来包容那些心里感到孤独的家庭成员呢？假如你是母亲的话，你是否能宽容自己的孩子呢？

西方国家最令我吃惊的，是许多男孩、女孩的吸毒的现象。我总想搞明白这个问题究竟是谁造成的，为什么会出现这样的事情？我对这个问题的答案恐怕是：因为他们家庭中没有人宽容、善待他们。他们的父母也许因为工作太忙而没有时间照顾他们，可能一些年轻的父母过分忙于事务，致使孩子在街头游荡，甚至染上了恶习。我们今天在谈论和平，而这些事情恰恰都会破坏和平。

我们读圣经时，会读到上帝说过的一句话：“即便是一个母亲遗弃了她的孩子，我也不能遗弃你们。我要将你们握在掌心里保护你们。”我们被上帝保护在他的掌心中，我们是如此地贴近他，就像是未出生的孩子蜷卧在他的掌心里。我们可以这样分析这句话，前面的部分谈到“即便是一个母亲遗弃了她的孩子……”，按照常理说，这简直是不可能发生的事。然而他在后面又说：“即便……，我也不能遗弃你们。”这后一句尤其使我感动。这是一句深深地撼动我心灵的至理名言。

我们今天之所以能聚在这个地方，全是靠了我们的父母，因为他们需要我们。如果他们不想要我们的话，我们绝不会在这个世界上生存。

我们需要自己的孩子，我们爱自己的孩子。然而还有其他数以百万计的人，他们是怎么想的呢？今天的印度有许许多多的人在关怀着孩子们的成长，而在非洲却有许多孩子正在死于营养不良或饥饿……

我在此向人们呼吁，向全世界人们呼吁——“让我们夺回孩子的生命”，因为这个时代是孩子们的时代。今年是保护儿童年。今年年初，我曾经讲过，我们都为孩子们做了些什么呢？我逢人便讲：“让我们在这一年里保证每一个孩子的顺利出生。我们需要那些未出生的孩子。”今天是今年的最后一天。我们是否确实做到了这一点呢？

我要告诉你们一件令人震憾的事。我们用领养的方式开展了向堕胎的斗争。我们挽救了成千上万的小生命。我们靠医疗站、医院和警察局来向人们发出通告："请不要虐杀孩子，我们收养这些孩子。"于是，一天中的每一小时都会有人给那些未婚先孕的妇女打电话，通知她们："请到我们这里来，我们会照顾你，我们将收养你的孩子，给孩子找一个良好的家庭。"上帝保佑，我们找到了许多需要领养孩子的家庭。此外，我们还做了一件漂亮事。我们将许多街头流浪的人、乞丐召集起来，给他们上课，组织他们按照我们的计划组成自然家庭，并收养被遗弃的小孩。

在加尔各答仅仅六年的时间里，这样的自然家庭就收留了61 273个弃婴。鉴于自然家庭往往以自我约束、自我控制的方式存在，它有其独特的好处。我们对自然家庭的成员开展了"升温爱心法"的培训。这种方法既简单又易行。那些穷人通过培训，很快就知道如何去做。你想知道这些人后来怎样对我说吗？这些街头流浪的乞丐们明确地告诉我："我们的家庭是健康、团结的。无论在什么地方，我们都可以随时收留被遗弃的婴儿。"我以为如果大家都能这样做，都明白用什么方法去救助弃婴的话，上帝为我们创造的生活就不会遭到破坏。

穷人们是伟大的。他们能教给我们许多美好的习惯。有一天，一些穷人找到我们，向我们表示感谢。他们说："你们搞慈善的人是最好的人。你们帮我们制定家庭计划，教我们开展计划，因为再没有比自我约束、互相友爱更重要的事了。"他们淳朴的话是最美丽、最生动的语言。也许这些人缺吃少穿，甚至没有一个固定的家，但是他们都是伟大的人。

穷人是非常可爱的人。有一天，我们从街上收容了四个无家可归的人，其中一个人看起来情况非常糟糕。我对修女们说："你们去照顾那三个人，我来看护这个病人。"我用全部爱心和所能做到的一切去抚慰这个可怜的人。我扶着她躺在床上，她的脸上露出了美丽的笑容。她紧紧拉着我的手，感激地说了一句话："谢谢你。"然后闭上眼睛死去了。

我在她面前禁不住对自己反思。我问自己："如果把我换成她，我会说什么呢？"我可能会说："我很饿，我快要死了。我很冷，我浑身都在疼。"或者其他什么话。然而她的话却教给了我很多很多，她给了我崇高的爱。她带着安详的微笑死去了。再举一个例子：一天，我们从阴沟里救起一个人。当时他的半个身体都被蛆虫吃掉了。我们把他带到救济所，他说："我在街上过着猪狗不如的生活，但是我将像一个天使一样死去，去接受上帝的爱和呵护。"一个穷人能说出

1952年，特蕾莎修女为贫穷、疾病、垂死者开创的收容院——“静心之家”正式成立。渐渐地，在街头生病、需要帮助的患者都知道这个能够让他们安息的地方，收容所开始急速增长，从世界各地招募来的义工口耳相传，使得特蕾莎修女的收容所成为知名的地方。

这样的话，足以看到他内心的伟大，他的品德是非常令人感动的。他临死前并没有诅咒任何人，没有说过别人的坏话，也没有去和其他任何人攀比，他就像一个纯洁的天使。这就是我们人民的伟大之所在。这也是基督为什么说：“我曾经赤身裸体、无家可归、没有食物；我被人遗弃、遭人唾骂、受人冷落，是你们帮助了我。”

我认为，我们不是真正的社会工作者，也许我们只是做着一些社会工作。但我们却是这个世界上真正具有深刻思想的人，因为我们每天二十四小时都和基督在一起，和他交流。你和我，我们大家都要将基督带到自己的家中，因为我们和家人一同生活，也应该共同祈祷。我认为，在我们的家庭中不需要用暴力换取和平，我们所要做的，相聚在一起、相互爱戴，用爱心为我们带来和平，带来欢乐，带来相互鼓舞的力量。只有这样，我们才能战胜世上的邪恶。我们要用祈祷、用我们真诚的奉献，从家庭开始，消除那些痛苦、怨恨和悲哀。我们提倡的“爱从家庭开始”并不是要看我们做了多少事情，而是要看我们在做的过程中融入了多少爱，看我们为基督做出了多少贡献。

前一段时间，我们在加尔各答遇到的最大困难，是买不到白糖。我不知道这事怎样传到孩子们的耳朵里。一个四岁的印度男孩回家后对他的父母说：“从今天开始，我三天不吃糖。我要把我的那份糖给特蕾莎嬷嬷的孩子们。”三天以后，孩子的爸爸妈妈陪着孩子来到我们这里。我从前从未见过他们。那个小男孩甚至连我的名字都叫不准，但是他非常明白是来做什么的。他知道他想要别人分享他的爱心。

这些事就是使我得到爱心的感受和体会。自从我来到这里后，就一直被爱的气氛包围着，我一直沐浴在真诚理解的爱心中。在这里，无论是来自非洲的人，还是来自印度的人，都有一种融入特殊氛围的感觉，是回到自己家的感觉。我觉得，自己好像又回到加尔各答，和修女们在一起，我们是在一个真正的大家庭里。

我在这里要对你们讲，要你们在这里发现贫乏，发现你们家中的贫乏，然后将爱灌输到贫乏之处，从灌输爱心做起。请把这个喜讯带到你们家人那里，带到你们的邻居中去，去真正认识他们。我曾经结识了一个印度家庭，这个家庭有八个孩子。从和这个家庭的接触中，我有一些非常感人的收获。一天，一位先生来到我们的住处。他说："特蕾莎嬷嬷，一个有八个孩子的家庭已经断炊好几天了，请帮帮他们。"听了他的话，我马上给这个家庭送去了一些大米。孩子们看到大米眼睛都睁得大大的，眼睛里还闪着兴奋的光。我不知道你们是否见过饥饿的人的眼睛，但是我太熟悉这些眼睛了。当那位母亲接过大米后，立即把它分成两份，然后就出去了。当她回来后，我问她："你去了哪里？做什么去了呢？"她简单地回答说："他们也在挨饿。"原来她的邻居是一个穆斯林家庭，这个家庭也正在受着饥饿的煎熬。所以她把我送给她的米分了一半出去。这件事深深地感动了我。但我再没有给那个穆斯林家庭送过米。这样做的原因，是我想让她们分享相互帮助的快乐和美好。

家庭中的孩子们从母亲那里得到快乐，他们和母亲共同享受着生活的乐趣，因为他们有母亲的爱。你瞧，这就是爱的发源地，爱的源头出自家庭。

我们都应该为我们这个世界上有这样的人感到欢乐。我将于15日返回印度，那时我要把这里的经历带回去，把你们的爱带回到印度去。

我很清楚，在座的各位做不到将家产倾其所有去布施穷人，我们也不需要大家这样做。我们希望各位，尽你们所能来帮助我们的事业。令我惊喜的是，穷人家忍饥挨饿的孩子虽然过着难挨的日子，但是他们还是一样欢乐，而且把欢乐带给他们的父母。对于我们来说，身为人之父母，我们不仅要满足孩子们生活的必需品，而且还要给予他们极大的爱。

让我们感谢上帝赋予我们这个机会，使我们大家相聚在这里，是我们共同的语言把我们紧紧地连结一起。我们将共同携手去帮助全世界的儿童，因为我们的修女已经遍布世界各地。我将用获得的和平奖奖金为无家可归的人建立一所救济院，将爱心从这里不断地延伸。我们一定要把和平传给世人，让他们理解我们的爱。要让所有贫穷和贫乏的人都知道这个喜讯，把这个喜讯传到自己的家中，传到我们的国家和整个世界。要做到这一点，我们的修女，我们所有的人都要不断地祈祷。我们用祈祷和上帝交流，以此达到相互理解和共识。我相信，我们一定能够让全世界都了解慈善会的工作和热情，并让我们唤起全世界人民的热情，共同分担世界上贫苦人民的疾苦。我感到，这件事在贫困国家中容易做到，但是在西方国家，我们还有许多问题有待解决。

我在大街上遇到穷人时，会给他一碗米饭或一片面包，我有一种满足感，因为我已经尽了责任，我帮他解除了饥饿。但是对他而言，他是一个无家可归、被社会的大门所拒绝、被遗弃、遭唾骂、受威胁的人，这样的贫穷对他来说是伤害最大的，也是我们使他们摆脱贫穷最难做的事情。我们有许多修女在西方国家正在从事这项工作。

请你们为我们祈祷，将我们所开展的事业的喜讯传到各个地方。我们需要你们这样做。你们应该在自己的国家里逐渐了解贫困和贫乏的人，也许我们在座的各位并不为生活发愁，但是如果我们审视一下自己的家庭生活，我们就会发现，有时家人之间相互微笑也是件不容易的事。那么就让我们从相互微笑来开始我们爱的传播吧。

所以，让我们见面时彼此微笑致意。微笑是爱的开端。一旦我们彼此有了爱心，我们就要去做一些事情。请为我们的修女、为我、为我们的修士和分布在世界各地的教友们祈祷。为我们全身心地信仰上帝交给我们的使命祈祷，为你我共同热爱上帝、侍奉上帝、扶助穷困祈祷。如果你们不能和我们共同承担这个使命，恐怕我们的事业也不能很好地发展下去，但是我并不想看到你们倾家荡产。我只要你们尽其所能。

前几天，我从一个瘫痪二十年的病人那里收到十五美元的捐款。这个人全身能活动的部分只有右手。他唯一的嗜好是吸烟。这个人对我说："我一星期没有吸烟，现在我把省下来的钱交给你们。"这样的贡献对他来说一定是经历了非常痛苦的煎熬，但是他为分担拯救贫困人们的行动是多么壮丽啊。我用这笔钱为那些正在挨饿的穷人们买了面包，使捐赠者和接受捐赠的人都感到非常快乐。

上帝赐给我们每个人的礼物是要我们互相爱戴。我们都可以用上帝的礼物做我们能做到的事情。让我们为了基督施与他人爱心吧。让我们像他爱我们一样互相爱戴。让我们用无私的爱去爱他。让我们在圣诞节即将到来之际为基督、为我们彼此献出我们的爱。

让我们的心中保持对基督的爱，和所有我们接触过的人共同分享他的爱。传播到大众中间的欢欣是实实在在的，因为我们和基督在一起，没有什么理由不使我们欢欣鼓舞。基督存在于我们的心中，他就在我们所遇到的穷人中间。基督是我们送给他人的微笑和他人带给我们的微笑。愿我们拥有一个共同的观点，决不使一个孩子被遗弃；无论面对什么样的恶劣环境，我们都要保持微笑。

我永远不会忘记不久前的一件事。有十四位来自美国不同大学的教授来到加尔各答，参观我们的救济院。在交谈过程中，他们谈到了对刚刚参观过的一家临终慰藉所的感受。（我们在加尔各答开设了一家临终慰藉所，从街头收留过三万六千人，其中一万八千人安详地死在临终慰藉所里，他们已经回到了上帝的家园。）其中有一位教授问我："特蕾莎嬷嬷，请给我留下一句让我永远难忘的话。"我对他说："彼此微笑保持家庭的和谐气氛，彼此和睦相处。"

另一位教授问我："你结婚了吗？"我说："是的。我有时感觉面对基督微笑是一件很难的事情，因为他耗费的精力太多了。"这的确是事实。耗费精力多的地方，就是爱的发源地。即便如此，我们也应该将我们的欢乐送给他。

正如我今天所讲过的，我上天堂不为别的，我是为了大众而上天堂，因为大众净化了我的心，我所做出的奉献可以让我安然地面对上帝了。我认为，我们一定要为美好的生活而生活。我们和基督同在，因为他爱我们。我们只要记着上帝是爱我们的，我们就会像他爱我们那样去爱他人。不为大而爱，只为琐细的爱。从细微的小事中体现博大的爱。我们要以挪威为中心，将爱传播到整个世界，让战争远离我们。如此，那些待出生的婴儿就会欢叫着来到人间。我们把自己变成传播世界和平的火种，挪威的诺贝尔和平奖将会真正是献给和平的厚礼。

愿上帝保佑你们！

1979年12月10日于挪威

# 从两则笑话看德国[①]

◇ 沙叶新

如果我们只是被文章中的笑话所吸引。那真是舍本逐末了。看到这样一个严谨认真的民族，你不敬佩吗？你没有感到畏惧吗？当认真精神融入一个，限或一个人的血液时，即便他正处于困境中，我们也能充满信心地说，其前途一片光明。从现在开始认真面对生活，否则我们将来远是笑话中的主角。

**沙叶新**（1939—），著名剧作家，其剧作《假如我是真的》、《大幕已经拉开》等曾引起强烈反响。

虽然我去德国之前对德国知之甚少，可有两则关于德国人的笑话我却记忆甚深。

一则是说，若是在大街上遗失一元钱，英国人绝不惊慌，至多耸耸肩就依然很绅士地往前走去，好像什么事也没发生一样；美国人则很可能唤来警察，报案之后留下电话，然后嚼着口香糖扬长而去；日本人一定很痛恨自己的粗心大意，回到家中反复检讨，决不让自己遗失第二次。唯独德国人与众不同，会立即在遗失地点的一百平方米之内，画上坐标和方格，一格一格地用放大镜去寻找。

还有一则笑话是说，如果啤酒里有一个苍蝇，美国人会马上找律师，法国人会拒不付钱，英国人会幽默几句，而德国人则会用镊子夹出苍蝇，并郑重其事地化验啤酒里是否已经有了细菌。

我本以为在这两则笑话中德国人的严谨认真态度

---

① 选自《向着太阳歌唱》，徐传德主编，商务印书馆2007年版。

和科学求实精神被大大的漫画化了，可我到了德国以后，以我的所见所闻相印证，才觉得这两则笑话中德国人的性格刻画虽然有所夸张，但也并不太失真，而且还很传神。

我这次是作为剧作者随《东京的月亮》剧组到德国去参加演出的。演出的地点是汉堡的塔丽雅剧院，这是汉堡的三大剧院之一。装台期间，我们的灯光设计和德国技师发生过一次小小的“国际冲突”。我们的灯光设计在爬吊杆装吊灯时，用的是从国内带去的人字梯，可德国技师认为不安全，坚持要用德国的有调节平衡装置的人字梯。他们架好了“德国制造”的人字梯后，精细地调节四只梯脚，使之不差分毫地保持在一个水平面上，以保证梯子的绝对垂直和平稳。调试过后，德国技师还不放心，又用手反复摇试，使之无一点晃动。经过这样严格的检验、确信百分之百的平稳后，才允许我们的灯光设计爬上去。其实我们带去的梯子，也十分坚固，使用十多年，爬上爬下数千次，也从未出过问题，而且人字梯并不高，即使有些晃动也不会有危险。可德国技师硬是要用他们的梯子，似乎过于顶真，过于刻板，其实细思之，这其中体现出日耳曼民族的一种极为可贵的精神。

首先是对劳动者极大的尊重和保护。德国不但有条目繁多、内容广泛的《劳动安全法》，而且还有非常细致和独特的《工作场所法》。比如该法规定工作场所的室内高度不得低于2.75米，室内必须有窗可以看见室外（严禁在封闭的工作场所劳作），必须提供每个工作岗位的足够空间（不得在拥挤的环境中工作）等，最令人感动的是它甚至还规定工作场所必须有新鲜清洁的空气，必须有与工作人员的健康相适应的正常温度，否则便是违法，工作人员可以控告业主。连对工作场所中的空气和温度都有严格规定，更何况是梯子呢?

有法就必须严格遵守，这又体现了德国民族的认认真真、一丝不苟的优良作风。中国驻汉堡的副总领事曾对我讲过他刚来汉堡时的一个故事：有一次，他在限速的公路上超速了几秒钟，为的是越过前面德国人开的一辆车去转弯。转弯后，他发现被越过的这辆德国人开的车在他后面紧追不舍，一直追了一个半小时。到了总领事馆下车后，他问这个德国人为何一直跟着他。这个德国人说，我追了你一个半小时就是想问你一句话：你为什么要超速?

世界怕就怕认真二字，德国人就是如此认真。一个认真的民族是最有希望的民族。今年是东西德统一五周年，在这短短的五年里，这两个政治实体并没有因为原有的血型不同而产生“异体排斥”，发生社会动乱。相反原东西德地区的经济都有不同程度的增长，而且原东德地区的经济增长率今年已达到9%，居整个欧洲之冠，这不能不说是奇迹。

这次我去柏林旅游时，花了七马克买了一块巴掌大的柏林墙作为纪念。带回上海后，我拿给朋友们观看。可几乎所有的朋友都问过一个问题：这花了近四十元人民币从德国买来的水泥块，真的是柏林墙上的一块吗？会不会是假的？我感到悲哀。悲哀的是只有我的同胞才会提出这样的问题。我们被自己席卷全国、无孔不入的造假吓坏了。在德国什么东西都可能买到，可要想买假的东西却很难、很难！

假如是一个中国人，他在本文开头讲的两则笑话中会是什么态度呢？其实在原笑话中是有我们中国人的角色的。但为了中国人的面子，我故意隐去了。可是将真事隐去也是一种假，为了打假，我……我就说出来吧！第一则笑话中，是这么挖苦有些中国人的：说咱中国人在大街上遗失一元钱，不会像英国人那样若无其事，不会像美国人那样唤来警察，不会像日本人那样自我反省，也不会像德国人那样认真寻找，而是狠狠地在地上吐口唾沫，然后大骂一句：“哼，谁拾到谁就去买药吃！”于是心理上就平衡了。这种阿Q精神曾被鲁迅先生深刻地批判过，我们周围就有这样的人，不算丑化。在第二则笑话中，对啤酒里出现苍蝇一事，中国人不会像美国人那样去找律师，不会像法国人那样拒不付钱，不会像英国人那样幽默几句，也不会像德国人那样进行化验，而是……而是……而是个别人会将苍蝇从啤酒里捞起，喝它一半，要求赔偿，并且再到第二家啤酒店，将苍蝇偷偷放在啤酒里，继续要求赔偿。这……这……这不是太损我们中国人了吗？可遗憾的是我在前年访问日本时确实听说有的中国就读生将蟑螂故意放在面条里要老板赔偿的事。虽然我也知道这是个别的。

# 欧洲到处静悄悄[①]

◇ 郭建跃　司彦文

车一进巴黎，我们脱口而出的第一感觉是："大气！"巴黎不愧为有着两千多年历史底蕴的国际大都市：令人沉醉的塞纳河，气宇轩昂的埃菲尔铁塔，壮美典雅的凯旋门，还有那名声与内容一样漂亮的巴黎圣母院，以及藏纳世界艺术精品的卢浮宫和欧洲古代皇宫的极品之作——凡尔赛宫等，吸引着全世界各种肤色的人们蜂拥而至。然而，置身于来来往往的巴黎人和游客中间，却有一个突出的感受：不论走到哪里，不论是在多么繁华的地方，巴黎永远是那么的安谧和宁静。

登埃菲尔铁塔参观是要排队的，买票者的队伍似长蛇一般。乘电梯上去，瞭望平台上站满了人。可就是在这样人满为患的地方，你几乎听不到有人说话，大家静静地依次走着看着，听不到吵闹声，更听不到吆喝声。平时在国内听惯了大声喧哗的我们，到这里便显得失落了许多。有话都是小声地说，甚至小到旁人站在身边也听不到什么声音。在卢浮宫也一样。慕名前往卢浮官的人非常多，大家在一件件珍奇的艺术品前静静地欣赏着、品味着，没有什么人说话。我们本来是真想评论几句的，可看看沉默的周围，也只能极短、极轻地简单交流一半句。

其实，又何止是一个巴黎。我们在德国和英国的

① 选自《向着太阳歌唱》，徐传德主编，商务印书馆2007年版。

许多城市，无论是走在街头，还是步入商店，都会发现，每个人都把声音放得很轻，似乎生怕影响别人似的，或者说更怕因为自己弄出太大的声响而显得自己缺乏教养。

在德国的法兰克福，早晨在入住的酒店里吃早餐，快进餐厅了我们还纳闷："怎么冷冷清清的？是过了开饭时间，还是找错了地方？"当我们探头探脑走进去一看——"哇！"里面吃早餐的人坐得满满当当的。偌大的一个餐厅，满满的一屋子进餐者，居然在门口都听不到一点响动。酒店提供的是自助早餐，免不了来回走动，一位老太太不小心碰到了我们桌子跟前的一张椅子，动静并不大，她完全可以一走了事。可她不，她专门停下来向我们报以致歉的微笑，并悄声连说几遍："对不起！"

后来的日子里，不管是在哪个国家，我们都注意到，欧洲人在吃饭时几乎是不说什么话的。即使是年轻人，甚至一对恋人，他们在吃饭时更多的是默默注视着对方，或端详或欣赏，用眼睛交流而罕费口舌。欧洲人的这个特点把我们这些"老外"憋得有话也不能大声说，每天早晨进了餐厅都是悄悄地凑上去轻声地问候同伴。

欧洲到处静悄悄，那是一种良好的民族素质，一种地域的民风体现。

在欧洲，有红绿灯的路口，无论有没有人和车，红灯都是没有人、没有车闯的，即使是深夜也如此。一次，我们半夜才赶到德国的港口城市不来梅，大街上不多的几辆汽车依然是红灯停绿灯行。其实，欧洲人并不仅仅是守规矩，他们在守规矩的同时还有着浓厚的人情味。在没有红绿灯的街口，司机看到我们想过马路，便把快速行驶的车悄悄地停下来，在车里向你摆手，让你先过。路人相逢，只要是近距离目光相对，都会得到一个友好的微笑。如果是早晨在楼梯口或电梯里相遇，尽管相互之间并不认识，对方也会主动打招呼，问你"早上好"。在这样的环境里，你就会不自觉地感到一分暖意、一股春风，这一天都会有个好心情。

回国后许多朋友都问，我们与欧洲相比差距在哪里？要我说，城市建设我们发展很快，局部讲可能还好过他们，但是人的综合素质，特别是在自觉遵守社会道德规范方面，我们还是有差距的。现在，我们国家颁布了《公民道德建设实施纲要》，部队也已颁发实施《军人道德规范》，这是可喜可贺的事情，必将提高我们这个文明古国公民的综合素质。

“人有人格，国有国格，校也有校格”。学校对于学生人格的形成产生着极大的影响，是把孩子们像做罐头似的密封起来，做成一个个散发着“罐头味”的人，还是珍视孩子们的美德和智慧，让他们的灵性在学校自由生长绽放异彩？

欢欣诚实又颖悟的小男孩小女孩，生命的白纸上可以描画最纯美的图画，世界啊，忧虑不安的母亲，怀着对孩子的醇醇爱护和对世界的无限期许，向你交出她可爱的孩子，而你们将还母亲一个怎样的呢？！

第四章

# 我交给你们一个孩子

# 我交给你们一个孩子[1]

◇ 张晓风

小男孩走出大门，返身向四楼阳台上的我招手，说：“再见！”那是好多年前的事了，那个早晨是他开始上小学的第二天。

我其实仍然可以像昨天一样，再陪他一次，但我却狠下心来，看他自己单独去了。他有属于他的一生，是我不能相陪的，母子一场，只能看做一把借来的琴弦，能弹多久，便弹多久，但借来的岁月毕竟是有其归还期限的。

他欢然地走出长巷，很听话地既不跑也不跳，一副循规蹈矩的模样。我一个人怔怔地望着巷子下细细的朝阳而落泪。

想大声地告诉全城市，今天早晨，我交给你们一个小男孩，他还不知恐惧为何物，我却是知道的，我开始恐惧自己有没有交错？

我把他交给马路，我要他遵守规矩沿着人行道而行，但是，匆匆的路人啊，你们能够小心一点吗？不要撞倒我的孩子，我把我的至爱交给了纵横的道路，容许我看见他平平安安地回来。

我不曾搬迁户口，我们不要越区就读，我们让孩子读本区内的国民小学而不是某些私立明星小学，我努

---

① 选自《张晓风经典作品：港台名家名作》，张晓风著，当代世界出版社2004年版。

力去信任自己的教育当局，而且，是以自己的儿女为赌注来信任——但是，学校啊，当我把我的孩子交给你，你保证给他怎样的教育？今天清晨，我交给你一个欢欣诚实又颖悟的小男孩，多年以后，你将还我一个怎样的青年？

他开始识字，开始读书，当然，他也要读报纸、听音乐或看电视、电影，古往今来的撰述者啊，各种方式的知识传递者啊，我的孩子会因你们得到什么呢？你们将饮之以琼浆，灌之以醍醐，还是哺之以糟粕？他会因而变得正直、忠信，还是学会奸滑、诡诈？当我把我的孩子交出来，当他向这世界求知若渴，世界啊，你给他的会是什么呢？

世界啊，今天早晨，我，一个母亲，向你交出她可爱的小男孩，而你们将还我一个怎样的呢？！

# 差不多先生传[①]

◇ 胡适

**胡适**（1891—1962），现代思想家、文学家，著有《五十年来之中国文学》、《胡适文存》、《白话文学史》、《中国章回小说考证》等。

你知道中国最有名的人是谁？

提起此人，人人皆晓，处处闻名。他姓差，名不多，是各省各县各村人氏。你一定见过他，一定听过别人谈起他。差不多先生的名字天天挂在大家的口头，因为他是中国全国人的代表。

差不多先生的相貌和你和我都差不多。他有一双眼睛，但看的不很清楚；有两只耳朵，但听的不很分明；有鼻子和嘴，但他对于气味和口味都不很讲究。他的脑子也不小，但他的记性却不很精明，他的思想也不很细密。

他常常说："凡事只要差不多，就好了。何必太精明呢？"

他小的时候，他妈叫他去买红糖，他买了白糖回来。他妈骂他，他摇摇头说："红糖白糖不是差不多吗？"

他在学堂的时候，先生问他："直隶省的西边是哪一省？"

他说是陕西。先生说，"错了。是山西，不是陕西。"他说："陕西同山西，不是差不多吗？"

后来他在一个钱铺里做伙计；他也会写，也会算，只是总不会精细。十字常常写成千字，千字常常写成十

---

① 选自《百年老课文》，胡继华、马自力主编，北岳文艺出版社2003年版。

字。掌柜的生气了，常常骂他。他只是笑嘻嘻地赔小心道："千字比十字只多一小撇，不是差不多吗？"

有一天，他为了一件要紧的事，要搭火车到上海去。他从从容容地走到火车站，迟了两分钟，火车已开走了。他白瞪着眼，望着远远的火车上的煤烟，摇摇头道："只好明天再走了，今天走同明天走，也还差不多。可是火车公司未免太认真了。八点三十分开，同八点三十二分开，不是差不多吗？"

胡适先生借《差不多先生》这篇传记题材寓言，讽刺了当时中国社会那些处世不认真的人。

他一面说，一面慢慢地走回家，心里总不明白为什么火车不肯等他两分钟。

有一天，他忽然得了急病，赶快叫家人去请东街的汪医生。那家人急急忙忙地跑去，一时寻不着东街的汪大夫，却把西街牛医王大夫请来了。差不多先生病在床上，知道寻错了人；但病急了，身上痛苦，心里焦急，等不得了，心里想道："好在王大夫同汪大夫也差不多，让他试试看罢。"于是这位牛医王大夫走近床前，用医牛的法子给差不多先生治不上一点钟，差不多先生就一命呜呼了。

差不多先生差不多要死的时候，一口气断断续续地说道："活人同死人也差……差……差不多，……凡事只要……差……差……不多……就……好了，……何……何……必……太……太认真呢？"他说完了这句格言，方才绝气了。

他死后，大家都很称赞差不多先生样样事情看得破，想得通；大家都说他一生不肯认真，不肯算账，不肯计较，真是一位有德行的人。于是大家给他取个死后的法号，叫他做圆通大师。

他的名誉越传越远，越久越大。无数无数的人都学他的榜样。于是人人都成了一个差不多先生。——然而中国从此就成为一个懒人国了。

# 假如我是一个孩子[①]

◇ 陈村

**陈村**，(1954—) 当代作家。

假如我是一个孩子，我会渴望游戏甚于渴望一切。我会厌倦没有生命的玩具，喜欢活生生的另一个孩子。我会厌恶校服，要求充足的睡眠，于是有很精彩的梦和梦话。

假如我是一个孩子，我将不知如何去判断价值——书本的价值和报纸的价值，报纸正文的价值和报纸广告的价值，家长对孩子的价值要求和家长自己的价值取向。我会害怕走进教室，因为教室教我过于浪漫或过于迂腐。我会害怕走上街头，因为街头充斥着物欲。

假如我是一个孩子，我将无法估量诚实和虚伪的界限。一位叫巴金的正直老人千叮咛万嘱咐：要说真话。然而孩子也知道，如果有不能不说的话，那就一定不是真话。

假如我是一个孩子，我会在获得性之前就丧失对性的真实的感受。前无古人的诱惑和步步为营的抗击，无所不在的广告和装聋作哑的沉默。沉默啊沉默，不是在沉默中爆发，就是在沉默中灭亡。

假如我是一个孩子，我会将自己的眼睛朝向远方。我无意频频回顾，无意彳亍[②]不前，无意为别人苦自己的脸。假如我是一个孩子，我的心跳不在乎节奏。

假如我是一个孩子，我一定非常不愿意自己是个孩子。

假如我是一个孩子，我一定非常害怕长大。

---

① 选自《陈村亲情美文》，陈村著，广东人民出版社1999年版。

② 彳亍：chī chù，形容小步慢走或时走时停。

# 我是一个任性的孩子[1]

◇ 顾城

我是一个任性的孩子
——我想在大地上画满窗子，
让所有习惯黑暗的眼睛都习惯光明。

也许
我是被妈妈宠坏的孩子
我任性
我希望
每一个时刻
都像彩色蜡笔那样美丽
我希望
能在心爱的白纸上画画
画出笨拙的自由
画下一只永远不会
流泪的眼睛
一片天空
一片属于天空的羽毛和树叶
一个淡绿的夜晚和苹果
我想画下早晨
画下露水
所能看见的微笑

**顾城**（1956—1993），朦胧诗主要代表人物，被誉为当代唯灵浪漫主义诗人，代表作有《黑眼睛》、《白昼的月亮》等。

---

① 选自《顾城诗全集》，顾城著，江苏文艺出版社2010年版。

《我是一个任性的孩子》中体现了顾城的审美理想——追求一个纯净、和谐，没有矛盾，使人心情愉快的另一世界。

画下所有最年轻的
没有痛苦的爱情
她没有见过阴云
她的眼睛是晴空的颜色
她永远看着我
永远，看着
绝不会忽然掉过头去
我想画下遥远的风景
画下清晰的地平线和水波
画下许许多多快乐的小河
画下丘陵——
长满淡淡的茸毛
我让它们挨得很近
让它们相爱
让每一个默许

每一阵静静的春天激动
都成为一朵小花的生日
我还想画下未来
我没见过她，也不可能
但知道她很美
我画下她秋天的风衣
画下那些燃烧的烛火和枫叶
画下许多因为爱她
而熄灭的心
画下婚礼
画下一个个早早醒来的节日——
上面贴着玻璃糖纸
和北方童话的插图
我是一个任性的孩子
我想涂去一切不幸
我想在大地上
画满窗子
让所有习惯黑暗的眼睛
都习惯光明
我想画下风
画下一架比一架更高大的山岭
画下东方民族的渴望
画下大海——
无边无际愉快的声音
最后，在纸角上
我还想画下自己
画下一只树熊
他坐在维多利亚深色的丛林里
坐在安安静静的树枝上
发愣

他没有家
没有一颗留在远处的心
他只有，许许多多
浆果一样的梦
和很大很大的眼睛
我在希望
在想
但不知为什么
我没有领到蜡笔
没有得到一个彩色的时刻
我只有我
我的手指和创痛
只有撕碎那一张张
心爱的白纸
让它们去寻找蝴蝶
让它们从今天消失
我是一个孩子
一个被幻想妈妈宠坏的孩子
我任性

# 智慧和童心[①]

◇ 周国平

**周国平**（1945—），当代著名哲学家、学者、作家。著有学术专著《尼采与形而上学》，散文集《安静》、《各自朝圣的路》，纪实作品《宝贝，宝贝》、《偶尔远行》等。

我们可以从书本和课堂上学到知识，可是，无论谁都无法向我们传授智慧。智慧是一种整体的东西，不可能把它分解成若干定理，一条一条地讲解和掌握。不过，智慧也不是什么高不可攀的东西。其实，人人都有慧根，我们所要做的只是保护和发展它，不让它枯萎罢了。

说起来你们也许不信，一般来说，孩子往往比大人更智慧。真的，孩子都有些苏格拉底式的气质呢，他们感觉到自己处在一个新鲜的未知的世界之中，因而对一切都充满着好奇，从来不强不知为知。可惜的是，孩子时期的这种天然的慧心是很容易丧失的。待到长大了，有了一技之长，掌握了某一方面的知识，人就容易被成见所囿并且自以为是，仿佛世界上再也没有什么新鲜事了。实际上，许多大人只是麻木得不再能够憧憬世界的无限和发现世界的新奇而已。

有时候，我们也把从整体上洞察和把握事物真相的直觉看做智慧的一种表现。在这方面，孩子同样比大人占据着优势。你们一定听过安徒生讲的皇帝的新衣的故事。两个骗子给皇帝做新衣，他们说，这件衣服是用最美丽的布料做的，不过只有聪明人能看见，蠢人却看

① 选自《画说哲学·精神的故乡》，周国平著，广东教育出版社2003年版。

不见。事实上，他们什么布料也没有用，只是假装在缝制罢了。皇帝穿着这件所谓的新衣游行，其实他光着身子，什么也没有穿。然而，皇帝本人，前呼后拥的大臣们，围观的老百姓，因为害怕别人说自己愚蠢，都使劲地赞美这件新衣多么美丽。最后，有一个人喊了起来："可是他什么也没有穿呀！"谁喊的？正是一个孩子。所有的大人明明看见皇帝光着身子，但他们都这么想：第一，既然别人都在赞美这件新衣，就说明皇帝确实穿着一件美丽的新衣，只是我看不见罢了。第二，我看不见说明我比别人都蠢，千万不可让别人知道了笑话我，我一定要跟着别人一起赞美。他们都宁肯相信多数人的意见，不愿相信自己亲眼所见的事实。孩子却不同，他没有虚荣心的顾忌，也不盲从别人的意见，一眼就看到了真相。

儿童的可贵在于单纯，因为单纯而不以无知为耻，因为单纯而又无所忌讳，这两点正是智慧的重要特征。相反，偏见和利欲是智慧的大敌。偏见使人满足于一知半解，在自满自足中过日子，看不到自己的无知。利欲使人顾虑重重，盲从社会上流行的意见，看不到事物的真相。这正是许多大人的可悲之处。不过，一个人如果能保持住一颗童心，同时善于思考，就能避免这种可悲的结局，在成长过程中把单纯的慧心转变为一种成熟的智慧。由此可见，智慧与童心有着密切的联系，它实际上是一种达于成熟因而不会轻易失去的童心。《圣经》里说："你们如果不回转，变成小孩子的样子，就一定不得进天国。"帕斯卡尔说："智慧把我们带回到童年。"孟子也说："大人先生者不失赤子之心。"说的都是这个意思。那么，我衷心祝愿你们在逐渐成熟的同时不要失去童心，从而能够以智慧的方式度过变幻莫测的人生。

# 特别的女生萨哈拉[①](节选)

◇ 爱斯米·科德尔

**爱斯米·科德尔**，美国小说家，她的第一部作品《新老师的新日记》一经出版就获得了2003年“美国最佳青少年读物奖”。

## 第五章 她

她进来了，我们的新老师。

我眨眼睛了，而且不只一次。她的头发是古铜色的，就像幸运钱币的颜色。可是当光线从某一个角度照过来的时候，她的头发又像是绿色的，就像用树叶的汁水染过的一样。她用一只蜻蜓发夹把头发拢在后面，但是看起来还是有点怪。她显得很苍白，我判断不出来她是像我一样的白人或是肤色微黄的亚洲人，还是肤色比较浅的黑人。不怪我，如果你看到一个涂着茄子紫口红的女人，你也分辨不出来。她涂了眼影，而且画了很重的眼线，看起来就像一只猫。她穿着一条黄色的裙子，不过好像是用餐巾纸做的一样，样式也老土得像我姥姥那个年代的。可能是由于太瘦，衣服松松垮垮地挂在她身上，我都看得见她的胸罩带子，也是紫色的。她根本不像个老师，倒像个成天晃悠在街上的问题少女，当然，她比少女要显得大一些。

她抱了一大捧的鲜花，进来后就打开讲桌的抽屉拿出一把剪刀，从不同的角度修剪手里的花。然后又从身后的柜子里拿出了一只花瓶，开始把手里的花插到里

---

① 选自《特别的女生萨哈拉》，(美)爱斯米·科德尔著，海绵译，陕西师范大学出版社2005年版。

这本书讲的是一个特立独行的老师，用她特有的方式打开封闭很久的童心，师生之间的故事耐人寻味。平实的文字告诉我们：孩子的成长需要大人用心的理解和支持，只有心灵丰富的人才能体会世界的美好，让我们都来丰富孩子的心灵吧。

面。所有的学生都盯着她，看她上下左右地忙活。想象着一屋子的小脑袋动来动去，一定很有趣。

“去过农贸市场吗？”说话的时候她谁也没看，只看着她手里的花，不过这的确是个问题，不过显然她并不在意答案在哪儿。“那里卖的花和你在花店里看到的不一样，完全不一样。想想，你在大商店里哪儿买得到这么漂亮的东西。”她转了个身，又神奇地变出一把喷壶，“帮个忙！”她把喷壶交给前面的一个女孩，“帮我灌满水，好吗？”我们几乎跳起来，这是她进来后第一次注意到这个教室里还有人，我们甚至都忘了这是在哪儿了！

那个被选中的女孩乐颠颠地跑出去完成任务。她就在前面的墙上比划着量尺寸，然后她竟然拿出一把锤子，开始在墙上“梆，梆，梆”地钉起钉子来。钉好了，她挂了一个类似格言牌的东西。我眯起眼睛，勉勉强强地看到上面用奇怪的字体写着：

弗卢姆女士学校赋予老师的义务

她调整了一下牌子的平衡，直到她认为已经非常满意了，才用手捂着胸口喘了一口气，好像完成了一件特了不起的事。然后她拿过一盏台灯，台灯的底座上有六颗珠子，就像一朵盛开的郁金香，每一颗珠子都会动，彼此撞击的时候还会发出好听的声音。她从衣服的不知道哪里一拽又弄出一条手帕，就开始擦这六颗“花瓣”，直到最后灯亮了，六颗珠子闪闪发光。她冲着这朵亮亮的花微笑着，而我们则对着她微笑。

一个男生举起了手。

新老师看了看墙上的表，离九点还有五分钟，然后她又看了看那个举手的男孩子。

“你要去上厕所？”

“不是。”

“那就把你的手放下。”她说得又快又坚决，也许就是碧丝教过的那个什么“一锤定音”吧！于是那个男孩遵命了。

她举起小台灯，关了又开，开了又关，好像在做测试。“制造光明是件很重要的事，”她说道，还是没看我们，“如果光明都没有了，我们就只剩下伤心了！”

女孩灌完水回来了。老师把水倒进花瓶，把花瓶推到课桌前面尽量靠近我们的地方。她还特意摸了摸脖子上的珍珠项链，好像怕它会飞走一样。确认项链还算老实，她终于坐下来了，用手支着下巴，开始一个一个地打量我们，就像牙医在认真地检查你嘴里的每一颗牙齿。

上课铃响了。

她叹了口气，站起身绕到讲桌前面用背轻轻靠着它，双手抱在胸前。她好像是要冲我们微笑，但是笑容走到一半又缩回去了。“哼，”她说，“又是一年！”

“我是波迪尔女士！你们也可以叫我帕萨伊小姐，当然这是个法语词，不太好发音。好了，你们认识我了！”她夸张地笑了一下，虽然这才是开学的第一天。我可从来没见过哪个老师会在开学第一天和学生这么个笑法。“学生大都叫我波迪小姐，”很显然这个自我介绍还没完，“当然，有的学生只叫我老师！”

“他妈的什么？”德里开始出手了。

“他妈的老师！”波迪女士连眼睛都没眨地就回应了德里的“问题”。

“看来现在讲讲我们的规矩正好，你们觉得什么规矩比较好啊？”

孩子们开始乱叫起来。不许说话，不许推搡，不许吃口香糖，不许拿别人的东西，不许骂人，不许不做家庭作业，不许拽别人的头发，不许踢别人的凳子，不许抄别人的作业，不许起外号……

波迪小姐皱了皱眉头，问道：“有没有不以‘不许’开头的规矩啊？你们就从来没听过以‘一定要’开头的规矩吗？”她开始在黑板上写：

一定要看

一定要听

一定要推己及人

“什么叫推己及人？”

“就是考虑别人的事像考虑自己的事一样。如果你不喜欢被别人推，不喜欢自己的东西被别人拿走，不喜欢别人拽你的头发，你自己就别对身边的人这么做，否则你怎么样对待别人，别人也就会怎么样对待你！这是一个基本的道理。还有你们要努力，更努力，比以往任何时候都要努力。如果你想要加分或是受惩罚，都可以，我都会全力配合，帮你完成心愿！”

“你会打我们的屁股吗？”拉菲尔问。

“你以后会知道的，我的小牛仔！”波迪小姐说话的时候鼻子动得很厉害。

然后她开始在黑板上写我们的日程安排表：

9：10—10：40　猜灯谜、时间旅行、世界探索、疯狂科学

10：40—11：30　故事分享

午饭之后大家一起大声地读，读完再读

一个人读完一组人读

最后语言艺术课

这是什么？大家你看我我看你，希望能从别人的眼睛里找到点什么，可是我们什么也没找到，也没人敢问。我们都太害羞了，除了德里。我们都盼着德里来一句，帮大家解除疑问。

波迪小姐开始发给每人一个黑白条纹的本子，边发边说：“记住啊，你们每人都欠我两块钱！”

“我没钱！”一个男生说。

“你现在也许没有，但是总有一天你会有的，到时候别忘了还给我！”

她继续发本子，发到我这里的时候，我冲波迪小姐微微一笑。得到点新的东西总让我感到格外开心。

“这是你们的日记本，”她解释道，“以后你们每天要写一篇日记，每篇都要标好日期，你可以以‘亲爱的日记本’或是‘亲爱的日志本’开头，当然也可以

有你们自己的不一样的开头。我会看你们写的日记，然后写评语在上面，除非你在本子上写了这样的标记——”她在黑板上画了一个圆圈，里面有个字母P，还有一个斜画线。

“这个就意味着，‘我写的东西和你无关，这只是我和我的日记本之间的谈话’，这样的话我就会为你写的内容保密，不告诉任何人！”很认真的保证。

“甚至不告诉那些特别辅导员？”德里又发问，其实我也想知道答案。

“我不喜欢官僚作风，”她告诉德里，“但是我不介意吹毛求疵！”

“什么是官僚作风？”德里好像很好奇。

“只会写东西打小报告的行为！”波迪小姐解释道。

“就像萨琪亚！”一个女孩喊道。

“我还不知道萨琪亚是不是爱打小报告，”波迪小姐说，“但是我现在知道你是！”那个女孩的脸一下子就红了，波迪小姐眨了眨眼睛，表示原谅了她的“告密”。

“她被打屁股了！！！”拉菲尔吼叫道，我们笑得更凶了。

“那什么是吹毛求疵？”有同学问道。

“有一些人是透过一面沾满泥巴的玻璃看世界的，所以他看到的世界永远是不干净的，不真实的。好在，泥巴是很容易洗掉的！‘上帝创造了泥巴，但是泥巴不会打你的下巴！’这是我弟弟每次吃泥巴前最爱说的一句话。”

我们都忍不住笑了起来。我们老师的弟弟竟然吃泥巴！她还自称借给我们每人两块钱！还要教我们如何穿过时光隧道，教我们怎么猜字谜！真是难以相信，我不知道她是在说大话，还是在逗我们。

“好了，现在靠着墙排好队，我来给你们安排座位，不许乱，快点，快。现在就动，你，站这儿，你站那儿，不是这儿！”我很高兴，因为我还是被安排到了最后一排。

一班的人乱哄哄了一大阵子，刚刚坐好，波迪小姐又要做一下小小的调整。“你，”她指着我。

“谁？我？”

“和她换位子！”她指着瑞秋所坐的第二排的位子。

什么？到第二排？波迪小姐怎么看出，我其实，在躲？“还有你，”她指着德里，“也坐到前排来！”

“我为什么要坐那里？”

“为了我能更好地盯住你，亲爱的。”波迪小姐慢慢地说。

哐当！德里很不耐烦地站了起来，好像身上拴了几千斤的重担似的，然后他慢慢悠悠地往前走。到了波迪小姐指定的位子上他就使劲地把书包往桌上一摔，好像他不是为了放书包，而是要把桌子砸扁。

“悲剧人物啊！”波迪小姐吸了吸鼻子，“你的步子太慢了，看来先要解决你的步速问题！”

“什么是悲剧人物？”坦尼亚问。

“是演员所演的角色的一种！”

“我不是演员！”德里像火山爆发一样凶，“我是德里·赛克斯，你以后最好小心看着点你的后脑勺，老师！”我们都呆住了。一个男生弄出点声响，立刻被同伴推了一下。波迪小姐扬扬眉毛，又抓抓眉毛。

“我怎么才能看见我的后脑勺？我后背上又没长眼睛。”她好像在非常认真地对待德里发出的警告，还特意转过头看了一眼她的后背，试试是不是真的可以看见自己的后脑勺。“怎么办？我没办法一边看着我的后脑勺一边上课，真的做不到！”她还挺伤心地叹了口气，并且在日记本上写着什么。她嘴里念叨着：“任务……后脑勺……看好……见识……德里？德里·赛克斯，对吧？你愿意帮我看着我的后脑勺吗？你如果能帮我分担这项难事的话就太好了，怎么样？帮我看着后脑勺，是你新学期得到的第一项任务！”

德里蒙了。我们也蒙了。不过我们都在笑，德里却没有。

“回答‘是的’总是会让你的生活变得好点，”波迪小姐说，“别跟你的老师捣乱，我一天的快乐都靠你们给呢！你们是我的帮手，知道吗？现在我就有一件事需要你们中的一个人帮忙。有人愿意放学后留下来帮我打扫打扫教室吗？谁的家离得不是很远不用坐公车上学的？这是一项持续性的工作，可能要做一个学期，所以最好有个离学校近的同学来当志愿者，这样我会放心些。如果你愿意，我会打电话征得你父母的同意的！嗯……你叫什么名字？”

“瑞秋！”

天，我是走着回家的，我家离学校很近，我想举手，我想报名，可就在我想的过程中她已经安排了一个又一个任务给一个又一个同学，有专门负责收作业的，专门负责点名的，专门负责卫生的，一个又一个。也许她还需要别的帮助，也许我跟她说，她会同意我和瑞秋放学后一起擦黑板。但是我没举手，始终都没举手，就好像我根本不会举手，或者是干脆没长手一样。我的手腕就像是断了，我就是没有力气把手举起来。

“今天到了午饭时间你们就可以离开了，剩下的时间不过是发发课本！”波迪小姐好像是告诉了我们一个值得高兴的小秘密，她的确很高兴。“你们有谁曾经躲在毯子底下，打着手电筒看课本的？”

我们这个看那个，那个看这个，都摇头。

“有谁曾向朋友推荐过课本？而且说‘这个棒极了，你一定要看一看’之类的话？”

“没有？”

“有谁为课本中讲述的故事结局哭过？”

我们都笑了，当然没有。

“啊哈，”波迪小姐说，“这么说课本不过是一堆印刷得挺漂亮的废纸！那好，我会找点别的东西来上课，至少大部分时间是的。我现在就把这些东西发下去。我下旨……”

“什么是下旨？”

“就是命令！你们坚持每天写日记，终有一天你们会在上面写你们的人生。”

“无——聊！”有人说。

波迪小姐突然拉下脸，生气地问：“谁说的？”没人回答。“在我的课堂，无聊就是一个骂人的词。我不想听到这个词，永远。”她拿起一本课本把它狠狠地摔在讲桌上，我们都被“砰”的一声吓了一跳。“如果这个词从你们的嘴里说出来，我就要带你们去看医生！他会在你的半边屁股上打一针，治治你的‘无聊症’，你们可以试试，看看我是不是开玩笑！都明白了？还有谁不明白吗？”她的声音很低，听起来生气极了，好像等不到把我们带到医院就已经想在我们的屁股上打上几针。

她绕着讲桌走了整整一圈，做了三次深呼吸。“就像我刚才说的，你要写你们的生活。如果你的生活恰好很无聊的话，你最好学会让你的生活有趣起来，因为我不读无聊的东西！”

“为什么不读？”拉菲尔很胆大。

“为什么？因为读无聊的东西会很……无聊！”波迪小姐的情绪好像又突然好起来了，就像刚刚突然生气一样没什么预兆。“好了，我已经介绍完我自己了。我的第一任丈夫曾经是个大兵，我白天教课晚上推销百科全书，挣外快！呵呵，现在，我要你们也告诉我你们的一切。”

大家都盯着她。

“别浪费时间了，就从今天开始，现在开始，好了开始写！”

所以大家都开始动笔，没有动笔的，也在找笔找纸准备动手写日记。很快所有的同学都有事做了，有的在飞快地写，有的在咬手里的铅笔，有的皱着眉头抬头看着天花板仿佛在苦想！所有人都在忙，除了我，我挨个地看他们，想象他们会写什么在日记上。瑞秋的：

> 我不明白您为什么让我坐在后面，您看见了
> 我戴眼镜，可是我现在戴眼镜都看不太清您在黑
> 板上写的东西，我没有新眼镜，因为我妈妈还没
> 给我买。所以求您给我换个座位，求您了！
> 爱你可爱的帮手瑞秋

德里的：

> 我才不会给你看着你的后脑勺呢！你自己看
> 着去吧！还有，你又蠢又丑，而且还非常非常的
> 无聊，无聊，无聊，无聊。

还有别人的：

> 我想放假。
> ……
> 我的大姐三个月后就要生小宝宝了。
> ……

我过生日想得到一个游戏机。

……

我想养宠物，可是我住的公寓里不让

养宠物，连猫咪都不行。

……

我都是和奶奶在阿拉巴马过夏天的。

……

我喜欢和男孩子玩，尽管他们有时特别幼稚。

……

我快憋死了，我要去上厕所，您别骂我好吗？

……

对不起，老师，我不太会说英语。

我拼命地想我要写什么。我想说我很沮丧，但是我意识到我不能说。我想说我让妈妈难受很抱歉，但我又意识到这个连妈妈都不能告诉，更别提老师了。我想告诉波迪小姐我读书很棒，嗅觉很棒，视力很棒，脑瓜很棒，记忆力很棒，听力很棒，但是我做所有的事都很棒又怎么样？这些不是学校关心的问题，不是吗？这些不是任何习题的答案。所以这些不过是我一个人的秘密而已，我把它们锁在我脑子里的一个大箱子里，我想要的时候才拿出来，只不过，我有的时候会把箱子的钥匙丢了。

我想告诉老师从第二排看出去，世界好像都不太一样了。我喜欢桌上的花和台灯，我甚至希望即使我没举手她也知道我想当她的小帮手。我希望她也能拿个倒个儿的鱼缸，在里面看到我，看到我真实的样子。

下课铃声响了，我的日记本上一片空白，一个字也没有。

“把你们的日记本传上来！”波迪小姐指挥着。孩子们开始转过头收后面同学的本子，再把自己的也放上，交给前面的同学往前传。我觉得全身僵硬，拿起笔，只写了四个字：

我是作家。

于是我的本子也跟着一堆七歪八扭的日记一起走到了波迪小姐手里。我脸又红又热，我觉得自己像个大傻瓜，波迪小姐看到我的日记上的字的时候肯定也是这么觉得的。她按照她说的，在日记本上做了评语。

我是作家。

我相信！

## 第九章 波迪小姐，请进

这时，我听见门铃响了。我听见妈妈说："谁啊？"

"波迪尔。"门外的声音说，"波迪小姐！"

"波迪小姐？"妈妈的声音透出了掩盖不住的惊讶。我听见了开门声。我把自己尽量藏在身上那块小毯子下，闭上眼睛装着已经睡着。我没办法在偷了露兹的贴纸后再面对波迪小姐，虽然她不知道谁偷了露兹的贴纸，甚至不知道露兹的贴纸被我抠下来过，可是我知道，我不能看她的眼睛。于是我装睡。

"萨哈拉！"妈妈很快地就推门进来，我尽最大努力呼吸得像睡得很熟了。妈妈迅速地止了声，她以为我睡着了，于是她出去又到门厅那里了。

"琼斯女士？"我听见波迪小姐在门口说，"萨哈拉在吗？我把她的家庭作业带来了。"

"哦，你太好了！"妈妈说，"虽然她根本就没做作业，对吧？"

"做不做都是她的作业本！"

"对，您说得对！"妈妈说，"她和瑞秋已经睡着了，你进来吧，着急去别的地方吗？"我猜妈妈一定已经注意到了波迪小姐宽大的袍子。波迪小姐肯定又是穿着她的那些奇怪的衣服，像往常一样。还有她的奇怪的头花，也许穿了长到脚踝的豹皮纹风衣。我睁开了眼睛，但是看不到。

"我刚刚办完别的事！"波迪小姐说。

"我以为你从学校来。"

"我是从学校来！"

"哦！"我听见妈妈好像不太明白。

"很抱歉，有点唐突，我只是想把这个给您，也许打扰到您了……"

"没有，我正愁着无聊死了，屋里是三个病人，我一天什么都没干，光忙着照顾他们了。"妈妈一定不知道波迪关于"无聊"的言论，我偷偷地笑。

“进来吧，我这里正好有烘好的蛋糕！”妈妈说。

妈妈也许是热情地将波迪小姐搀进来的，妈妈喜欢这样。我听见门关上了，听见了两个人的脚步声音延伸到厨房，好在我的房间离厨房并不远。我又听见水壶放在炉灶上的声音，甚至她们坐在椅子上发出的撞击声，还有妈妈一定是拿出了烟，当然这个我听不出来，但是妈妈说：“抽烟吗？”

“不，谢谢！”

“戒烟了？”

“不，我从来不戒什么东西，”波迪小姐说，“我只是完成了这件事！所以这件事结束了！”

“我真希望我的烟瘾也能结束了！”妈妈说。

“结束你想开始的！”波迪小姐说。真的是不错的格言，可是，如果当老师的把所有人都当成学生来教育，她还会有朋友吗？妈妈只是笑。

“你可真是老师！”她说，“怎么样，萨哈拉还是老样子吧？”

“您什么意思？”

“我是说和她以往的记录一样。你看了她以前的记录了吧？”

“没有，”波迪小姐说，“我痛恨记录这个东西，我也从来不看，除非到了学期结束。那会很有趣，你会让别人看到记录里的东西是多么的荒谬！”妈妈一定惊异地看着波迪，至少会看一眼。波迪接着说：“如果有个孩子不老实，反应慢，不会看书，慢慢地我会看出来，我有眼睛，足够了，所以我不需要记录。”

“看看记录不是能省很多时间吗？”妈妈说。

“要是记录都是错的，就不那么省时间了！”

水壶上的鸣笛响了。“你是说你根本没有看萨哈拉的记录？”妈妈边倒水边说。

“没有，我只看到了萨哈拉本人！”

“那你从她身上看到什么了？”我知道妈妈现在肯定是屏住了呼吸，因为我也是。

“她将是一名作家！”波迪小姐说。我感到我整个人开始发胀，就好像被打气的气球。

“是吗？”妈妈终于恢复了正常的呼吸，“还有呢？”

“对不起，”波迪小姐说，“目前为止，她就跟我说这么多，她有很多的事情不愿意说出来！”

“她给您写什么了？”

“没，几乎什么都没写！”波迪小姐回答得轻松极了，“茶真不错！”

“那你干吗说她是个作家？”

“我没说她是个作家，我说她将是个作家。作家要写东西。她一旦开始写了，她就离作家不远了！”波迪小姐解释。

“哦，是吗？”妈妈不屑地一笑，仿佛波迪小姐不过把我当成了一个笑话，“这么说，要是她开始研究火箭，她就离火箭专家不远了？”

“也许，”波迪小姐好像很同意，我听得出来她嘴里塞满了蛋糕。“但是我不希望她当火箭专家，我希望她成为一名作家，像她希望的那样。”

“那我要怎么做才不至于浪费了这个天才？”

“给她讲故事，虽然她已经大了。还要在房子的每一个地方都放上笔和纸。给她许多许多书让她读，也许你已经在这么做了。”

“你真的是没看萨哈拉的记录，我看得出来。”我听到了妈妈声音中的一种放松，和史丁校长讲话时妈妈的声音从来都是紧紧的。

“您不知道她的成绩很差，学习对她来说好像很困难！”

“这也不错，”她的嘴里好像又塞进一块蛋糕，“艺术家总是成绩很糟。她在学校写日记，您知道吗？”

“她写日记？”妈妈很惊讶，“我能看看吗？”

“我借了她两美元买了这个日记本。她欠我两块钱。”波迪小姐突然说道，“你想为她付？”

“现在？”

“现在，怎么了？”

我想象着妈妈现在脸上的表情，她从钱包里拿出了钱。

“我能看了吗？”

“抱歉，她的债已经还了，现在这个本子已经完全属于她了，所以能不能看你得问她！”波迪小姐说。

“我也给她买过一个日记本。”妈妈开始放低了声音，仿佛在说一件很久远的事情，“她把日记本藏在房间的地毯底下。我偷着看过，但是里面什么都没有，只有一些纸页被撕掉了！”

妈妈，你怎么可以！！！

“呵呵，她也许知道你偷看过。别不好意思，我也喜欢偷看别人的东西。”波迪小姐好像在承认她打碎了别人的杯子。我也是，我想着露兹的本子。“但是不管怎么说，她是不会撕掉白纸的，她肯定是在上面写了什么，但是又不想让你看，所以才撕掉的！”

“对，比如写给她爸爸的信！”妈妈说，我感觉像被别人又打了一棒子。

“对，当然也可能是故事，或是别的什么！”

“其实她很爱看书，几乎时时刻刻都在读书，当然只是在家里，”妈妈完全放松下来了，“甚至她都不那么愿意出去玩，宁肯在屋里看书，看书对她来说比什么都重要，比什么都有意思。”不是的，你怎么知道我读书了？你怎么知道我宁愿读书也不愿意和朋友玩？“她的词汇量大极了，跟女王对话都不成问题！”

“我相信，我完全相信！琼斯女士！”波迪小姐的语气让人不能不相信。

两人都啜了口茶。“你会要她留级吗？”妈妈最后开口。

“我从来不让任何一个孩子留级！”波迪小姐兴奋地说，“除非她主动要求，或者她乐意。”

“也许应该怪我。”妈妈平静地说。我咬着嘴唇，听到妈妈的声音颤抖了起来，她激动得要哭的时候总是这样。

“她是个好孩子，只是有点叛逆。有时候她会半夜跑到我的房间来。你说她这么大的孩子正常吗？”

天，妈妈，你不用什么事情都告诉老师吧！

妈妈当然听不见我心里的这句话，所以她接着说：“我不得不把她成天关在房子里。你知道这个城市有多糟糕，我没办法，如果我能给她一个大点的房子，好点的环境，也许她的性格不会是这样，如果我不和她爸爸离……”

“对不起，”波迪小姐打断了妈妈的话，“也许我这么说，会很直白，但是这是实话，你已经做了你力所能及的事情。凭你目前的状况，你已经给了萨哈拉最好的，没有一点必要去自责。这一点可以写进你的人生记录，如果你想的话。好妈妈，会泡好茶，会做好蛋糕，很了解女儿。”

妈妈笑了，可是听起来更像是哭，因为她几乎是在抽泣，“我知道为什么孩子们喜欢你了！”

“好话只会让我找不着北！”波迪小姐开心地大笑，“替我跟萨哈拉说，我希望她早点好起来，瑞秋也是！”

波迪小姐走后，我听见妈妈把我的作业本放在了饭桌上，然后回到了厨房里。屋里很快就恢复到了波迪小姐来之前的状态，不同的是，我听见妈妈开始跟着广播哼唱起好久没有哼唱的歌。

我想真的睡一觉，因为我觉得累了，关键是我觉得难过。如果别人都不希望你留级，你却非要让自己做出一副失败的样子，是不是很可耻？我不想这么让妈妈难受，也不想让波迪小姐失望。我爬了起来，在我的一堆本子中找到了我的日记本，开始写那天波迪小姐留的题目，就是我偷露兹贴纸那天的题目：描写一下你住所周围的环境。

### 我住的地方

我住在城市里，所以总是想住在郊区或是乡下该是什么样子。我想住在有自己家院子的房子里，然后你就可以有一辆自己的自行车。这样你一个人出去的时候，妈妈就不用站在公寓的窗口一直地看着你，担心你再也回不来了。我想如果要是我住的地方没有这么吵该有多好。楼下的马丁兹先生每次半夜回来都要庆祝一下，他庆祝的方式就是大声地放他的古巴音乐，我不认为那是音乐，因为我只听到一堆鼓啊，锣啊，在里面敲啊响啊，唱着一些我根本听不懂的歌词。我觉得他的音乐像是一个魁梧的女人，比他妻子还魁梧的女人，他妻子长的很小，整天坐在沙发上抱着个酒瓶子，什么事也不做，就等着丈夫回来，然后放出这种恐怖的音乐。

每次我得等着他们都回到公寓了，才能好好地入睡。妈妈也一样，有的时候我到她的房间里去，她总是不让我和她一起睡，她说她的床太小了。她说你想象着一幅非常漂亮的画，这幅画会给你一个好梦的，你不会害怕，也不会需要她。

所以我就回到我的房间，听着罗森小姐家的动静，她家住楼上。她走路永远都是不抬脚的，拖鞋就这么“趿拉趿拉”的拖着地面，然后就是“哐”的一声，那肯定是她的手杖，然后她进了厨房，凳子砰的就撞到墙上了，地上铺的油纸也开始沙沙的响，她半夜到厨房里干吗？做饭？应该不会。罗森小姐其实是个很好的人，她每次在街上看到我都会冲我微笑，有的时候还从包里拿出一点好吃的给我。有一次，她递给我一块巧克力，我看到了她的手。她手上的皱纹比地图上的线还多。天，这就是人老了要变成的样子吗？那样的手！那样的皱纹！我看电视的时候，特别害怕自己老了，因为上面的人总是嘲笑老人。我想象着老罗森太太半夜在厨房里数着她手上的皱纹，她是在等谁吗？

我想着如果住在乡下，你窗外的景色一定是乡间小路，现在我从窗口往外看，看到的还是窗户，更多的窗户。我很少出去玩，因为在水泥里我没办法游泳。我讨厌蝉的叫声，但是罗森太太说，生命就是和你周围的人相处。所以，我也许应该试着跟蝉友好相处。

我看见瑞秋倚在枕头上盯着我，眼睛都不眨一下，我也盯着她，也不眨眼睛，她示意我要看我写的东西，我给她看了。我看见她的眼睛迅速地移动，左，右，她很快读完了。我看见她的眼睛里已经没有了第一次我们在厨房里说起理想时的怀疑，她的眼睛完全透明了，可以看见底的透明了，我知道，又有一个人相信我“将成为一名作家”！

# 美国教育：没有基准的优异[①]

◇ 薛涌

**薛涌**，留美学者，耶鲁大学历史系博士候选人、波士顿萨福克大学历史系助理教授。著有《直话直说的政治》、《右翼帝国的生成》。

美国的教育，可谓世界之一大怪。如果你只看一流大学，看学术界的表现、拿诺贝尔奖的数量，美国的教育无疑是世界第一。但若看基础教育，看那些不会读不会写而只知道打篮球的高中生，你又觉得美国的教育至少在发达国家中是最糟的。美国财大气粗，可以从世界广揽人才，维持其高等教育的水平。但是，即使在哈佛、耶鲁这类名校，大部分学生和教授还是美国人，说明其基础教育还是在大量培养人才，其高等教育并非仅靠金钱和外国的精英来维持。金钱重要，但并不能解释一切。美国的文化观念与教育哲学，也许是造成教育上两极分化的更为根本的原因。

美国有民主社会带来的诸多好处，但也有许多“民主病”，这一病症很容易就“传染”到教育上来。简而言之，在专制社会，各种权威对百姓动辄训斥。一句话：权力归政府，责任在黎民。

美国则不然，选民是上帝，政治家把老百姓奉为衣食父母，哪里敢对之说一句不中听的话。每次总统竞选，挑战现任总统的人不管来自哪个党，说的话都是一个模式：我们是美国，所以应生活得比现在更好；现在之所以有种种问题，全是因为这个现任总统把事情搞坏

---

① 选自《直话直说的政治》，薛涌著，广西师范大学出版社2004年版。

了。美国的政治话语可以归结为一句话：你有问题不怪你自己。我们美国的问题，并不是我们美国人造成的，而是别人的原因。主权在民，责任却不在民。

此一民主政治文化的核心，是不承认上面的权威。老百姓听惯了奉承，听不得批评，更不用说教训了。但是，教育没有权威却不行。最近发生在美国一地方高中的事情，就很能说明问题。该学校的一位女教师，发现她高二班上的二十几名学生的学期报告，全是一模一样地从一个网站抄袭而来。老师照章办事，给了这些学生不及格。不想惹怒了家长，事情告到校董事会那里，最后校方当众宣布老师的打分无效。这位可怜的老师觉得自己丧失了一个教师的基本权威，无颜回教室上课，只好辞职。家长的理由是：我们的孩子不懂什么是抄袭，不该受此惩罚。那位教师反唇相讥：高二还不懂为什么不能在作业和考试中抄袭，你还有资格上高二吗？但是在这件事情上，不管老师多么有理，她肯定是要输的。美国高中的经费是老百姓纳税提供的，谁敢说纳税人一句不是？这些"衣食父母"会说：难道我们纳税办教育，就是花钱让你给我的孩子一个不及格吗？他们带着这样的成绩，怎么申请大学？

不仅中学如此。许多质量平平的大学中，学生的学期报告或论文也常常是网上下载而来。这些学生说不得，惹不起，教授最好是给他们一个好成绩买个清静。精英大学虽然有所谓分数膨胀，学生却认真得多。但是在对待学生时，也要十分小心。笔者在耶鲁当助教已有几年，有一次判学生的期中考试，近一半的学生都拿了90分以上，标准不能说太高。可有一位实在不像话，我怎么高抬贵手，也只能给他62分。在他卷子后面的批语中，我这样写道："你似乎并不理解你所讨论的问题，你需要稍微用功一些。"不想教授看后立即把我叫到办公室中，说我的批语完全无法让人接受。他告诫我这个外国人："这是美国，这种批语是在侮辱学生。你可以说他哪里错了，你的打分也无可非议，但你不能说人家不懂，不用功。"对于计划在美国谋教职的笔者而言，这番教导无疑是可贵的一课。但事后一想：我判了36份考卷，只给这么一个学生写了这样的批语。他表现如此之差，谁都知道这不是智力的问题，而是态度的问题，难道作为老师，不应该警告他一下吗？

在美国，政治家不能对选民指手画脚，老师不可对学生说三道四，"政治正确"的话语格式，束缚了教育者的手脚，使他们不能告诉学生一些基本的是非善恶。于是高二的孩子，还不懂什么是抄袭，家长却在那里振振有词。如此下去，教育的基本水准如何可以维持？不过，这并不是说无法维持基本水准的美国教育，也无法造就高水平的人才。道理很简单，好学生不用督促也会用功，而且美国给他们提供了无与伦比的学习条件。更重要的是，多元、自由的教育制度给优异之士提供了最充分的发展空间，使他们能够掌握卓越的技能来应付异常复杂的社会。美国大学录取学生，注意学生在种族、文化、经济等背景上的多元搭配，并不仅仅盯着分数。这一政策，也不仅仅是照顾黑人、穷人的问题，而确实有助于提高教育质量。记得刚进耶鲁时，笔者上一个讨论班，阅读的是一篇民国时期上海妓女的研究。同班的大多是些连黄河、长江都不知道的本科生，中国的事情实在不知从何跟他们讲起。可是一讨论，就发现不仅是笔者本人，连教授也处于下风。一位不足二十岁的女孩问大家如何理解妓女的价值观念、阶层意识，没人能给予满意的答复。于是她告诉大家她从小就是和妓女们一起长大的，然后滔滔不绝地讲起自己的观察，听得笔者顿开茅塞。这样的多元性，在东亚很少见。你若观察日本那些单靠分数录取的大学生，就会发现他们对社会问题的理解比美国学生狭窄简单得多。

美国的大学生一般在头两年不用决定自己的专业，甚至高年级时的专业也与自己未来的事业无直接关系。我当年的一个同班同学本科读的是历史，毕业后却上了医学院。其实，他早在选历史作为自己的专业时，就已想好将来读医学院，并不是临时改变专业。这样的例子，在校园里司空见惯，没有人会感到一点惊异。在中国人看来，这么读书，简直是浪费，只能使学生博而不专。然而，你若有些实际的生活体会，就会觉得这种教育是多么可贵。

一次，妻子去看病。医生见面先自我介绍，聊聊家常，当知道她是一个中国人在这里学日本文学时，马上和她讨论起南京大屠杀的问题，让你感到双方有许多共同语言，病人与医生之间，一下子就有了信赖感。再看看东亚又如何呢？中国的大夫不用说了，在日本这样的发达国家，你去医院从来别指望医生会主动和你握手，更不用说聊家常了。在美国，大家平等，医生对病人并没有无可置疑的权威，你必须自己去赢得病人的信赖。有些人文训练，不仅能使你成为一个更完美的人，对你和病人打交道也有帮助。而日本的医生，常常让人想起电影里的宪兵队长，你不过是他权威之下的一个有问题的东西，而不是人。我两岁的女儿，在美国一路过医院就喊着要进去看看她的医生；可是在日本，她一见医生就哭，乃至有了些心理问题。以美国的标准看，你若是连这么小的一个孩子的信赖都无法赢得，还当什么大夫！

美国社会是由公民组成，而非由社会工程的“零件”、“螺丝钉”所购筑。教育要先塑造人，然后再谈专业，否则你不知道如何把专业技能用到人身上。所以教育首先是人文教育。布什当年在清华讲“大学不仅是培养技术人员，更要培养公民”，正好道出了美国教育的精神，对那些在苏联模式下被当零件锻造而又自以为是的“精英”是很恰当的一课。学生从一开始就要培养如何对自己的生活做出选择，而不是在一种高度专业化权威主义教育体制和哲学下，掌握别人需要他们掌握的技能。教育与训练的最大不同就在于，教育不仅传授着知识，更孕育着一种源源不绝的人文资源。

# 耶鲁的狷介[①](节选)

◇ 康正果

**康正果**(1944—),中国旅美学者,美国耶鲁大学讲师。

耶鲁建校至今已近三百年,从最初只有十几个毕业生发展到今天这样的规模,其间当然有一个逐步积累的过程,想到这个凝聚了时间刻痕的空间中分布着如此丰富的积累,我忽然对耶鲁的历史产生了做一番了解的欲望。耶鲁的传统是怎样形成的?作为这个学者集团和朋友社会的一个成员,对比一下我在中国内地读书和教书的经历,耶鲁的精神有什么特别值得我们省思的地方?带着这些问题,我读了一些有关耶鲁的材料。文字的记载就是有这样的好处,它构成了公共记忆的贮藏库,我从周围人的口中了解不到的事情,打开了书本,一件件都写得清清楚楚。几天的阅读下来,谈起这个学校一些有趣的往事,连在此执教多年的一位同事都惊叹我所知之多。现在,就趁我的印象还比较新鲜,先把我以为一般的中文读者有兴趣了解的事情,以及由此引起的感想写在下面。

耶鲁是很多很多人经过近三百年的努力创造出来的,它的名字则来自其实与它并无多大关系的埃利胡·耶鲁(Elihu Yale)。此人的一生颇有传奇色彩,据他自撰的墓志铭所说,他"生于美洲,长于欧洲,游于非洲,娶于亚洲,最后死于伦敦"。大约是1717年左右,一

---

① 选自《大学新语文》,夏中义主编,北京大学出版社2005年版。狷介:性情正直,不肯同流合污。

个建立不久的学院刚从塞布茹克迁到纽海文，为了资助学校的兴建，富有的埃利胡捐出了价值562英镑的九包货物和417本书籍，以及英王乔治一世的一张肖像。对他寄有厚望的校董事们因此便以他的姓氏命名了草创中的学院，但这位恩主此后似乎再也没有向学院提供什么实际的帮助。在当时乃至其后的漫长岁月中，学院的财源主要来自教会和地方政府。

最初，耶鲁学院是一个公理会——独立的基督教教会联盟——办的学校，从主管大事的董事们直到教员和学生，几乎全都是公理会的成员。它在很大的程度上是一个神职人员的培训部，在那个时候，大批的学生毕业后都当了公理会的牧师。正如早期的一个校长克莱普所说，耶鲁是培养牧师的宗教团体，不是造就不同专业人才的学校。由于它的神学根基和浓厚的宗派性，耶鲁在建校后长期为坚持自己的价值和独立的管理权，同地方政府发生过很多摩擦和冲突。我们没有必要在此涉及那些复杂的人事纠纷，基于我自己长期在中国内地公立大学的经历，我以为，在耶鲁这样的美国私立大学中，源于基督教精神的保守立场的确有其非常可贵的一面，那就是绝不向世俗的权威和物质的利诱妥协，只要是为了维护个体的独立，为了固守既定的价值，即使付出牺牲的代价也在断不惜。这种对抗的立场也为革命精神的滋生提供了合适的土壤，一本记述耶鲁师生参与美国独立革命的专著，就起了这样的书名：《耶鲁学院：康乃狄克煽动反叛的专科学校》（Connecticut's Seminary of Sedition:Ya-le College）。

耶鲁大学校园建筑以歌特式和乔治王朝式风格的建筑为主，多数建筑有百年以上的历史。古典建筑和少数现代风格的建筑交相互映，把整个校园点缀得十分古典和秀丽。

精神在俗世的成长往往得经历一个拉锯战般的磨砺过程，它必须坚持的是它的抽象原则，但它还得在不断的自我调整中寻求发展，一边放弃过时的负荷，一边与时为新，寓不变于自觉的求变之中。基督教本身的发展就是这样的，西方社会的民主进程也大致如此，耶鲁同样经历了类似的历程。耶鲁在早期和地方政府的主要纷争，可以概括为谁控制学校的问题，教会人士为紧抓着手中的治校大权一直抵制政治的干涉，因此也使学校的财政长期陷入了困境。耶鲁与哈佛、普林斯顿等最早建立的常春藤盟校都有一个一致的方向，那就是在官方的限制外走自己办学的路子，它们由此铸造了美国的私立大学各自坚持的个性特色。

不过，一个独立的大学也不能只靠信仰活下去，它还需要金钱撑腰。耶鲁同时也在适应社会需求的过程中向综合大学的方向发展，稍后的另一个校长斯狄尔扭转了克莱普狭隘的宗派模式，在原有的古典和宗教课程外增添了大量的专业科目。19世纪初期，耶鲁校友会成立，校友的慷慨捐赠从此给耶鲁的财政打下了雄厚的基础，校友会的力量同时也取代公理会的牧师，逐渐渗入了校董事会。耶鲁从此走上了耶鲁人自己壮大自己的发展之路。此类反哺母校的馈赠不只使耶鲁深受其惠，在美国，它已成为所有私立大学的主要财源。在一个离了钱寸步难行的社会中，没有这种把私人资产积累到公共教育机构中去的文化投资，教育的独立和学术的自由根本是无法设想的。积累的意义大矣哉!

南北战争以后，随着宗教的影响逐渐削弱，耶鲁最终从公理会的宗派模式超脱出来，发展成今日这种多样统一的自治局面。它最初那种“狷者有所不为”的气质，并没有在走向未来的开放中受到侵蚀，反而与更多的新观念熔铸得愈加坚实。举最近的两个事例就可看出，面对国家的强权和金钱的支配，耶鲁的固执拒绝所表现的那种学院式孤傲。越战期间，美国政府指示各大学对于借故逃脱征兵的大学入学申请者一律取消奖学金的资助。命令下来，独有耶鲁拒不执行。校方依然坚持要根据学生本人的成绩办事，不考虑外部强加的政治因素。同时，对越战复员回来的申请者，也不按政府的规定作任何照顾，在录取与否上仍一律按惯常的标准对待。为此，耶鲁失去了来自联邦的一大笔基金，至今在财政上都未能恢复那一次受创的元气。前不久一位富人捐给耶鲁两千万美元，但条件是要按捐款者的意图开设指定的课程，聘用指定的教授。由于耶鲁不愿意屈从对方的专断，最后在财政极其困难的情况下毅然退回了全部捐款。

在耶鲁学习和工作，你往往会觉得这里的某些方面古风犹存，上述那些也许会被人视为固执得近乎迂腐的做法，岂不就是孔子坚守的“固穷”，孟子所谓君子“难罔以非其道”吗？其实，在美国这块开发不过三百多年的新世界里，你有时反而会看到很多被保存得完好的旧事旧物，会偶尔感受到生活在过去某个时代的经验，这里基本上是一个“天不变道亦不变”的社会，没有那种朝令夕改的现象，既有人追逐新潮，也有人甘于守旧，谁也不会无故干涉你的事情。因为尊重自由和独立的价值已经铁定了，传统的东西才得以日新而不失其旧韵。不仅耶鲁校园的建筑面貌如此，它的校风和学风也是如此，可叹我们历史悠久的中国却因百年来的苍黄反复而耗竭了自己古老的脉气，致使社会过分求新的热潮浮躁得像老顽童一样滑稽，传统中有生命力的东西不但没有得到应有的发扬，甚至连幸存下来的旧事旧物也被时髦地包装起来，与假古董、复制的古迹一起同流合污在后现代生意经的俗艳狂想中，诚如孟子所说，“所谓故国者，非谓有乔木之谓也”，然而长满了老树古木的城市毕竟在环境上更具有历史感，也更容易触发人思旧的情怀。在又名榆城的纽海文市内，如今的榆树虽大不如19世纪的作家描写得那样铺天盖地，但合抱参天者依然随处可见，你既可以在晴日下享受其密布的浓荫，也可以月下散步时欣赏其摇曳的幽姿。这块和平的土地就是这样神奇的得天独厚，精神只要在她的泥土中扎下了深根，欣欣向荣的生意自然就会往没有限制的高空伸展开去。

耶鲁大学现由本科生部（这里习惯以“耶鲁学院”相称）、研究生院和十个专业学院构成，而本科生始终都是学校的主体和教学的中心。同美国其他的大学一样，耶鲁的一二年级学生是无所谓学什么专业的，即使是三四年级选定了主修的方向，也只是在已经由博览形成的知识广度上有所侧重地加强深度，为进一步读研究院或专业学院打下基础而已。从课程的设计和选课规定，直到现任校长赖文在不同场合的讲话，可以明显地看出，耶鲁的大学本科教学一贯都坚持了这里常说的“通才教育”（liberal education）。

谈起了通才教育的问题，又使我痛切地想到百年中国在各个方面都因缺乏积累而陷入的困境。大学在西方是经过长期的积累而逐步发展起来的教育机构，它本来就有它的人文精神传统。但在中国，大学的兴办则是为了学习西方的先进技术，为了培养富国强兵的人才，从一开始就有片面的功利倾向。50年代向苏联学习的结果更加强化了人才培养的专业化方向。因此，人才的培养只着重制造工具型的专业工作者，而不重视受教育者作为独立的个人如何全面发展自身的问题。一个在入学前就被决定了所学专业的大学生，简直就是送进了大学的人才生产线上加工的人“料”，不管他或她喜欢不喜欢或适合不适合所学的专业，专业一旦决定，这个人就必须被制造成有用的专业工作者。

通才教育并不造就所谓“有用的”人才，其目的只是培养学生的悟性，扩充他们推理和感受的能力。它并不教什么特殊的知识或技巧，而只为了丰富学生的心智，促使他们发展自己批判的、独立的思考的能力，使他们尽量少受或不受偏见、迷信和教条的束缚。因此，通才教育是以教育为目的本身的，它并不为任何特殊的目的服务。在一次毕业典礼的讲话中，赖文曾明确指出，耶鲁并不打算为21世纪制造一批只精于运算、理财和做买卖的实业家，或只懂得操纵媒体做有效交流的从政者。耶鲁要培养的是21世纪的引路人，他们要有创造性独立思考的能力，要有能力在自己精通的专业知识之外思考更为广泛的问题。

也许赖文的期待有不少只属于他个人理想的成分，现代的受教育者已不是从前的有闲阶级，文凭与求职的关系毕竟是很现实的问题。但不管怎么说，从耶鲁学院的课程设计和要求可以看出，所有的限制都有意防止学生选修的课程陷入过于狭窄的知识领域，都鞭策他们均匀地选修四大类课程，使其中的每一门都和将来的主修课合理地搭配起来，这样的努力至少对过分专业化的倾向起了冲淡的作用，至少在一个学生达到学有专长之前先打下全面发展的基础，然后才由博返约，在广泛的了解之后培养出自己的兴趣来。你到底要从事什么专业，一开始可能完全是未知的。起先的选课几乎是一种“游学”，是通过选课来发现你的兴趣和能力，是在有趣的实习中检验你可能成为什么样的人。你可以反复地放弃，直至找到适合你从事的专业。但不管学什么专业，人类系统经验的几个基本类型——数学、实验科学、历史、哲学和文学的阐释——则是必须全面了解的。本科生在耶鲁向来被置于首位，所有的名教授都得给本科生上课，因为这些基础课程被认为是最重要的，而在必要的时候，学生还可以要求教师做专门的辅导。耶鲁也不主张满堂灌的讲课，学生的自由发言一直受到鼓励。因为通才教育就是要引导学生质疑和界定我们的价值，让学生自由探讨，公开争议，接受挑战，只有冒险让不同的思想和价值得到自由的表达，才能培养出对偏见和不宽容有勇气抗拒的公民。正如赖文对耶鲁的学生们所说：“你们既然幸运地有了自由和独立的头脑，就不可避免地要担负捍卫自由和独立的责任。”

除了课堂学习，耶鲁还建立了十二个寄宿学院，让住在其中的学生在完全自治的环境中过他们的课外生活。耶鲁是一个没有围墙和大门的学校，所有的建筑都分布于纽海文城内的不同街道上，教室和办公室与市内的商店、公司错落在一起。与这种整体上的开放相反，那些学院都修建得像古堡一样封闭。大铁门总是紧关着的，你几乎难以从外面看见里面是什么情形。因为那是属于寄宿学生自己的领地，封闭显然不是要把学生关在其中，而是为了制造一种自成体系的氛围。这就是耶鲁的哲学：在大的方面，是一个松散的组合，但同时又在其中有意地安排下一些仿佛有自己的隐私要保藏起来的独立单位，在分散与凝聚的协调中保持整体的活力。学院各有各的院徽和旗帜，有自己的食堂、图书馆、活动厅，各按各的传统过各自的节日，搞自己的体育运动，再于其中作形形色色的结社，组织更小的朋友圈子。这里有自发的互相学习和竞赛，有种种以游戏的方式让你领略人生经验的活动。教师也参与其中，但不是监督性质的，而是社交性质，他们只是按一定的数目填充进来，配够这个自成系统的集体所需要的角色，同时也在频繁的聚会中找到各自的位置，从而分享身为一个成员的荣誉。我本人就是戴文坡特学院里的一个教师成员，有时被请到院长的客厅喝酒聊天，或偶尔在学生食堂吃一顿饭，在毕业典礼游行的时候排到该院毕业生的队伍前壮壮声势。由于挂靠在了一个集团的名下，你的名分就使你有了特殊的归属感。

在三四年级的学生中，另有一些从19世纪沿袭下来的秘密结社（secret society），著名的组织有“骷髅与骨头”、“书和蛇”、“卷轴与钥匙”等。学生和教师中很少有人知道他们的活动，可以知道的只是，他们都是学生中最优秀的人物。必须经过该组织内一个成员的推荐，外面的学生才会被接纳入会。他们都有定期的活动，集会的地方是该组织的会堂。如果你走在耶鲁校园所在的街上，偶然注意到一座与众不同的建筑，你发现那神庙一样宏伟的石头房子没有任何类似窗子的孔洞，只有沉重的铁门好像几十年没开过地锁着，石壁坚固得像碉堡一样，四处看不到一个字的标志或说明，无论什么时候经过，它都阴沉地盘踞在它的角落，那大概就是某一个秘密结社的会堂。听我们系的一位老教授说，他们祖孙三代毕业于耶鲁，他又在此执教多年，只是在后来他的一个学生成了某社的成员，他才对秘密结社有了一点了解，很多秘密结社的成员毕业后都成了大名，做了大事，那些石头修建的会堂就是有钱的前会员捐赠的。这些房屋如今已构成了耶鲁建筑景观的一部分，它们以其绝对封闭的面貌给校园和街道增添了一点神秘的气氛。但在这里，神秘也是一种价值，学校有责任花钱维持它的存在。因为大学是一个为学生的全面发展提供良好环境的地方，每一个人都能像榆树一样，既然长在了这里，就拥有扎根的土地，就自在地生长起来了。

# 开学致词[①]

◇ 埃里希·凯斯特纳

**埃里希·凯斯特纳**（1899—1974），德国作家，作品有诗集《紧身衣土的心》、长篇小说《法比安》、《雪中三男人》等。凯斯特纳还是位出色的儿童文学家，代表作品是长篇小说《埃米尔捕盗记》和《两面派洛脱兴》，此外还有儿童读物《飞翔的教室》和童年回忆录《当我还是小孩的时候》等。

亲爱的的小朋友们：

现在你们按姓名的字母顺序或个子的大小，坐在这里。第一次坐在这些坚硬的长板凳上，我希望这只是出于季节的原因。你们使我回想起那些茶褐色的、金黄色的、串起来去晾干的黄蘑菇，而不是理所当然地回忆起我曾教过的那些幸运儿。你们中有的小朋友，好似坐在炉盖上，滑来滑去很不安定；有的像被胶粘住了似的。坐在位置上一动不动；还有的在暗暗地吃吃发笑。而坐在第二排座位上的那个红头发小朋友，目光战战兢兢地凝视着黑板，他好像在观察那异常朦胧的未来。

你们的心情有点不安，这不能说，你们的直觉是错的，你们的某种时刻确已到来了。你们的家庭踌躇不决地把你们交出来，把你们奉献给国家。按时刻表过生活的年代开始了，它将伴随你到生命的终决。一张由数、条文、等级和时刻表紧密交织在一起，并且越织越紧的网套现在缠住了你们。从你们坐到这里后，你们就被编在一个规定的班级里，并且是最低班，现在你们是幼果，将来必会长成累累的硕果！到今天为止你们伶俐活泼，从明天开始要将你们像做罐头似的密封起来！是的，我们也是这样过来的。从生命之树进入文明社会的

① 选自《世界散文随笔精品文库：德语国家卷》，韩耀成、李健鸣编写，包智星译，中国社会科学出版社1993年版。

罐头厂——这就是摆在你们面前的道路。因此，你们现在的窘迫感甚至于好奇心，这都是毫不奇怪的。

在你们踏上这条路途时，奉送几句规劝之言，是否会有些意义呢？何况规劝你们的人，是一位和其他人一样，毫无办法，同样散发着“罐头”味的人呢。不妨让他试一试吧，要谅解他，因为他从未忘记，也不会忘记当他自己第一次上学的时候，坐在那间用灰砖砌成的、过于宽敞的盒子里，他当时是什么样的心情，他的心是那么受压抑呀！说到这里，我们好像已经涉及了最重要的一个忠告，对这个忠告你们要像记住古老的纪念碑上的格言那样，印入脑海，打入心坎：这就是不要忘怀你们的童年！你们看，绝大多数人，他们像脱去一顶旧帽子似的，早已把童年抛之脑后了。他们犹如忘记一个不再使用的电话号码，忘却了他们自己的童年。对他们来说，生活宛若一根可久藏而不变质的香肠，慢慢地吃完它。香肠吃尽了，也就不复存在了。学校起劲地要求你们从低班升到中班，再到高班。当你们最终到达上边并刚站稳脚跟时，人家就把你们身后成为“多余了”的阶梯锯掉了，这样你们就再也回不到原来的地方！人在他的一生中，可不可以像在房子里上下楼梯那样自由走动呢？如果只有最华丽的第二层楼，而没有摆着散发果香的水果架的地下室，也没有一层楼嘎嘎作响的房门声和叮叮当当的门铃声，那它将是什么样子呢？可是现在——多数人就是这样生活的！他们站在最高层，却无房子和阶梯，但还在那里自我得意。从前他们是孩子，后来长大成人，不过现在他们是什么人呢？只有长大成人并保持童心的人，才是真正的人！谁知道，你们是否明白我所说的意思。简单的事情，往往难以使人理解！那好吧，我们就来点稍微难一点的吧，可能这样反而会容易了解一些。譬如：

不要把教师的讲台看做是皇帝的宝座或是传道的讲坛！老师坐得高一点，不是为了让你们向他祈祷，而是为了使你们彼此看得清楚一些。老师不是教官，也不是上帝，他不是一切全知道。假如他装做知晓一切的样子，那么你们宽恕他就是，但不要相信他！相反的他若承认，他不是一切都知道，那你们要爱戴他！因为他是值得你们爱戴的。还要说一点的是：老师不是魔术师，而是一个园丁。他可以，并且将抚育和培植你们，但成长全靠你们自己。

你们要关照对你们关照的人！这听起来是理所当然的，但有时做起来却是非常困难的。在我上学的时候班上有个男孩，他的父亲是开鱼店的。可怜的小家伙叫伯劳厄，他的身上总散发着鱼腥味，每当他向屋角走去时，我们其他人会感到一阵恶心。鱼腥味已粘到他的头发和衣服上，涮洗也无济于事，大家都躲开他。这并不是他本人有什么过错，但他被嘲笑，被孤立，独自坐在一角，好像得了鼠疫似的。他羞得无地自容，但这有什么用呢。四十五年后的今天，每当我听到伯劳厄的名字时，我还觉得不大舒服。可见，要体谅人，有时是一件很难的事，并不是总能做到的，但必须不断这样做。

不要过分用功！懒惰人不应该听到这个忠告。这是针对那些勤奋学习的人说的，这对他们是十分重要的。学校的各种作业并不是生活的唯一组成部分，人应该善于学习，不要死用功。这是我的经验之谈。我小时候曾像牛一样死用功，虽然我尽了很大的努力，也没能做好，今天我感到奇怪。人的脑袋并不是身体的唯一器官。谁持相反意见的，就是在撒谎。谁相信这一谎言，那他通过各种考试之后，虽然成绩优异，但身体已经累垮了。因此，必须经常跑步、做操、跳舞、唱歌，不然大脑袋填满了知识，却只是个残废人。

不要讥笑愚蠢的人！他们不是出自本意想成了愚蠢的人，也不是生来供你们取乐的，不要殴打那些比你弱小的人！这一点无需做详细解释。如果谁对此还不明了，我是不想再跟他打什么交道的。可是我还想对他提出一点小小的警告。强中自有强中手，谁也不要以为没有比他更聪明、更强的人了。

不要完全相信你们的教科书！这些书不是在西奈山上产生的，甚至常常写得不明不白，这些书是从旧的教科书里抄来的，旧的教科书是从老的教科书里抄来的，老的教科书是从更老的教科书抄来的。人们说这是传统。传统可是另外一回事，例如今天的战争已经不是教科书中描绘的那样的战争，不再挥动长剑，不再使用闪亮发光的胸甲。对于这一点许多教科书里还没有足够的说明。你们也不要相信历史故事，在这些故事里，勇士一天二十四小时都有勇猛的！请你们不要信它，也不要学它，不然当你们今后踏上生活之路后，会觉得特别惊讶！还想说一点，复利率的计算法，虽然课程表上是有的，但你们用不着去学它。我小的时候，我们必须学会计算出我们的祖先于1525年在约翰①任政府首脑时，存到银行的一枚金币，到1925年可能变成多少钱。这是一种异常繁琐、复杂的演算，不过也非完全徒劳无益，人家以此证明，世界的巨额财富似乎连同它的储蓄银行都分文不值了。可是这种复利的计算法，却在算术书里一再沿用下来。

---

① 指奥尔格·约翰（1468—1532），原是萨克森的侯爵，支持马丁·路德的宗教改革运动。

② 策佩林（1838—1917），德国发明家，著名的策佩林大汽船设计师。

所以，现在可能就是你们拿起红笔，将复利计算法那一章完全抹去的时候了，因为它已经过时了，正像现在向格拉弗罗达发动进攻一样，已经过时了。策佩林[2]也过时了，当然还有一些其他东西。

此刻你们按姓名的字母顺序或按个子大小坐在这里，你们现在想回家吧，亲爱的小朋友，那就回家吧！假如你们还有一些东西不明白的话，请问问你们的父母！亲爱的家长们，如果有什么不了解的话，请问问你们的孩子！

# 即将消逝的风景[①]

◇ 陈平原

**陈平原**（1954—），北大教授，著名学者。

寓居燕园十五载，对我来说，最值得怀念的，莫过于曾有幸“从夫子游”。

说“从游”，而不说“就读”，就因前者兼及“古典”与“今事”，意味深长，值得仔细品鉴。

所谓“古典”，最容易令人联想起的，自是孔夫子的开创私门讲学。《史记·仲尼弟子列传》有这么一句：“子路喜从游。”读过《论语》的，很少不向往那时候的师徒关系。私心以为，“读书”不如“受业”，“受业”不如“从游”。后者讲求耳濡目染，且以修养而不是学识为中心，用后世教育史家的说法，叫“完全人格教育”。两汉以降，名师大儒开堂讲学，总有万千“喜从游”的“子路”们追随左右，只是不若孔夫子周游列国之惶惶。

至于“今事”，指的是晚清以降学制改革，“上法三代”难以落实，“旁采泰西”成了时代主潮。以课堂讲授为中心的新教育，其主要目的是传播知识，而不是养成人格，“从夫子游”因而一改而为“转益多师”。也有不以为然的，比如，章太炎便一再呼吁“救学弊”。可此等微弱的声音，对于现代中国的教育大业，基本上无济于事。40年代初，连最为西化的清华大学的校长梅贻琦，

---

① 选自《当年游侠人——现代中国的文人与学者》，陈平原著，生活·读书·新知三联书店2006年版。

也对此深表忧虑："今日师生之关系，直一奏技者与看客之关系耳。"那么，什么是理想的大学教育？梅氏在《大学一解》里所表达的理念，其实古已有之：

学校犹水也，师生犹鱼也，其行动犹游泳也。大鱼前导，小鱼尾随，是从游也。从游既久，其濡染观摩之效，自不求而至，不为而成。

这就难怪当初胡适为清华学校设计研究院课程及宗旨时，强调兼及中国古代书院与英国大学制度。

传统中国教育希望养成人格，故特别看重"从夫子游"。始终自立门户，拒绝进入现代大学体制的章太炎，自称"余讲学以来几四十年"（《太炎通告及门弟子》），"前此从吾游者"（《致潘承弼书》），多学有所成。章氏之日本讲学，更像古代大师之收徒，后来的创办苏州国学讲习会，则带有公开演讲的意味。当年在东京"从章太炎游"者，包括黄侃、钱玄同、朱希祖、许寿裳、周氏兄弟等，均一时俊彦。鲁迅后来回忆说：

直到现在，先生的音容笑貌，还在目前，而所讲的《说文解字》，却一句也不记得了。《关于太炎先生二三事》中的这段话，常被理解为语含讽刺。其实，这正是大师讲学之不同于学校教育处——不以传授具体知识为主要目的。

"从夫子游"的独特魅力，主要在于精神熏陶，而不是知识传授。可这有个前提，"前导"的"大鱼"，不只能够提供实验经费和科研题目，学识及才华外，还必须兼有人格魅力，这样，方才值得"小鱼尾随"。若黄侃之名士风流，春花秋月，携弟子寻访名胜，饮酒吟诗（参见《量守庐学记》中刘赜、杨伯峻、程千帆等文），毕竟是异数。现代大学中，较多地借鉴书院讲学经验，确保师生之间学识、精神以及情感的正常交流，改变课堂教学冷冰冰面孔的，当推研究生制度的建立。

我也是在进入研究生课程后，方才与导师有较多的接触，理解古人所说的"从游"之乐。十五年前，我终于如愿以偿地走进了燕园，追随王瑶先生攻读博士学位。那年，先生刚好年届古稀，照现在的规定，早应该"赋闲"了。好在那时当局希望老专家发挥余热，我们因而有幸赶上"最后一班地铁"。在《为人但有真性情》一文中，我曾这样描述先生的"传道授业解惑"：

先生习惯于夜里工作，我一般是下午三四点钟前往请教。很少预先规定题目，先生随手抓过一个话题，就能海阔天空侃侃而谈，得意处自己也哈哈大笑起来。像放风筝一样，话题漫天游荡，可线始终掌握在手中，随时可以收回来。

似乎是离题万里的闲话，可谈锋一转又成了题中应有之义。听先生聊天无所谓学问非学问的区别，有心人随时随地皆是学问，又何必板起面孔正襟危坐？暮色苍茫中，庭院里静悄悄的，先生讲讲停停，烟斗上的红光一闪一闪，升腾的烟雾越来越浓——几年过去了，我也就算被“熏陶”出来了。这段话常被论者引述，以为颇具“雅趣”。也有读者表示怀疑，以为是我“妙笔生花”。其实，此乃“写生文”，不曾着意渲染。今人之所以感觉陌生，就因为研究生教学制度化以后，同样可能窒息活生生的师生交谈。我入学的时候，中国的博士制度刚刚建立，没有统一的课程或学分规定，导师于是以“闲谈”代替“授课”。当初因缺乏经验而不曾“正襟危坐”，倒是与古人“从游”之义相吻合。

“从夫子游”还有另一层意义，即：没有入学考试，也不曾举行毕业典礼。倘若值得师从，不必过分讲究名分，前往请教就是了。我进北大时，中文系有四位老先生，均学识渊博，且德高望重。除了正式“拜师”的王瑶先生，吴组缃、季镇淮、林庚三位，我也常前往请教。四老各有专长，且性格十分鲜明，王之睿智、吴之豁达、季之忠厚、林之儒雅，均无法追摹。

既是小说名家、也以治中国小说史见长的吴组缃先生，与我的研究兴趣接近，且参加过我的博士论文答辩，平日里交往较多。上吴先生家，不必做任何准备，只需挑起话题，而后便顺其自然，当个好听众就是了。或针砭时弊，或追忆师友，或纵论古今，吴先生总有说不完的逸事与妙喻。谈兴浓时，甚至不准访客早归；倘若没有勇气大声辞别，那就只好等待先生兴尽了。“天宝遗事”固然有趣，更令人叹为观止的，还是先生对历代小说的精彩分析。先生对其主持的国家重点科研项目“中国古代小说史”十分用心，可在我看来，那是永远也无法完成的。单是“导言”部分，不知听先生讲了多少遍，觉得思路挺完整，可屡次让课题组成员协助整理成文后，又全都废弃不用。理由是“文字不好，没有光彩”。大概看我“随声附和”的能力尚可，先生几次邀我加盟，均被我以“另有任务”辞谢。之所以如此“怯阵”，乃是深知即便我使出浑身招数，也写不出令先生满意的“有光彩”的学术论文。

与吴先生的健谈截然相反，季镇淮先生显得有点木讷。如果没有准备，我可不敢造次拜访。几句家常话及问候语过后，便需进入正题。季先生不喜欢也不擅长漫无边际的聊天。如果访客无话，且长屁股，温厚的季先生便接连不断地劝你喝茶、吃糖。我的妻子曾追随季先生攻读硕士学位，留校任教后又经常走动，按理说不该客套。可先生依然彬彬有礼。偶尔代查资料，必招来先生的连声道谢。先生每次出版新著，明知我们夫妇关系不错，没有离婚的打算，也非得签名各送我和妻子一册不可。如此认真执著的老人，偶尔也想调节气氛，说些轻松点的话题，可照样有板有眼。拜访季先生的最佳方案，便是尽早进入具体问题的探讨。那样，先生会两眼放光，忘记自己的病情，不时矫健地站起坐下，到书架上取下一册册书，翻给你看。先生做人做文，均一丝不苟，实在令人钦佩。可也由此带来不小的烦恼。季先生晚年视力极差，还要寻找有关资料，以便撰写新著。几次劝先生收缩战线，先把手头已有的书稿改定，先生总说“不忙不忙”。去世前两年，先生忽然说，教了一辈子文学史，还没写过关于小说方面的论文，应该补一补。于是，让我们代买大字本《西游记》，然后戴上眼镜，配着放大镜，开始重新研读——那年，先生八十有二。

王瑶先生居住的镜春园，与吴、季二师所在的朗润园近在咫尺。每回新年，总是顺道拜候，一路走去，十分惬意。如今三老均已仙逝，在我眼中，未名湖周围风景，顿时显得冷清多了。春节将近，中文系唯一需要拜访的老先生，只剩下居住在燕南园的儒雅淡泊的林庚先生了。

林先生乃现代文学史上有数的重要诗人，后又以唐诗及楚辞的研究名家著称。平日里很少听他谈起小说，直到《西游记漫话》一书出版，方才让我大吃一惊：诗人对小说竟有如此的洞察力。据先生称，历来对童话情有独钟，十年浩劫中更是以夜读《西游》为“精神上难得的愉快与消遣”。以“童话性”解读《西游记》，前人不是没有谈论过，只是大多浅尝辄止，不若先生全身心地投入，且将其作为《西游记》的根本特征来论述。童心与诗心，本就有相通之处，更何况此乃先生之“曲终奏雅”（日后先生还出版了《中国文学简史》，可那是旧作翻新，不如此书之具有原创性）。这部不到十万字的小书，对此后研究《西游记》的学者来说，是个不小的挑战。

记得刚入学时，林先生举行告别讲座，那天我刚好有事外出，事后追悔莫及。据说，林先生擅长营造氛围，课堂犹如舞台，一招一式，均令人回味无穷。有学生点评曰：林先生诗写得好，讲得也好，因他的生活本身便是一首诗。当我复述这段话时，先生笑着说：那学生准是将我作为写诗的素材了。

将一生作为一首诗来苦心经营，希望经得起时人及后人的再三品读，这其实很不容易。这话可以反过来说，凡是经得起再三品读的人生，都是一首成功的诗作。外系的老教授，或只是在某一特殊时刻接触（如哲学系的冯友兰、洪谦），或所了解的并非其专业成就（如东语系的季羡林、金克木），即便倾心于其人其文，未得真传，不好妄称弟子。不过，即便见闻有限，每次造访，均有“如坐春风”的感觉。而这种感觉，似乎只存在于“七老八十”的老教授身上。年轻一辈的学者，也有在专业领域里卓有成就的，可就是不如老先生“味道醇厚”。

或许，人文学者的修养，本就需要岁月襄助，速成不得。若此说成立，则如今实行的博士生导师六十三岁退休的制度，将使以后的莘莘学子，再也无法领略处于最佳状态的“导师”的风采了。

记得有一年中秋，众弟子在王瑶先生家聚会，先生一时兴起，提议夜游未名湖。月光如水，幽静的湖面，不时传来年轻人的朗朗笑声。不知是哪位师兄，念起了卞之琳的《断章》：

> 你站在桥上看风景，
> 看风景人在楼上看你。
> 明月装饰了你的窗子，
> 你装饰了别人的梦。

其实，此诗的意境，部分脱胎于明末张岱的《西湖七月半》。“西湖七月半，一无可看，止可看看七月半之人。……身在月下而实小看月者”固然可看，“亦在月下，亦看月，而欲人看其看月者”同样值得观赏，至于“看月而人不见其看月之态，亦不作意看月者”，不也照样是西湖边的一道风景？

那夜情景，如在眼前，只是王、吴、季等诸先生均已凋谢。记得刚进北大时，在未名湖边流连，学长指着日后逐渐熟悉的老教授的身影告知，此乃燕园里最为“亮丽”的风景。如今，秋风凋碧树，风景日渐暗淡。常听人感叹“江山依旧，物是人非”；其实，既然哲人已逝，“江山”就不可能真的“依旧”。

还会有博学之士入主燕园，但不见得“有韵”且“有味”。作为“阅读对象”的学人，知识渊博固然重要，更值得欣赏的，却是其个性、气质与才情。慨叹老一辈学人多逸事，后来者因长期压抑，有趣的人不太多。当然，还有一些制度性的因素，使得北大校园里这道特殊的风景，有可能永远消逝：一刀切的退休制度，使得以后的学子，再也没有六十三岁以上的老教授可以“从游”；校园里人满为患，新人早已撤到燕北园、西三旗去了，若干年后，未名湖边，再也见不到悠哉游哉的老教授。

没有长须飘拂的冯友兰，没有美学散步的宗白华，没有妙语连珠的吴组缃，没有口衔烟斗旁若无人的王瑶，未名湖肯定会显得寂寞多了。

江山代有才人出，单就“授业”而言，所谓“青黄不接”，大概属于危言耸听。不过，学生阅读的不只是“书本”，更包括“导师”。而我们这一代教授，是否经得住学生们挑剔的目光，是否还能为学生提供精神的乃至审美的享受，实在没有把握。

既然互联网解决不了“从游”，个性化的魅力也无法复制，新一代的北大人，必须另外构建其值得再三品味的新的“风景线”。

# 清华梦忆[①]

◇ 季羡林

**季羡林**（1911—2009）。国学大师。著名古文字学家、历史学家、作家。

人有人格，国有国格，校也有校格。就以北大和清华而论，两校同为全国最高学府，共同之处当然很多；但是不同之处也颇突出。这就是所谓两校校格不同。

不同之处究竟何在呢？这是一个大题目，恐怕开上几次国际研讨会，也难以说得明白的。我现在不揣简陋，聊陈己见。

整整七十年前，在1930年，我从山东到北京（平）来考大学。来自五湖四海的五六千学生，心目中最高的目标就是北大和清华。但是这两所大学门槛是异常高的，往往是几十个学生中才能录取一个。我有幸两所大学都录取了。由于我幻想把自己这一个渺小粗陋的身躯镀上一层不管是多么薄的金子，好以此吓唬人，抢得一只好饭碗。而镀金只能出国留学，留学的机会清华比北大多一些。所以我就舍北大而取清华。

在清华住了一段时间以后，对清华的校格逐渐明确了，最后形成了初步的看法。我在北大有不少朋友，言谈之间，也了解到了北大的一些情况，于是对北大的校格也逐渐形成了一个明确的概念。我恍然大悟，两所大学的校格原来竟是有许多不同之处的。

我从小处谈起，先举一个小例子。在清华，呼唤服务的工人，一般都叫做“工友”。在北大，据说是叫“听

---

① 选自《朗润思语》，季羡林著，中国友谊出版公司2005年版。

差”。而在朝阳大学则是“茶房”。在清华，工人和教师、学生处于平等的地位上。在北大则处于主仆的地位。而在朝阳大学则是处于顾客与旅馆杂役的地位。这是一件十分细微的末节；然而却是多么生动，多么清楚，又多么耐人寻味。

其中原因，我认为，并不复杂。清华建校的基础是美国退还的庚子赔款，完全受美国的影响，受资本主义的影响，身上没有封建的包袱。而北大则是由京师大学堂转变成的，身上背着几千年的封建传统。好的方面是文化基础雄厚，坏的方面是封建主义严重。我听人说到过——据说这并不是笑话——北大初建时，学习西方，有体操一门课，聘请了专门的体操教员，这些人当然都是平头老百姓。而被他们训练的学生则很多都是世荫的二三品大员。教员发口令时，不敢明目张胆地喊出“立正！”“稍息！”，于是，想出了一个奇妙的办法，改变舶来的口令，大喊：“老爷们立正！”“老爷们稍息！”从这些小事儿也可以看出来，清华多的是资本主义，北大多的是封建主义。

但是，稍有一点辩证法常识的人都会知道，世间事物都是一分为二的。北大的封建主义也能产生好的效果，如果北大没有这样浓重的封建传统或者气氛，五四运动，即使是注定要爆发，也绝不会是在北大。你能够想象清华会爆发反封建的五四运动吗？即使1919年清华已经建成了大学，而不是留美预备学校，这样的事情也绝不会出现的。人们常说，坏事变好事，北大的封建传统促成了改变中国面貌的启蒙运动，不正证实了这一句话吗？

五四运动对中国，特别是对中国学界，更特别是对北大，留下了深远的影响。北大学生继承了自东汉太学生起就有了的关心国家大事，天下兴亡、匹夫有责的爱国主义传统，对政治动向特别敏感，到了五四运动，达到了一个高潮。从那以后，历届学生运动几乎都从北大开始就是一个证明。在这方面，清华并不落后，一二九运动就是一个生动的例证。在这一点上，清华与北大是有相同之处的。

我在清华呆了四年，而在北大则已经呆了五十四年，是清华的十几倍。我一直到今天还在不断考虑两校同异的问题。我一向不赞成西方那种以分析的思维模式为基础的一、二、三、四，A、B、C、D的分析方法，而垂青于中国的以综合的思维模式为基础的评断方法。中国古代月旦人物，品评艺术，都不采用分析的方法，而是选用几个简单的、生动的、形象的、看似模糊而实则内涵极为丰富的词语，形神毕具，给人以无量的暗示能力，给人以无限的想象活动的余地。根据这一条准则，我用四个字来表示清华的校格，这四个字是：清新俊逸。给北大的则是：凝重深厚。二者各有千秋，无所轩轾于其间。但二者是能够，也是必须互相学习的。这样做是互补的，两利的。谁要是想成为“老子天下第一”，那就必然会是“可怜无补费精神”。

以上是我对北大和清华两校校格的看法，也是我对两校的希望和祝福。

在母校将庆祝成立九十年华诞之际，《清华大学学报·哲社版》的副主编刘石教授写信给我，要我写点纪念文字。这是我义不容辞的。但是，可写的东西真是太多太多了。想来想去，终于决定了写上面这一番怪论。我自己说它是“怪论”，这是我以退为进的手法，我是一点也不觉得它有什么“怪”的。如果我真正认为它怪，我就决不会写出来出自己的丑。我认为，这是我一家之言，是长期思考的结果。我希望能够在北大、清华两校找到一些知音。

# 要启蒙，不要蒙启[1]

——李泽厚谈2004传统文化思潮

◇ 李泽厚

**李泽厚**（1930—），当代哲学家、思想家。主要从事中国近代思想史和哲学、美学研究。主要著作有《批判哲学的批判》、《美的历程》、《中国古代思想史论》、《中国近代思想史论》、《中国现代思想史论》、《论语今读》、《己卯五说》等。

《外滩画报》（以下简称“外滩”）记者近日专访了著名学者李泽厚先生（以下简称“李”）。

**《外滩》**：先生居海外有年，是否在他乡的异质文化环境里对中国文化有了重新审视和发现？有个有趣的现象，许多人一出国就容易发现“故土文化”的“好”来。

**李**：我对“故土文化”的“审视和发现”与过去（如我的《中国古代思想史论》中的看法）一样，没有改变。我很顽固。

## 提倡“读经”是“蒙启”

**《外滩》**：去年，中国第一所海外“孔子学院”在韩国汉城挂牌。据中国国家汉办透露：中国计划将在未来几年内在全世界建立100所“孔子学院”。有媒体将此事件解读为“汉语将改变世界大脑”，您怎么看？

**李**：实际的情况似乎是，外国人要与中国大做生意，急需汉语人才，如此而已。

**《外滩》**：去年的“传统文化复兴”系列事件，发生在中国加入WTO、全球化步伐日益加快之时。您于去年

① 选自《外滩画报》。

秋天与学者陈明有一对话，把“思想界开始重视本土文化资源”解读为“由于中国近十年来之经济发展国力增强”。您是想说后者（中国近十数年来的发展）颇多得益于前者（本土文化资源）吗？

**李：**不是的。

“本土文化资源”这个概念太宽泛，不清楚。确切地说，中国传统的“实用理性”在这里发挥了相当的作用。

80年代人们喜欢将自己“万事不如人”全归结于“文化不行”，于是反传统。我曾经批评过、反对过，惹来不少咒骂。现在，经济发展、国力增强了，发现自己并非“事事不如人”，又开始吹嘘自己的传统文化如何了不起。对此我也反对，结果又会有人骂。

**《外滩》：**您似乎对蒋庆先生倡导少儿“读经”不甚以为然——“不反对”而已，能具体说明吗？

**李：**我不欣赏“少儿读经”之类的笼统做法、提法，它很难与当年袁世凯的“尊孔”彻底分清。蒋庆甚至公开谴责蔡元培先生当年取消读经。在我看来，如果“五四”那批人是“启蒙”，那么一些人现在就是“蒙启”：把启开过的蒙再“蒙”起来。

我说“不反对”，是因为蒋先生是民间的自发活动，人各有自由，他可以去尝试。

**《外滩》：**蒋庆先生认为，“李泽厚先生主张把公德和私德分开是不能成立的”，对此您怎么看？

**李：**公德私德之分并不是我提出的，梁启超早就提出了。我是主张培育宗教性道德的，但我不赞成笼统地提倡“读经”。

儒家经典中的许多道德是与当时的政治法律体制和生产、生活方式联系在一起的。产生在已有严格等级的氏族社会中，发展在专制政治体制的传统社会里。所以“天尊地卑，乾坤定矣；卑高以陈，贵贱位矣”，“天王圣明，臣罪当诛”等等便是这种道德的核心内容。“经”也有一大堆，四书、诗经以及周易、礼记可以选读一些，但尚书、春秋（这是蒋先生视为至宝的）也要人去读去背吗？仪礼、周官、尔雅呢？需要人人必读吗？我以为不要。

**《外滩》：**蒋庆先生认为，“五四”以来，中国的知识分子普遍地戴上西方文化的有色眼镜，认为儒家文化压抑人的独立，其实并非如此。比如孟子讲的

“浩然之气”等。蒋先生有一句反问：“难道两千年来西方的知识分子是走过来的，中国的知识分子则是爬过来的？”

您怎么看他的这些评论？

**李：**关于“儒家人格”，我上世纪80年代写的《中国古代思想史论》似乎并不比上述评价低。

至于那句“反问”，我以为那只是缺乏论证并无学术意义的煽情语言。现在问题之一也还是一些知识分子喜欢耸人听闻，以煽情的激烈话语来鼓吹“民族精神”或“道德义愤”，我以为这是危险的。

余英时先生说，当年“五四”反传统的人物，都是饱读旧笈，深知传统的人，今天反传统的人物其实并不知传统为何物。我觉得今天某些提倡传统或传统道德的人也大体如此。从他们的言谈论著行为活动中看不出一点传统的影子。看不出一点孔老夫子那种“温良恭俭让”、“知之为知之，不知为不知”的道德、精神或风貌。

所以，剩下的便只是激情口号、妙论奇谈。

**《外滩》：**一些学者在此次论战中对少儿“读经”表示了同情。如秋风先生，他说：“从20世纪初一直延续至今，全盘反传统已经成为现代中国人本能的意识形态。当年有人呐喊不读中国书，因为中国书所教导的都是愚昧和无知。过了近百年后，这个声音依然清晰地回响在我们耳旁。”

您怎么看他的这个判断？

**李：**我不大相信全盘反传统已成了现代中国人的本能意识。

其实从“五四”时代起，并没有多少人真正“扔掉中国古书”（“文革”是例外），只是少读了许多罢了。今天从小学到研究生，读的大半是数理化、电脑、科技，所以我是主张读点中国古书的。特别是诗经、论语等等，我费时费劲去写一大本《论语今读》就有这个原因在里面。

但是，我反对不分青红皂白地提倡“读经”，那样可能会从小就培育原来传统政治体系所需要的奴性道德。

# 我反对文化相对主义

**《外滩》**：“文化相对主义”是去年《甲申文化宣言》的核心观点之一，您怎么看待文化相对主义？

**李：**不敢苟同。

文化多元论、文化相对主义是西方后现代的时髦理论。我不赞同用“相对主义”来否认或忽视人类仍有共同的普遍性的价值和原则。我反对认为文明并无进步落后之分、原始文明与现代文明价值等同的文化相对主义。

以最时髦的西方理论来捍卫最保守的传统事物，这倒可与蒋庆相呼应。

**《外滩》**：您认为从传统文化中可以开出现代的“尊重个人自由和权利，宽容、多元”的文化之花吗？

**李：**不经改造，无此可能。

**《外滩》**：如何改造？您依然相信并坚持您的“西体中用”吗？

**李：**当然坚持西体中用，如我提出的两种道德论。

其实今天争论的关键并不在应否提倡传统、提倡道德，而在于如何阐释这些道德和应否以此来排斥、反对、贬低建立在现代生活基础之上的社会性道德（自由、平等、独立等等），这两种道德有一致处，也有冲突处。我的“两种道德论”就是为探求这个问题而提出。

蒋庆先生则根本否认现代社会性道德，似乎硬要回到“君、父、夫”具有绝对权威、绝对统治，“臣、子、妻”必需绝对服从的传统道德。三纲六纪是传统道德的核心，张之洞、陈寅恪等很多人都讲过。“中国首重三纲而西人最明平等”是严复的名言，看来，梁启超、严复，更不必论胡适、鲁迅统统是“跟着西方走”，都应该是蒋先生所猛烈讨伐的对象。

**《外滩》**：《甲申文化宣言》认为，注重人格、注重伦理、注重利他、注重和谐的中国传统文化是西方文化的“解毒剂”，对“物欲至上、恶性竞争、掠夺性开发”有一定的启示，您是否认同中国传统文化的这个功用？

**李：**我不认同。他们这种希望的实现，也许在22世纪，不在“当今”。

而且，如何解读“中华文化”颇值探究。难道其他文化就没有那种品格（注重人格、注重伦理、注重利他、注重和谐）吗？

## “五四”是启蒙，“文革”是“蒙启”

**《外滩》**：近年国内思想界反思“五四”，有人认为“五四”的“激烈反传统”为几十年后的“文化大革命”埋下了伏笔。您认同这种观点吗？

**李**：完全不认同。

“五四”是启蒙，“文革”是“蒙启”，两者在精神上是背道而驰的。“五四”激烈反传统确是其他文明中少见或没有的现象，我以为这倒恰恰与没有强大宗教背景的中国传统有关，是实用理性的中国传统精神的展现。

**《外滩》**：先生在《中国思想史论》里是非常推重鲁迅的。近年大陆思想界“扬胡（适）抑鲁（迅）”思潮比较流行，您对此现象有何看法？

**李**：今天我仍然喜欢鲁迅。鲁迅是文学家，他给我以情感力量。

**《外滩》**：情感力量？您是说您现在主要是在“文学家”的意义上喜欢鲁迅吗？那么，作为思想家的鲁迅呢？

**李**：我曾说过，鲁迅只是大文学家，革命家、思想家两顶帽子可以取掉。这遭到某专家的批评。

我并不完全认同鲁迅的思想，例如他对京剧、对中医、对大众语、对汉字拉丁化的主张。对某些人（不是所有人）的尖锐嘲讽等等。他常常失之偏颇、片面，并非以理服人。但我接受和喜爱鲁迅对一切事物爱憎分明的情感态度，对旧事物特别是对披上新衣帽的旧事物非常警惕，毫不留情地揭穿、打击。鲁迅是文学家，不能以有理论体系和逻辑形态的思想家的标准来要求他。

我最近看国内的电视，宣传一个地方“绣龙”（号称“龙乡”的某地，数十人同时在一大幅布面上绣出龙的形象），说开工那一天和完工那一天，都下了雨、雪，而那个地方那个季节是极少下雨下雪的，说得神兮兮，大有天人感应、龙的神灵出现的味道。而这正是在宣扬“传统”、“国粹”旗号下进行的，这种宣传并不止这一次。

我当时立即觉得还是鲁迅棒，现在仍然需要鲁迅。

## “四星高照，何处人文”

**《外滩》：** 最后，先生能否对中国目前的文化（思想）领域的整体现状再下个简短的判语——和您上世纪90年代那句著名的“思想家淡出，学问家凸显”一样？

**李：** 我从不敢下“判语”，那句话也只是现象描述。

目前中国文化似乎是“四星高照，何处人文？”。“四星”者，影星、球星、歌星、还有“节目主持（人）星”也。

不是说“人文”没有了，而是到哪里去找人文？这是我愿意提出的一个问题。但我以为不必担忧，我说过，中国人多，现在大学生、硕士、博士也多，一百个人文硕士、博士里有三、五个愿意做点思想学术，也就足够了。因为人文也不只是思想学术。

# 巨人何以成为巨人[①]

◇ 摩罗

**摩罗**，当代学者。

在俄罗斯历史上，赫尔岑[②]属于影响了一个时代的巨人。他的思想和血性直接来源于十二月党人。沙皇当局绞死十二月党人五位领袖时，赫尔岑只是一个十几岁的少年，可他像当时最有良知的知识分子一样，感到了最深切的耻辱、仇恨和痛苦。执行死刑后，当局在莫斯科克里姆林宫举行了一次盛大的祈祷式，以示庆祝。三十年后，赫尔岑写道："我参加了祷告式，我当时只有十四岁，隐没在人丛中，就在那里，在那个被血淋淋的仪式玷污了的圣坛前面，我发誓要替那些被处死刑的人报仇，要跟这个皇位、跟这个圣坛、跟这些大炮战斗到底。"少年赫尔岑的整个精神生活几乎完全被这个重大事件所占领，内心时刻不停地激荡着为光明和正义而奋斗的伟大冲动。一个少年难以长期独自品味这样大的冲动和梦想，他必须把它说出去，必须以某种方式与这个世界发生联系并得到反应和验证。他郑重地向他的老师倾诉了他的感情和决心。这位老师平时总是训斥赫尔岑说："您不会有出息的。"可当他了解到赫尔岑的精神世界后，禁不住说："我的确以为您不会有出息，不过

① 选自《大地上的悲悯》，摩罗著，上海三联书店2003年版。

② 赫尔岑（1812—1870），俄国哲学家、作家、革命家。19世纪中叶俄国现实主义文学的优秀代表之一。"是通过向群众发表自由的俄罗斯言论，举起伟大旗帜来反对沙皇专制制度这个蟊贼的第一人"，后人称赞他是"在俄国革命的准备上起了伟大作用的作家"。

您那高尚的感情会挽救您。但愿这些感情在您身上成熟并且巩固下来。”这位不苟言笑的老师还以激动的拥抱将他的革命热情和自由主义信念传导给这位十四岁的贵族少年。

这段故事，是赫尔岑《往事与随想》中最吸引我的一节，但每次读后，我都禁不住有点后怕。倘使这位老师是个怯弱而又世故的人，他对赫尔岑的倾诉不予理睬；倘使他是一个愚昧而又迂腐的人，按着官方立场来解说那场起义和镇压，用官方意识对赫尔岑的高贵激情给予挫伤和清洗，那么，还会有后来的赫尔岑吗？倘若雷列耶夫、别林斯基、车尔尼雪夫斯基、米海依洛夫斯基、涅恰耶夫、托尔斯泰、巴枯宁、克鲁泡特金、陀思妥耶夫斯基、普列汉诺夫等人在其成长道路上不曾得到这样的鼓励和支持，他们作为革命家和文化英雄的形象还能站立得起来吗？而没有这些人的挺立和闪耀，俄罗斯的19世纪究竟还有多少光彩可言呢？赫尔岑的这个故事，让人不能不对领袖与人民的关系有所领悟。领袖不只是代表人民，而且的的确确是由人民培养出来的。有什么样的人民就会有什么样的领袖，从而也就有什么样的民族和社会。在这个意义上，被赫尔岑称为“老布肖”的那位目睹过法国大革命的老师不仅造就了赫尔岑，还造就了俄罗斯。19世纪的俄罗斯之所以那样奇光异彩，令人景仰，其决定因素究竟是什么？我们平时总是将注意力集中在上文所列的那些显赫人物身上，但是在读《往事与随想》的时候，我的目光不知不觉中就投向了那些普通人，那些从来不被看做英雄的、既无人为之建造铜像、也无人为之开设纪念馆的普通人身上。

亚历山大一世时期，艺术院长以阿拉克切夫伯爵离皇上最近为由，提名他做名誉院士，艺术院秘书反驳说：“要是这个理由站得住的话，我就推荐马车夫伊里亚·巴依科夫为院士，他不单离皇上最近，还总是坐在皇上前面。”拉勃津秘书虽因此遭到流放，却捍卫了艺术的尊严和自己的良心。亚历山大一世的弟弟尼古拉（后继位为皇帝，正是他绞杀了十二月党人五位领袖）有一次想来点粗鲁行为显显威风，要抓一位禁卫军军官的衣领，军官沙莫依洛夫伯爵威严地说：“殿下，我的佩刀在手里呢！”一语将尼古拉击退。莫斯科要塞司令斯塔阿尔将军受命主审赫尔岑等人一案，他在审读案卷后这样向皇上直陈己见：这些青年人是清白无罪的，侦讯委员会所做的事情是极不光彩的，我不能为此违背自己的良心，玷污自己的满头白发。他愤然退出侦讯委员会，事后还一直为这群青年人的厄运耿耿于怀，上书尼古拉要求释放他们。试想，如果换成另一个民族的将军或坦克手，情形将会怎样呢？而如果失去了赫尔岑，正如我们所知道的，俄罗斯革命史和俄罗斯思想史都将是断裂而又残缺的。看一下沙皇枢密院总检查官祖布科夫的书房也许是十分有意思的。赫尔岑写道："他的书房里挂满了所有革命名人的肖像，从汉普登和伯伊到菲艾斯基和阿尔芒·卡列尔。在这个革命圣像壁下方有一个完备的禁书库。一具骷髅、几只鸟标本、几只制作过的两栖动物和若干保存在酒精里的动物内脏——它们给这间气氛非常热烈的书房加上一种思考和研究的色彩：这位大臣的书房所表现出的现代气息和人文气息，与《祝福》里鲁四老爷的书房实在大异其趣。

在《萨哈林旅行记》中，契诃夫这样描绘这个流放之岛和监狱之岛的岛区长官科诺诺维奇将军："谈吐高雅，文笔优美，给人的印象是一位诚挚的、充满人道精神的人。"一位少校典狱长冒着生命危险，从傍晚到凌晨两点一直巡游海上寻救一位被波浪卷入大海的苦役犯的故事，契诃夫记述得更加详备。上述这些人，无论是艺术院秘书还是禁卫军军官，无论是要塞司令、岛区长官、典狱长，还是总检查官，他们无不表现出强烈的尊严意识和人道主义倾向。他们即使身居要职也改变不了沙皇政权的专制体制和非人性质。但他们以自己良好的人文素质和历史良知，在国家机器与历史要求、民族利益、革命思想之间构成了一种弹性，正是这弹性使得新思想新力量不但未遭毁灭，反而勃然发展。这些官员作为人民的一部分，实际上可以看做是反对他们的那些思想家革命家的精神资源和社会基础，即使是亚历山大一世这样的沙皇，面对着日趋强盛的革命团体和思潮，也一直在观望和思索，而不让他的僚属举起屠刀，他表现出强烈的历史良知。在处死普加乔夫之后，俄国实际上废除死刑达五十年之久，这为培养人道主义精神和生命意识开辟了一片政治空间。可以说，俄罗斯思想家革命家只是把深蕴在人民心中的心理倾向明白地表述出来并担当起来。他们在政治上是沙皇和将军和大臣的敌人，但在人文素质和人道倾向上，敌对的双方却是颇为相近的。

十二月党人起义被镇压以后，俄罗斯社会一度出现了严重的政治黑暗和道德堕落。可是这个民族对于正义事业的崇仰和对于英雄人物的热爱还是以某种方式表达了出来。赫尔岑带着深深的敬意写道："那些给判处苦役的流放人的妻子被剥夺了一切公民权利，抛弃了财富和社会地位，动身到西伯利亚东部去，一辈子忍受那里可怕的气候，和当地警察的更加可怕的压迫。姐妹们没有权利到她们的哥哥或者兄弟那里去，她们就退出宫廷，过着隐居生活，许多人离开了俄国；几乎所有妇女的心里都保留着对那些受害者的热爱……”特鲁别茨卡雅公爵夫人第一个动身去西伯利亚，追随着她的英雄丈夫并死在那里。法国姑娘唐狄在巴黎得悉昔日情人伊瓦谢夫被判流放西伯利亚，立即来俄国要求去西伯利亚与情人结婚。尼古拉一世虽甚感恼怒，终于还是同意了她的请求。这对年轻的情侣后来双双死在苦难深重的西伯利亚。赫尔岑的记述使我想起后来车尔尼雪夫斯基的两件事。在给车尔尼雪夫斯基执行象征性死刑的刑场边上，一位少女把一束鲜花递给了这位囚徒。在随后奔赴西伯利亚的途中，一位马车夫用这样的话跟车尔尼雪夫斯基告别：“谁拥护人民，他就被流放到西伯利亚去，这一点我们早就知道。”俄国革命家能在流血牺牲的同时享受到如此伟大的幸福，真叫人妒羡不已。这些精神巨人最需要的并不是世俗的功德圆满，而恰是这种被理解，这种在精神上与世界的联系和沟通。他们因为有了这样的人民而伟大，也因为有着这样的人民而幸福。

而在另一个民族，情形则远不是这样。像邹容、陈天华、秋瑾、徐锡麟这样的人，既没有赫尔岑那样丰厚的精神资源，更没有特鲁别茨卡雅公爵和车尔尼雪夫斯基式的安慰和幸福。他们永远遇不到老布肖那样的老师、要塞司令那样的办案者、少校典狱长那样的官员、特鲁别茨卡雅夫人那样的家属、马车夫那样的老百姓等。秋瑾的叔父就是她的告密者，她死后不但没有得到鲜花，而且被老百姓吃了她的鲜血，徐锡麟更是给办案者分吃了心肝。1978年，当李九莲那颗决不放弃思考的头颅倒在血泊中时，她的同时代人都在准备着高考，甚至没有一个人听见枪声。在她漫长的囚徒生涯中，家里没有一个人来看过她一次，没有一个人送过一次饭、一次衣。而她的厄运最初的起因，竟是她的男朋友的出卖。在中国绵延不绝的政治运动中，互相揭发、互相诬陷、卖友求荣、卖亲求荣的现象是如此普遍。一个人只要受到权力的敌视或迫害，几乎马上就要从社会结构和伦理关系中开除出去，谁也不敢拜访你，谁也不敢跟你打招呼跟你握手跟你聊天，谁也不敢给你写信，谁也不敢喊你为老师为同志为父亲为叔叔。虽然还有人谈到你，但那是按着官方口径进行诬陷和诽谤，也许还有人来敲门，但那是为了宣布跟你划清界线。难怪鲁迅吞吞吐吐地说，他没敢说出全部的真话，因为他还要在这社会中居住。他不敢真的被这社会和伦常所开除。鲁迅绝非多虑。一位因在庐山讲了几句大白话而丢官的政治人物，很快就被自己的妻子从家里开除了出去。在中国想做一条好汉，确实比别国更难。鲁迅曾感叹中国的监狱比别国的难坐，实际上何止如此。对于一位优秀人物来说，中国生活的千万个环节中，每个环节都杀机四伏。中国社会对于优秀人物怀着本能的仇恨和恐惧。顾准的遭遇很能说明问题，顾准受到迫害后，他的妻子绝望地自杀了。子女宣布与他断绝亲缘关系，还逼着顾准签字同意。他的老母亲住在妹妹家里，可因为妹婿是官场中人，为了照顾官员的前途，这对同住一城近在咫尺的母子终生不得相见。顾准拖着病体，蜷曲在孤室寒窗之中，形单影只地写着那些先知般的文字。他一再要求与子女恢复关系，均遭拒绝。他只能从别人那里收集子女的照片，以此寄托他的慈父之情。他临终的时候，又一次吁请子女“宽恕”他（倒好像他真有什么罪过似的）并来看看他，自然是又一次遭到拒绝。无休的政治迫害，无穷的精神凌辱，无限的感情折磨，这就是一个文化英雄的境遇和结局。如果他的母亲来给予抚慰，妻子来给予照顾，兄弟姐妹们来给予帮助；如果他的子女来为他骄傲，他的朋友来与他切磋，我相信这个顾准一定可以写出更加坚定、彻底的文字，也许当我们回顾“文革”时，就可以因为有了一位精神巨人和文化英雄而感到骄傲和安慰。然而，顾准终于没有得到这样的幸运，这个民族终于没有得到这样的幸运，因为这个民族像他的子女一样，一直在遗弃着他、拒绝着他。直到他逝世二十年之后，《顾准文集》才在中国一个最偏僻的角落里勉勉强强问世。

我们平时谈论那些优秀人物时，常说他们“孤胆”、“孤勇”、“仅仅凭着个人就敢于与整个世界对抗”，其实这都是片面而又夸张的说法。优秀人物自己也爱作如是说，那更是饱含愤激之情了。有恃才能无恐，谁能够在精神上无所凭依就自然地强大起来呢？越是精神强大的人，越是需要拥有最丰厚的精神资源。一个巨人不但需要通过研读典籍占有历代前贤的精神财富，不但需要通过研究人性和社会来把握人性的需要和历史的走向，他还同时需要周围那些有血有肉的人的理解、支持、温暖、尊敬、鼓励，他需要从这样的心灵交流中得到勇气和力量。如果没有这些条件，再伟大的人也会枯竭夭亡而无从成其伟大。在这样的意义上，任何一个伟大的人都是凭着他的族群并代表他的族群成为伟人的。所以，那些产生了巨人的民族必是像巨人一样可敬可仰的民族。

1827年的某个黄昏，十五岁的少年赫尔岑和他的朋友奥加略夫郊游来到了莫斯科旁的麻雀山上。太阳正在徐徐西沉，圆屋顶闪闪发光，美丽的莫斯科铺展在山下一望无际的地面上，清新的微风迎面吹来，诗意盎然。这对少年想到了全人类的命运和幸福，想到了俄罗斯的现状与未来。他们意识到了自己的灵魂的纯洁与高尚，意识到了自己是命中注定应该担当大任的优秀人物。他们站在夕阳微风之中，互相依靠，突然间热烈地拥抱起来，他们对着伟大的莫斯科发誓，一定要为自己的使命奋斗到底，直至献出生命。在后来的岁月中，俄罗斯人民果然将赫尔岑造就成了一代巨人。这位巨人的力量，正如我们所已经知道的，不仅来自十二月党人的鲜血和老布肖的祝福，也来自要塞司令斯塔阿尔将军的理性与公正，还来自追随丈夫流放到西伯利亚去的妇女们和对革命家表示尊敬的马车夫们，甚至还来自亚历山大一世对起义前的十二月党人的理解、宽容与尊重。一句话，他的力量来自全体人民的人文理想和整个民族的历史良知。中国的优秀人物却不曾得到赫尔岑式的条件和幸运，无论是谭嗣同、陈天华、秋瑾、徐锡麟，还是李九莲、遇罗克、王申酉、顾准，他们无不在缺乏精神滋养和力量源泉的绝境中无望地死去。中国要想诞生真正的精神巨人，遥矣远矣。

# 诺贝尔遗嘱

◇ 阿尔弗雷德·伯恩哈德·诺贝尔

我，签名人阿尔弗雷德·伯恩哈德·诺贝尔，经过郑重的考虑后特此宣布，下文是关于处理我死后所留下的财产的遗嘱：

在此我要求遗嘱执行人以如下方式处置我可以兑换的剩余财产：将上述财产兑换成现金，然后进行安全可靠的投资；以这份资金成立一个基金会，将基金所产生的利息每年奖给在前一年中为人类做出杰出贡献的人。将此利息划分为五等份，分配如下：

一份奖给在物理界有最重大的发现或发明的人；

一份奖给在化学上有最重大的发现或改进的人；

一份奖给在医学和生理学界有最重大的发现的人；

一份奖给在文学界创作出具有理想倾向的最佳作品的人；

最后一份奖给为促进民族团结友好、取消或裁减常备军队以及为和平会议的组织和宣传尽到最大努力或做出最大贡献的人。

物理奖和化学奖由斯德哥尔摩瑞典科学院颁发；医学和生理学奖由斯德哥尔摩卡罗琳医学院颁发；文学奖由斯德哥尔摩文学院颁发；和平奖由挪威议会选举产生的五人委员会颁发。

对于获奖候选人的国籍不予任何考虑，也就是说，

**阿尔弗雷德·伯恩哈德·诺贝尔**（1833—1896），瑞典化学家、工程师、发明家、军工装备制造商和炸药的发明者。他不仅把自己的毕生精力贡献给了科学事业，而且还在身后把自己的遗产捐献给科学事业，用以奖掖世界各国在物理、化学、生理或医学、文学、和平等领域做出重大贡献的人或组织。今天，以他的名字命名的科学奖，已经成为举世瞩目的最高科学大奖。诺贝尔奖于1901年12月首次颁发，后来增设了经济学奖和地球奖。

不管他或她是不是斯堪的纳维亚人，谁最符合条件谁就应该获得奖金，我在此声明，这样授予奖金是我的迫切愿望……

这是我唯一存效的遗嘱。在我死后，若发现以前任何有关财产处置的遗嘱，一概作废。

# 向儿童学习[1]

◇ 王开岭

**王开岭**（1969—），当代作家，著有《跟随勇敢的心》、《精神明亮的人》等。

每个人的身世中，都有一段能够称得上“伟大”的时光，那就是他的童年。泰戈尔有言：“诗人把他最伟大的童年时代，献给了人类。”或许亦可以说：孩子把他最美好的孩提岁月，献给了成人世界！童年的伟大即在于：那是一个怎么做梦怎么遐想都不过分的时段，那是一个有能力让孩子相信梦想可以成真的年代……一个人的一生中，所能给父母和亲人留下的最珍贵礼物、最难忘的纪念，就是他遥远的童年了。

德国作家凯斯特纳在《开学致词》的演说中，对家长和孩子们说——

“这个忠告你们要像记住古老的纪念碑上的格言那样，印入脑海，打入心坎：这就是不要忘怀你们的童年！……只有长大成人并保持童心的人，才是真正的人！……假若老师装做知晓一切的人，那么你们宽恕他就是，但不要相信他！假如他承认自己的缺陷，那你们要爱戴他！因为他是值得你们爱戴的……不要完全相信你们的教科书！这些书是从旧的教科书里抄来的，旧的又是从老的那里抄来的，老的又是从更老的那里抄来的……”

作家的最后一句话让我激动得几乎颤抖了。他是这样说的：

---

① 选自《视野》2004年第5期。

"你们现在想回家了吧？亲爱的小朋友，那就回家去吧！假如你们还有一些东西不明白的话，请问问你们的父母！亲爱的家长们，如果你们有什么不了解的话，请问问你们的孩子们！"

请问问你们的孩子们！多么精彩的忠告，多么让人沉思的警策啊！

公正的上帝，曾送给每个生命一件了不起的礼物：绿色的童年！可惜，这绿色在很多人眼里似乎并没什么了不起，结果是丢得比来得还快，消褪得比生长得还快。

儿童的美德和智慧，常常被大人们粗糙的双目所忽视，常常被不以为然地当废电池一样地扔进岁月的垃圾沟里。而很多时候，孩提时代在教育者那儿，只是被视作一个"待超越"的初始阶段，一个尚不够"文明"的低级状态……父母、老师、长辈都眼巴巴焦急地盼着，盼望他们尽早地摆脱这种幼小和单薄，"从生命之树进入文明社会的罐头厂"，尽早地成为和自己一样"散发着罐头味的人"……继而成为具有教育下一代资格的"大人""成品人"①。

也就是说，儿童在成人们眼里，一直是被当做"不及格、非正式、未成型、待加工"的生命来关爱和呵护的。

这实在是天大的误会。天大的错觉。天大的"自不量力"。

1982年，美国纽约大学教授尼尔·波茨曼出版了《童年的消逝》一书。书中的一个重要观点即：捍卫童年！作者呼吁，童年概念是与成人概念同时存在的，儿童应充分享受大自然赋予的童年生活，教育不应为儿童未来而牺牲儿童的现在，不能从儿童未来的角度来提早设计儿童的现在生活……美国教育家杜威也指出："生活就是生长，所以一个人在一个阶段的生活，和另一个阶段的生活是同样真实、同样积极的，这两个阶段的生活，内容同样丰富，地位同样重要。因此，教育就是无论年龄大小，提供保证其充分生活条件的事业……"他说，"教育者要尊重未成年状态"。目前国际社会基本认同的童年概念包括：第一，必须将儿童当"人"看，即承认其独立人格。第二，必须将儿童当"儿童"看，不能将其当做"成人的预备"。第三，儿童在成长期，应尽量给其提供与之身心相适应的生活。

对儿童的成人化塑造，乃这个时代最丑最愚蠢的表演之一。而儿童真正的乐园——大自然的丧失，是成人世界对童年犯下的最大罪过。就像鱼塘鱼缸对

①这段话原为德国小说家、剧作家、儿童文学家埃里希·凯斯特纳所说。

鱼的犯罪，马戏团动物园对动物的犯罪。我们还有什么可向儿童许诺的呢？

人要长高，要成熟，但并非成熟就一定是成长。有时肉体扩展了，年轮添加了，反而灵魂萎缩，人格变矮，梦想溜走了。他丢失了生命最初的目的和意义，他再也找不回童年时那种纯真又极度本色和正常的感觉……

"回家问问孩子们！"这并非一句戏言，一个玩笑。

在热爱自然，热爱动物，热爱和平、反对杀戮、保护环境，维持生态……无数方面，有几个成年人能比孩子理解得更真诚、更本色，履行和实践得更彻底更不折不扣呢？

当成年人忙于毁灭森林、猎杀珍禽、锯掉象牙、分割鲸肉……忙于往菜单上填"熊掌、蛇胆、鹿茸、猴脑……"的时候，难道不应回家问问自己的孩子们吗？当成年人昧着良心欺上瞒下、言不由衷、对罪恶熟视无睹、对丑行隔岸观火……的时候，难道不应回家问问自己的孩子们吗？

有一档电视节目，播放了记者暗访一家"特色菜馆"的情景，当出现一只套铁链的幼猴面对屠板——惊恐万状、拼命向后挣逃的画面时，我注意到：演播室的现场观众中，最先动容的是孩子，表情痛苦最强烈的是孩子！最先失声啜泣的也是孩子！无疑，在很多良知判断上，成年人已变得失聪、迟钝、麻木不仁了。一些由孩子脱口而出的常识，在大人们那里，已开始变得嗫嚅不清、模棱两可、含糊其词了。

可以说，儿童在对人间善恶、好歹、美丑的区别，在保持清晰的看法、做出果决的判断和立场抉择方面，比成人要健正、纯粹得多。儿童生活比成人要朴实、要干净、要简单明朗、要有尊严。他不懂得妥协、欺骗、撒谎、虚与委蛇……等"厚黑"技巧，他对危弱者的同情和救援之慷慨、施舍之大方是最令人感动的，堪与最纯洁的宗教行为相媲美。

"天真"——这是我心目中所能做出的对人的最高褒评！简单、清澈、不掺杂质即是美！拒绝复杂、浑浊和阴暗即是美！流畅、朴实、纯净、坦然、不折不扣……即是美。比如琥珀，比如玉石，比如婴孩的瞳仁、鸽子的神情、少女的皙肤……

那时候，我们以为天上的星星一定能数得清，于是便真的去数了……

那时候，我们以为所有的梦想明天都会成真，于是便真的去梦了……

可以说，童年所赐予我们的幸福、勇气、快乐、鼓舞和信心……童年所教会我们的高尚、善良、正直与诚实，比人生的任何一个时期都要多得多。

有一次，高尔基去拜访列夫·托尔斯泰，一见面，老人就对他说："请不要先和我谈您正在写什么，我想，您能不能给我讲讲您的童年……比如，您可以想起童年时一件有趣的事儿？"显然，在这位饱经沧桑的老人眼里，再没有比童年更生动更优美的作品了。

凯斯特纳的《开学致词》固然是一篇捍卫童年的宣言，令人鼓舞，让人感动和感激。但更重要的问题在于：后来呢？有过童贞岁月的他们后来又怎样了呢？一个人的童心是如何从他的生命中不幸消失的？即使有过天使般的笑容和花朵般的纯净又能怎样呢？倒头来仍免不了钻进其父辈们的躯壳里去，以至你根本无法区别他们……就像"克隆"的复制品一样：一样的臃肿、一样的龌龊、一样的功利、一样的俗不可耐、无聊透顶……

一个人的童心宛如一粒花粉，常常会在无意的"成长"中，被世俗经验这匹蟑螂悄悄拖走……然后，花粉消失，人变成了蟑螂。这也就是康·巴乌斯托夫斯基[①]所说的"生命丢失"罢。

所谓的"成熟"，表面上是一种"增值"，但从生命美学的角度来看，却实为一种"减法"过程：不断地交出生命中天然的美好元素和纯洁品质，去交换成人世界的某种经验、某种生存策略和实用技巧。就像一个单纯的天使，不断地掏出衣兜里的珍珠，去换取巫婆手中的玻璃球……

从何时起，一个少年开始学着嘲笑天真了，开始为自己的"幼稚"而鬼鬼祟祟地脸红了？

---

① 康·巴乌斯托夫斯基（1892—1968），前苏联著名散文大师、文学家。

# 教育的现实与现实的教育①

## ——序熊丙奇《教育的异化》

◇ 陈丹青

**陈丹青**（1953—），中国画家，文艺评论家。

去年给丙奇同志的《体制迷墙》作了书序，今岁他又写成新书《教育的异化》，电话打过来，逼我再写一篇。

我早已辞穷了。粗读书中历历指陈的教育现状，实在叹为观止：何等生机勃勃的荒谬啊——政策、对策，分不出什么是政策什么是对策；魔高、道高，看不清哪边是道哪边是魔。这样一笔庞大而精致的烂账，已不能仅止归因于体制，在我们能够想到的词语中，恐怕只得推诿给那个大字眼：国情。

说到中国的教育，我与丙奇可资分享的经验其实很有限：他从八十年代迄今全程体验了中国本土的求学过程，又当了十余年教师，三本书写下来，网罗教育现状的百般弊病与前因后果。我于"文革"辍学下乡，后来只上了两年大学，说来都是过时的经验，新世纪忝为教员，虽以辞职作罢，但毕竟难从学生与家长的角度亲尝教育体制的浩荡"恩德"——在我近年的经验中，仅知道教条之苛、招生之难，丙奇书中详细问难的教育投入、高校收费黑洞、贫穷学生问题、大学生就业困境、素质教育神话、学生话语权缺失、教育改革难以推行……这一团团教育问题的"乱麻"，我都不清楚，这篇序言该怎么写呢？

① 选自《退步集续编》，陈丹青著，广西师范大学出版社2007年版。

我索性以一位家长的身份回顾女儿的求学过程，看看另一国情教育的现实与现实的教育中的教育现实。只是说来有点话长，顾不得精炼了。

1988年，女儿不到九岁，随母移民纽约，头等大事就是怎样上小学——除了许多私立教会学校，美国所有中小学均冠以“Public School”字样，即“公立”之意。美国法律规定，所有公立学校不得以任何理由拒收任何到达学龄的孩子，而凡是美国公民、侨民和各国移民，包括非法移民的孩子一旦进入公立学校，直到十八岁，学杂费一概政府负担。

时在暑假，我所住区域的“PS69”小学空无一人，就近那所公立“145”中学早已贴出广告：请当地新移民的孩子进入暑期班，以便秋季正式转学。那天一早，我与上百名家长小孩排队等待办理手续：七月骄阳照着操场上的中国内地人、港台人，以及高丽人、越南人、印度人、南美人、黑人、波兰人、苏联人、罗马尼亚人，甚至来自英国法国意大利等“先进国家”的人……手续简单得令我失落：不用出示合法身份证，不必查看成绩单，只要有当地住址（凭国外来信信封），只要是个孩子（会开口说话，会眨眼睛，倘若残废，另有就学的去处）——总之，不到半小时，几组不同年龄的孩子已经闹成一片，被领进不同的教室，弃家长而不顾了。隔着窗玻璃望进去，我看见女儿正与一位黑人女孩比划着，跳起舞来，开始了她在异国的第一堂课。

中午去接女儿，她不肯回家：原来午餐也由政府埋单，她早已和那位新识的女孩成为莫逆之交，嫌我多余了。

秋季正式入学的经历，全忘了。只记得每天下午三点一过与其他家长在校门口迎候，听孩子们放学时有如几千只麻雀同时放声高叫的集体喧闹。所谓接孩子回家，只是将她转移到另一孩子的家，疯狂玩耍，直到天黑。

我不记得孩子的功课、分数、考试、付款，假如有过这些麻烦，我会记得——她像我一样，不是用功的好学生，我的记忆的空白是因为在那里没有中国入学的种种关卡与烦难——现在我只记得她一路玩耍看电视，转眼成了初中生。到初二，问题严峻了：不是功课、分数、考试、学费，而是班中一位与她要好的南斯拉夫籍女孩背叛了她，如所有孩子的童年龃龉那样。忽一日，她在厨房宣布她要离开公立初中，到马路另一端那座私立“圣女贞德”教会中学去。

在美国，退学上学，随时请便，因为没有转学转校的种种硬性规定。那天下午我带女儿进了教会学校安静的门厅，通报后，女校长亲自出见，带女儿进屋单独考试。大约是语文算学之类吧，十五分钟后她无事人一般出来，施施然跟我回家。才进门，校长电话到了，叫孩子明天上学。此外的细节我又忘了，只记得开始交学费，一千多美元一学期，略高于我当时的月房租。不几天，女儿穿上教会学校的统一校服：蓝格裙，黄衬衫，黑皮鞋。到她十六岁那年毕业，我与各国家长在教堂坐椅前起立，看孩子们鱼贯走向圣坛，排队唱歌，当下想起我十六岁与数千名大孩子嚎嚎啼哭，在火车站与竞相哀号的亲人壮烈告别，下乡当农民。

但我心里居然找不出一点儿羡慕之情：我从小就不爱上学。

私校与公校有哪些差异？有的。论师资水准与教学品质，前者比后者好得远，交钱与免费，毕竟不一样的。女儿自称在私校所学远比公校多得多，亦难得多。这只要看几所名扬世界的美国大学均为私立，便不难推想，而私立中小学也一样。中国今有贫富悬殊，美国则历来是阶级分明，"贫富"与"阶级"看似一回事，实则两回事，要来说清，太费周章。女儿初中毕业，像个人模样，有意攻读艺术了。哪样艺术呢？她没主意，只并非画画，因我从不诱导她。

纽约有两所专为文艺青年建立的高中，以便未来赴大学深造。女儿择其一报名："纽约艺术与设计高中"，又因为教会学校同学多，相偕报了另两所私立高中——艺术高中的所谓考试，很简单：一是当场画个人，好像是叫到学校考半天，二是画幅想象画，写篇短文，题目是描述自己喜欢的一本书，都在家里随便弄弄，送去了。教会高中的考试则在作文算学外另设专考"记忆"、"智商"的题目，一天考毕，不久便是录取通知书——这"通知"一项，私校公校均由纽约市教育机构统一办理，不是"录取书"，因通知的词语既不是考取也不是落榜，而是在你报考诸校中标出你被录取的校名，女儿一看，是艺术高中，教会高中的栏目空白着，等于落榜了，想必是算学之类不过分数线吧？孩子耸耸肩，我也无所谓。

诸位看官：女儿考中绝不是她画得好、写得好，我更是从未暗中帮她描过半根线条——她高声喝止我的任何帮助——而是这里几乎没有落第的学生，除非你是真的白痴。考试那天清晨，我照例陪着去，一出车门，女儿躬身呕一口酸水，正像我当年下乡的那天清晨，反胃欲吐：是少年人对成长的恐惧、无知，及生理的无辜。随即我们在礼堂目睹数百名新生难以遏制的羞怯和紧张……一两年后，我观赏了孩子们自己编写的话剧，还有头一场时装设计展，记得为首踏上T型台的是位黑人少女，手里抱着私生的婴儿，满堂鼓掌、叫喊、响亮的呼哨……于是上大学。

美国孩子上大学，必须交付高中的成绩单，必须在高中末期训练全国统一的SAT考试（即作文算数之类），以便投考大学。至于艺术专业的考试内容，几乎和上高中一样：交一幅画儿（照例在家慢慢涂抹），写一篇作文（我记得是描述“你做的一个梦”），接着，又是理所当然的录取通知书。诸位看官：不是因为孩子画得好，更不是我在那所大学事先拜托谁，而是大学几乎没有落第这一说，除非你是真的白痴。女儿考大学的细节，我完全不操心，甚至不记得，只记得她强烈要求离家住学校，虽然大学就在曼哈顿。

这所大学叫做“纽约视觉艺术学院”。女儿选择电影专业，头一年级就给编剧本、扛机器、拍电影、做剪接。所谓电影，长度三五分钟。女儿自编自导弄出三个黑白片，翌年突发奇想，不干了，径自回到中国的南京大学学中文，玩了一整年，重新学会她在小学一年级早已学会的中文“大小多少”之类，同时交一帮欧美留学生朋友联袂跑了安徽甘肃青海云南，再翌年，飘然回美，选了一所早先由美国左翼自由知识分子创建的“新派大学”（New School University），学什么人文学科去，直到拿学位。毕业迄今，跟她爹一样，单干，拍点时装照，再不肯上学了。

我知道，以上所说，是中美两国孩子们无法分享的经验（凡五六十年代出生的家长们反倒在中国的小学中学享受过全额公费教育）。不消说，中美两国的国情几乎没有可比处：丙奇书中罗列而追问的种种现象，美国没有，美国教育的种种措施，咱们这儿也没有——或者近年也学来一点吧，但必定转换为我们可爱的国情——在女儿求学的个案中，我仍然试图寻找对应于这本书中的几个点，提呈少许可资议论的讯息。

譬如学费问题。在美国，我女儿的家境绝非富有到可以供她上哈佛、考耶鲁，也远未贫穷到依赖联邦政府的贷款与救济。她的同学大抵出身普通白领、蓝领与中低收入的移民家庭，没听说哪位家长是千万豪富，为学费倾家荡产以至寻死上吊的个例更是闻所未闻。她的穷同学很不少，多数单亲家庭，其中一位今已从李安的母校“纽约大学电影学院”毕业的男生乔万尼，父母离异，不久母亲得病去世，联邦政府照例为孩子办了专项助学金，包括生活费，直到十八岁。和我一样，女儿从小喜欢与穷孩子玩耍，我因此熟悉好几位她的同学的家，相当于中国都市贫民家庭，但那种穷法绝不凄惨，事事俭朴，然而开开心心。我看不出种族歧视，更不见贫贱的自卑：她（他）们长大了，如今不论职业，都在社会上堂堂正正做事做人，那位漂亮的孤儿乔万尼已经和好莱坞明星混在一起拍过几回电影，要女儿给他拍了几百张油头粉面的大剧照。

再譬如校舍与所谓行政问题。女儿上小学迄今，近二十年过去了。那同一所小学、中学，已经扩建将近一倍。为什么呢，因为纽约地区的移民（包括非法移民）子女成倍增长，校舍不济，地方联邦政府不敢怠慢，持续拨款增建校舍，这是虚伪的民主制度与当地议员必须切实兑现的首要承诺之一。顺便一提：新增校舍的造型设计苦心配合老校舍的风格与规格，丝毫不曾破坏原有的景观。内部设施的现代化，则远胜于昔。至于学校的行政机构和人员，真叫做精兵简政，从善如流。美国最贵的是人工与时间，哪来闲钱琐事养一堆人。女儿一路上学的种种手续，在我记忆中都是顷刻办成的。

教学的内容与品质怎样呢？说实话教育的没落如今恐怕是世界性问题，举证太繁，不细说。美国有些家长不送孩子上中小学，自己在家授课；大学生抱怨教育的声音亦时有所闻。女儿即曾告知同学不满于哪位教授，联名告上去，那教授翌日即被解聘。不过回想她接受教育的一鳞半爪——真惭愧，我几乎不曾过问——依然不失为“人”的教育。譬如在她高中的历史课，竟包括中国先秦及至共和国历史，父子对话，女儿接得上来，还纠正了我的不少盲点与错误，另外居然有中国电影的专职讲师，使她对民国电影及第五代之类，如数家珍。大学时期她曾专修但丁的《神曲》，老教授每讲到维吉尔天堂门前告别一节，总会热泪滂沱：此非关学问，而俨然是可敬可爱的师德了。学生的心态怎样呢？就我所见，美国孩子从不为“名校”问题所折磨。谁都尊敬哈佛耶鲁，佩服那进入名校的人，但谁都明白那是家境、学费与阶级分层的问题，或不作非分之想，选择高校的态度坦然而平实；或发奋苦读，申请名校奖学金。为了恋爱、抑郁及其他青春问题，校园自杀案不是没有，枪击暴力与毒品问题更是美国的社会特产，但由于落第名校而羞忿轻生的个例，从未听说过。

而美国没有“素质教育”。这句似是而非的词语，适可确证我们的“教育素质”何其不堪。

先说学生的“素质”。几个微小的例：那位与女儿闹矛盾的初中女孩，一年后递个条子给她，真诚道歉。女儿高中开始恋爱，先是甩人家，后是被人甩，初尝失恋，即给前面的男友去道歉；两年后，那伤了她的男孩也来了道歉的信——

他们既不知《论语》，也没念过“人之初，性本善”的《三字经》——没人教孩子这么做，只为道歉是美国生活的日常习惯，非要追溯其因，恐怕是基督教义中宽谅与赎罪的世代渊源吧，女儿上了西方文化的当。与道歉相反的例，也说一件：我有位中国朋友的女儿在纽约头牌高中“斯蒂文森”当选学生会主席，那年海湾战争爆发，小布什纽约行，有意来校做报告。校长大高兴，可是学生头与大家一商量，说是校中各国移民孩子多，发动战争的总统来，欢迎不欢迎？于是投票，于是否决。校长恼怒，总统尴尬，结果还得听学生，讲演取消了——这样的学生素质高不高？我看是校长总统素质还可以。

再说教师的素质，高明的个案不提，只说件小事：90年代，纽约三个中学浑小子为了抢钱换毒品，越窗入室，杀了一位老师。事后查证，那是亿万富豪、华纳广播公司总裁的儿子，他不靠祖荫，默默当他的中学老师，平素得众生敬爱，死后，大家才获知他的出身。在各种公益职业中，我就亲眼见识过不少位大有来历的世家子弟，质朴纯净，心甘情愿为人民服务。

此外，美国孩子从小自己靠自己：不是素质好，不是靠教育，而是天经地义，家家都如此。女儿从初中开始就寒暑假找工做，或是毫无报酬的义工，或是零星收入的小活计。一朝上大学，父母交学费，不必开口，孩子自会去找份工。大学期间她在纽约一家古董电影院做服务员，卖票、领座位、售爆米花，做了四五年，薪资够交自己的房租与零花，买鞋买衣都去二手店。我的收入逐年好起来，给她钱，严词拒绝，存她账户，几年不动。这是她格外懂事吗？非也，在她周围，克勤克俭的美国孩子实在多得很。克勤克俭又为什么呢，只为美国人的信条是“上帝帮助那自助的人”。

我是个随随便便的家长，功课不问，凡事由她，除了承女儿赏脸与我聊聊天，不记得对她施行过所谓教育；她也是个随随便便的女儿，胸无大志，自得其乐，只一项与我同调，便是自小及大沉溺于不切实际的空谈……普天下格外优异或绝难救药的孩子，毕竟稀少，女儿如大部分初涉人生的美国青年一样，未必自信、自强，然而自在、自尊，并初告自立，此外还要怎样呢？现在将她求学的经历过一遍，无可夸耀，无可失望，与丙奇书中千奇百怪的人事对一对，她的个例，无非呈示了美国教育的常态。

中国的教育常态是什么？长久以来，我们要么渲染名校的神话，似乎那才算教育的荣耀；要么痛陈教育的痼疾，那是全社会难以舒解的怨气。在一位名校幸运儿与一位自杀的穷家长之间，丙奇同志的这本书告诉我们：什么是当今中国教育的常态，或者说，非常态，再或者说，这非常态怎样一步步变成司空见惯的常态。

我不曾在美国当过教师，对美国大学从教授、校长到整个教育形态，无法陈述。我所能例举的只是千万名学生之一，也即我的女儿在美国就学的经历。我之所以回想到以上美国教育的点滴现实，是因我近年亲身接受了中国现实的深刻教育——人口太多，国家太大，包袱太重，改革太难，总之，政府不容易，百姓要体谅，等等等等。在这本书中，我发现，所有问题不在中国的教育，而在中国的现实，教育问题只是现实之一端。换句话说，单是追究教育问题休想改变教育，除非你改变现实。但是可能吗？我们清清楚楚看到，教育根本无法改变现实，而是持续被现实所改变。

这本书的题目叫做“教育的异化”。异化的毒效，不在校园内的教育，而是转化为校门外的现实，蔓延侵蚀我们的家庭、社会、政府与国家，尤有甚者，这毒效从深处塑造着我们的集体人格与价值观——教育之所以非得改革，教育之所以太难改革，乃因我们深陷其中者，全是具体而微的现实问题，而未必是形形色色的教育问题。多年来，所有部门、所有人，都在给教育拼命想办法，然而谁都拿现实没办法。这本书试图证明：层出不穷的“好办法”都用过了，都没用，都无一例外地变成坏办法，反正，中国教育的种种新办法、老办法、硬办法、软办法，结果仍旧是没办法——如此看来，这些办法无异于伪办法，一如今日的中国教育，其实是伪教育。

据说，一个国家最长远最根本的振兴之举，是办好教育。又据说，“最大的失败是教育的失败”。当我们面对今日的教育现实，同时是在领教现实的教育：现实的教育和课堂的教育，哪边更奏效、更厉害，更其积重难返呢？

我已经絮叨太多了，还请诸位一读熊丙奇同志的这本书。

# 蔡元培先生[1]

◇ 余毅

蔡先生的传记将来自有人做，这里为材料所限也不能做，只就我所记得的几件事说一下。

蔡先生的一生在中国史上有重大关系的，有三个阶段：一是民元任教育总长，二是民六任北京大学校长，三是民十八任中央研究院院长。无论在教育上，在学术研究上，都是开风气奠基础的工作。先生站在崇高的地位，怀着热烈的情感和真实的见解，指导青年向前走，可以说这二十九年来的知识分子没有不受着他的影响的。

我是北大学生，在他没有当校长的时候已在那边了。那时的北大实在陈旧得很，一切保存着前清“大学堂”的形式。教员和学生，校长和教员，都不发生什么关系。学生有钱的尽可以天天逛妓院，打牌，听戏，校中虽有舍监也从不干涉。学生有事和学校接洽，须写呈文，校长批了揭在牌上，仿佛一座衙门。蔡先生受任校长之后，立即出一布告，说“此后学生对校长应用公函，不得再用呈文”。这一下真使我们摸不着头脑，不知这位校长为什么要这样的谦虚。稍后他又出版《北大日刊》，除了发表校中消息之外，又收登教员学生的论文，于是：渐有讨论驳难的文字出来，增高了学术研究的空气，学生

① 选自《百年老课文》，胡继华、马自力主编，北岳文艺出版社2003年版。

对于学校改进有所建议时，他也就把这议案送登《日刊》，择其可行的立即督促职员实行。这样干去，学生对于学校就一点不觉得隔膜，而向来喜欢对学生摆架子的职员也摆不成架子了。

蔡元培先生是一位革命家、教育家、政治家。曾任中华民国首任教育总长和北京大学校长。在他的倡导之下，北大有了革新，开创了“学术”与“自由”之风。

北大学生本来毫无组织，蔡先生来后就把每班的班长招来，劝他们每一系成立一个学会。许多班长退下来踌躇道：“这件事怎么办呢？”因为同学间实在太散漫了。但靠了蔡先生的敦促和指导，以及学校在经费上的帮助，许多会居然组织起来了。不但每系有会，而且书法研究会、画法研究会、音乐会、辩论会、武术会、静坐会……一个个成立起来，谁高兴组织什么会就组织什么会，谁有什么技艺就会被拉进什么技艺的会。平时一个人表现自己能力时很有出风头的嫌疑，可是到了这个时候，虽欲不出风头而不可得了。校中尽有消遣的地方，打牌听戏的兴致也就减少许多了。一校之内，无论教职员、学生、仆役，都觉得很亲密的，很平等的。记得蔡先生每天出入校门，校警向他行礼，他也脱帽鞠躬，使得这班“小”惯了的仆人看了吐出舌头来。

《北大日刊》的稿件拥挤了，他就添出《月刊》。《月刊》的发刊词是他自己做的。他说：“《中庸》里说的‘万物并育而不相害，道并行而不相悖，此天地之所以为大也’。我们应当实践这句话。”那时正在洪宪帝制和张勋复辟之后，我们看他把帝制派的刘申叔先生（师培）请到国文系来教中古文学史，又把复辟派的辜鸿铭先生（汤生）请到英文系来教英国文学，刘先生的样子还不特别，辜先生却是大辫子，乌靴，腰带上眼镜袋，扇袋，鼻烟袋，历历落落地挂了许多，真觉得有点不顺眼。但想《月刊》的发刊词，就知道他是有一番用意的，他不问人的政治意见，只问人的真实知识。哲学系的“经学通论”课，他既请今文家崔适担任，又请古文家陈汉章担任，由得他们堂上的话互相冲突，让学生两头听了相反的议论之后，自己去选择一条路。

国史馆自馆长王闿运死后，归并北大，蔡先生就兼任了馆长。为了编史，他请了许多专家，如张相文、屠寄、叶翰等等，于是在大学中也添设了史学系，请这班先生兼一些课。国史馆中除了搜集民国史料之外，还编中国通史和分类史，定有很周密的计划。

那时国立大学只有这一个，许多人眼光里已觉得这是最高学府，不能再高了。但蔡先生还要在大学之上办研究所，请了许多专家来做导师，劝毕业生再入校做研究生，三四年级学生有志深造的亦得入所，常常开会讨论学问上的问题。这样一来，又使大学生们感觉得在课本之外还有需要自己研究的学问。清朝大学堂时代，图书馆中曾有许多词曲书，给监督刘廷琛看做淫词艳曲，有伤风化，一把火都烧了。到这时，蔡先生请了剧曲专家吴梅来做国文系教授，国文研究所中又大买其词曲书籍。岂但搜罗歌曲而已，连民间的歌曲也登报征集起来了，天天在《北大日刊》上选载一两首，绝不怕这些市井猥鄙的东西玷污了最高学府的尊严。那时我们都是二十余岁的青年，自以为思想很新的了，哪知一看学校当局公布的文件，竟新得出乎我们的意想之外！

从前女子只能进女学堂，她们的最高学府是女子师范学校，大学是她们无缘的。北大既然这般新，当下就有女学生妄觊非分，请求旁听。这使得校中办事人为难了，究竟答应不答应呢？蔡先生说："北大的章程上并没有说只收男生，不收女生的话，我们把她们收进来就是了。"于是就有胸挂北大徽章的女子出现于学校中，给男生一个强烈的刺激。到了暑假招生，有女子来报名应考，这一年录取了三个，校中始有正式的女生。学生定《日刊》是归号房办的，有一天我去取报，哪知已被同学强买了去，原来这天报上登着这三位女同学的姓名，大家要先睹为快呢。到现在，哪一个大学不收女生？试到华西坝一看，女同学竟比男同学还多了。

北大一天一天地发皇，学生一天一天地活泼，真可以说进步像飞一般快，一座旧衙门经蔡先生一手改造，竟成为新文化的中心。于是五四运动一试其锋，文化的锋头掉转到政治，就像狂飙怒涛那样不可抵御。那时北洋军阀和顽固学者恨蔡先生刺骨，必欲置之死地，徐树铮竟想架炮在景山顶上轰击北大。蔡先生在法国时留了长长的须，那时逼得没法，就剃了胡子逃回老家去。虽然风潮过后又请回来，毕竟做不长了。记得民国十二年彭允彝任教育部长时，就很不客气地下了"北京大学校长蔡元培应免本职"的命令。十五年国民革命军北伐，蔡先生在江浙预备响应，被革命目标五省联军总司令孙传芳下令通缉，他从浙江坐木船浮海到厦门。那时我在厦门大学任教，校中招待他，我也作陪。席上有人骂当时学生不守本分读书，专喜欢政治活动的，蔡先生就正色说道："只有青年有信仰，也只有青年不怕死，革命工作不让他们担任该什么人担任！”他这般疾言厉色，我还是第一次见呢。翌日他应厦大浙江同乡会之招，报告浙江革命工作，说到工作不顺利处，他竟失声哭了。那时他已经六十岁，就在这般凄风苦雨之中度过了他的诞辰。

北伐胜利，他任了国民政府的几个要职。但他是生活简单惯了的人，听说他在法国时只穿工人的衣服，这时他虽任了监察院长，到他家里去还只看见客堂里沿墙放着四张靠背椅子，当中放着一张方桌，四个凳子，没有什么别的陈设。他的家在上海也只住在普通的“里”里，直到民国二十年后始迁入一所破旧的洋房。八·一三后，上海沦陷，他避居九龙，今天看到报上的唁电，依然是某某路某某号的“楼下二号”。他是绍兴人，绍兴是出酒的地方，所以他从小就能喝酒。记得民国二十三四年间，他到北平，北大同人在欧美同学会替他洗尘，一共五桌，差不多每人敬他一杯，他都喝干了。有人说：“蔡先生今天回来，看看他手创的北大，觉得高兴，所以多喝了些。”可怜这已是他最末一次到北大了！

蔡先生今年七十四岁，在他自己，辛苦一生，已经到了该休息的时候，可是我们如何舍得他呢！他在法国巴黎大学、德国来比锡大学研究哲学、美学、人类学、文明史等等，虽然归国后因为人事繁忙，自己没有写出多少东西（记得四五年前，他因身体不好，辞去兼职和名誉职，报上说有七十余个之多，可想见其忙），但他已把所学的一起用到实际上来了。他希望人家发展个性，他鼓励人家自由思想，他唯恐别人不知天地之大，他又唯恐别人成见之深。他要人多看，多想，多讨论，多工作，使得社会一天比一天进步，人生一天比一天快乐。这一个他的中心主张，虽则他自己没有明白说出，但是知道他的人一定感觉到的。这就是他在中国史上最大的贡献，也是将来的青年们永远不能忘记的人生指导。

# 在大学里要做的二十件事[①]

◇ 薛涌

如今是大学生入学的季节。我在《波士顿环球报》上看到一条新闻，综述了许多专家给大学新生的建议。题目叫《为了找到好工作现在要做的二十件事》，不妨边抄录边评论，看看美国大学教育的理念和我们是怎么不同。

第一，走出图书馆。你可以拿到学位，有很高的平均分，但仍然没有为实际工作做好准备。大学是四年人生经验，不是一百二十个学分。在美国的大学，课外活动常常和功课一样重要。

第二，在你的宿舍里开始做生意。记住，雅虎、Google都会争先恐后地买你弄出来的网站。这也许是和中国的大学最不同的。我们的名校曾禁止学生开小买卖。这次因为香港诸大学的冲击，我提出了北大清华“二流”说，有人义正词严地驳斥：北大清华学术气氛浓，香港的学生老是打工做生意。要按美国的标准，香港的大学确实在这方面领先一步。

别忘了，Google本身就可以归于大学宿舍里诞生的买卖。

第三，别债务缠身。在普通的州立大学和名牌但昂贵的私立大学之间，最好选择前者。因为目前州立大学质量很好。从个人前途上看，无债一身轻比花钱买个名

① 选自《中国杂文年选》，鄢烈山主编，花城出版社2008年版。

牌要有利得多。

第四，积极参加校园的活动。比如有个二年级的学生去年给新生当校园导游，今年成了导游部的主任。通过这种活动，她学会了怎么理解、帮助别人，满足别人的需要，和别人沟通。这在美国文化中，是所谓“领袖素质”的基础。找工作时会被别人另眼相看。

第五，不要读文科博士，除非你离了学术不能活。读博士对实际工作毫无帮助。美国的文科博士，培养出来只去大学教书，除此而外几乎别无出路。我写博士论文时叫苦：“早知如此，还不如去当出租车司机。”同事听了笑着说：“你知道吗？那些出租车司机，许多人有博士学位。”在中国，一些人有个博士学位仿佛是教育的炫耀性消费。

第六，别上法学院。前几天看报道，纽约律师事务所的起薪已经涨到十四万多美元，无怪法学院挤破门。但律师总是代表别人去争利，压力奇大。在美国，自杀是律师中第一号非正常死亡的原因。

第七，参加体育运动。调查表明，大学从事体育的人，毕业后比那些不沾体育的同学明显收入高。特别是企业总裁，从大学体育中获益甚大。这一点，在中文世界中，大概数我的近著《精英的阶梯：美国教育考察》中论述最详。美国人从事体育不仅是锻炼身体，而且是培养竞争的才能和领袖素质。一个大学运动队的队长到华尔街找工作，优势不可限量。

第八，别按着父母的期待生活，要干自己喜欢的事情。

第九，干一些你并不擅长的新事物。这一点我自己可以现身说法。大学生很爱给自己下定义，什么不擅长这个，不擅长那个，作茧自缚。你对自己未必了解。这是苏格拉底给人类的教诲。所以，请给你自己一个机会。我大学不学英语，觉得不喜欢，也无才能。后来被逼无奈，居然要靠说英语吃饭。如果我二十岁时有人给我指出这样的前程，我一定觉得是个笑话。我敢和现在的大学生打赌，你们中许多人，二十年后会生活在自己完全没有设想过的现实中。

第十，以自己为中心来定义成功，别以外在的东西（比如金钱）来定义成功。美国一位巨富之子，后来成了CNN的节目主持人。他说和名人一起长大再当记者，一大好处就是看破人生。那些从小见到的传奇般的富翁，有时比小老百姓生活得悲惨多了。他自己的一个兄弟就自杀了。

第十一，好工作要自己去找，不要等着天上掉馅饼。

第十二，选修关于“幸福”的心理课程。在哈佛，这一课程是最热门的课之一。大学开不出这样的课，是不合格的。

第十三，上表演课。美国社会整个就是个舞台。从教授、政治家、企业总裁，到律师、将军、记者，不会表演就很难出头。

第十四，学会赞美别人。在生活中，既要当好演员，也要当好观众。

第十五，使用职业咨询服务机构。美国大学一个重要部门就是求职咨询机构。专业人员帮助你分析自己的长短，以及就业市场，帮助你准备面试，修改申请信。没有这样的机构的大学，也不及格。

第十六，被拒后应该坦然以对。我有一位朋友，当年没有上清华，后来对我说：高考给人一种自卑心理。因为清华那个分，我发挥多好也到不了。所以，见了清华的就自觉低人一头。其实，他事业远比许多清华学生成功。一句话，要自己定义自己，不要用外在指标定义自己。

第十七，从上一点延伸下来，就是要傲视名校，别觉得上了哈佛有多么了不起。

第十八，不要过分追求完美，不要给自己不必要的压力。

第十九，要靠打工读完大学，积累工作经验。

第二十，把你的目标列成表，因为你没有计划就不可能成功。

其实，这二十件事就是一张表。这些建议，凝聚着许多在哈佛等校长期执教的教授的经验。我看了后，对比自己读大学时从老师那里接受的教导，简直目瞪口呆。这二十件事，没有谈课堂，没有谈读书。

上来就让你走出图书馆。其实，美国学生阅读量很大。但是，上课读书，只是大学生活的一角。大学生从走进校门那一天起，就要想到并且不断练习怎么走出来。我并不认为美国这一套完全都好。但是，对比一下，总可以帮助我们反省自己在大学应该干什么。

# 保持童心的重要性[1]

◇ 池田大作　里哈诺夫

**池田**: “溺爱”固然不好，但因此而“漠不关心”也不对。与孩子之间保持恰如其分的态度是很难的。

**里哈诺夫**: 我在《陡坡》一书（已译成日文）中写了父与子的关系及其理想的状态。在严酷的战争年代，一个因出征而很难与孩子见面的父亲，要男孩子记住一句话：“只要能战胜绝望的心情就行！”“要战胜感到绝望的心！”我描写了这种充满着爱的各种锻炼。

**池田**: 这是能留在人们心中的好作品。我们为了争取孩子们都能成为“全面的人”，那就一定要在我们的“大人的心境”中永远保持和认真培育“童心”。

为什么这么说呢？因为这种“童心”有一种对人、自然、宇宙等事物的清新的感受性，形成“全面的人”的胎珠，是自然地在大宇宙中进行呼吸和对话的体现者。

**里哈诺夫**: 您说得对。

**池田**: 遗憾的是与现代文明的物质丰富正好相反，这种丰富的感受性——对，就是在列夫·托尔斯泰的小说《哥萨克》[2]中，浓厚地体现在埃诺西加叔叔身上的那种作为大自然之子的感受性——已经大大

**池田大作**（1928—），日本著名的佛教思想家、哲学家、教育家、社会活动家、作家。

**里哈诺夫**（1935—），俄罗斯教育家、作家，作品有自传体三部曲《陡坡》、《音乐》、《木头的马》等。

① 选自《孩子的世界》，（日）池田大作，（俄）里哈诺夫著，卞立强、李力译，中国文联出版社2002年版。

② 《哥萨克》是列夫·托尔斯泰自传性小说。描述离开莫斯科城市生活的奥列宁，与老猎师埃诺西加、勇敢的年轻人卢卡西加及其恋人玛丽扬加等哥萨克一起共同生活的故事。

地枯竭了。

把自然、宇宙，有时甚至把人也变成了客体，使其堕落成为可以用科学、合理主义的解剖刀乱砍乱割的疏远冷淡的对象。

**里哈诺夫：**托尔斯泰一直在亚斯纳亚·波利亚纳的一个角落里为儿童教育付出全部力量。从大的方面来说，一定也是由于与甘地等人有着同样的观点，感受到了这种文明的危机。

**池田：**在忽视人的存在的浅薄的现代文明中，“童心”只是当做到达“大人的心境”之前的未成熟的、未完成的“半成人”。

其必然的结果，现代人造成的“大人”社会是忽视“孩子”的“大人”社会。这是多么寒碜、多么像嚼沙子似的枯燥乏味、没有生气的社会啊！它与可以让孩子们生动活泼成长的场所相距甚远。

从这一意义上来说，文明的危机也许首先会以教育危机的形式，最尖锐地爆发出来。

## 成为孩子就是成为巨人

**里哈诺夫：**我怀着极大的兴趣，阅读了您和吉尔吉斯斯坦共和国著名作家成吉斯·埃特玛特夫[①]的对谈集《伟大灵魂的诗》。在对谈中，埃特玛特夫先生引用了他自己编写的《苏联各民族民间故事集》的序文。他谈到雅努休·科尔切克[②]的《当我再次成为孩子的时候》时说：

“成为孩子就是成为巨人。我不是在开玩笑。正是孩子才能使可怕的自然现象屈服。孩子要从不幸中救出某个人，不管自然多么凶猛，他都有着像中世纪胆量与品质兼备的骑士那样战斗的决心。孩子还和未知的世界做斗争，而且经常取得胜利。为什么会是这样呢？因为在这里已经不再是为自己，而是为了

① 成吉斯·埃特玛特夫（1928—2008），又译为钦吉斯·艾特玛托夫，俄国作家。出生于吉尔吉斯共和国。曾作为“新思维”的旗手而活跃。历任总统评议会评议员，俄国驻卢森堡大使、吉尔吉斯斯坦驻比利时大使。

② 雅努休·科尔切克（1878—1942），波兰医生、教育家。一生从事儿科医生工作，同时主张儿童的权利，亲自创办孤儿院。纳粹占领华沙后，与转移到犹太人集中营中的孤儿院的两千名儿童同生活共命运，死于特列布林卡收容所的毒气室。

受虐待、受侮辱的人们的幸福而斗争。”

埃特玛特夫先生的话里带有几分含蓄。其实孩子的“童心”也可以说是像“巨人”那样要打破人们的观念和常识，完成创造性事业的母胎。

**池田：**事实上，不论是科学的领域还是艺术的领域，凡是做过创造性事业的人，不论年岁有多大，几乎毫无例外地都始终保有极其丰富的“童心”和清新的感受性。

教育领域本是培育这种创造性的场所。可是总的来说，越是发达国家越是呈现出严重的病状。我认为应当把这当做一个重大的文明论的课题，严肃地予以承认。

**里哈诺夫：**是这样的。我希望在这次对谈中，我们一定要谈论一下这一共同的课题，找出解决的办法。

**池田：**19世纪末一些先哲就已经对近代文明的弊病敲起了警钟。我看20世纪可以说是这些弊端已成为现实问题，呈现出危机状态的时代。

所以，社会上把对“孩子”的发现与“未开化”、“无意识”并列为20世纪的三大发现——我认为其实是再发现——之一，我认为是完全可以同意的。

**里哈诺夫：**完全同意。我擅自（笑）让池田会长给这一章的题目起名为“幼年时代就是人生，并不是人生的前奏”。——与我的这一想法还是完全符合的。

**池田：**不但不是“擅自”，反而是“预见”呢。（笑）这是因为，“文明”本来是与“未开化”相对，“意识”是与“无意识”相对，“大人”是与“孩子”相对，而后者却迅速地掉在前者的绝对优势之下，呈现出今天的危机状态。这就是以欧洲为主导的近代文明的真实现状。

我寄托于“创价教育”的理想，就是要恢复以佛教的“缘起观”为背景、发源于牧口首任会长的教育学说的“全面的人”；21世纪已迫在眉睫，我希望能为已走进死胡同的现代文明打开一个突破口。

# 优点单[①]

◇ 海伦·蒙思拉

**海伦·蒙思拉**，美国作家、教育家。

当老师的可能有个普遍的感受：调皮的学生往往更记得老师，而成绩好的学生毕业后常常就把老师忘得一干二净。这其中的原因耐人寻味，原因之一或许是，调皮的学生常挨批评并受人忽略，一旦受到老师的一点关心，就更加难忘吧。通常，人们交朋友是和对方的优点打交道，教学生是否也该有这个心态呢？如果做教师的，能给每个学生一份"优点单"，作为他幼小的生命中的第一笔精神财富，这就相当于赋予每个孩子一个充满自信、值得期待的未来。

1959年，我在密苏里达州莫里思市的圣玛利学校做实习教师，教小学三年级。我很爱我的学生，特别是马科·克鲁斯。这男孩很有教养，时常不忘记说"请"和"谢谢"。但是，也在像他这个年纪的其他孩子一样，他也很顽皮。有一次，为了他的不守纪律，我把他关在衣帽间，没想到他竟从窗户翻到壁炉再到屋顶，跑了出来。在课堂上他有时还管不住自己的嘴巴，忍不住要说话。尽管如此，我也不会老生他的气，每次我向他指出缺点，他都会谢谢我。而且，他是那么快乐，充满了活力，只要看看他，我就禁不住微笑。

那年的教学经历也不总是愉快有趣。为保持课堂

① 选自《中学人文读本·人与社会》，谢泳、王宁编，四川教育出版社2003年版。

纪律常弄得我筋疲力尽。更糟的是，我曾失声达三十五天之久。我学会了简明扼要地向学生阐明我的观点，以引起他们的注意，如果这一招不奏效，我便做出我的学生称之为“十三点”的怒目圆睁的面孔，他们一下子就安静下来了，就连马科也不例外。

虽然实习教师在工作中犯错误在所难免，但我对马科却犯下了一个很大的错误。一天，尽管我一再地提醒，马科自己也特别小心，他还是忍不住要在阅读课上说话。我失去了耐心，对他说：“如果你再说一个字，我就要把你的嘴巴用胶带封起来！”我从没想到要实施这个威胁。谁料不到十秒钟，一个学生报告说：“马科又在说话了！”

我想如果这时还不做点什么，恐怕学生以后将会无视我的权威。于是我打开抽屉，拿出胶带，一言不发，走到马科的座位前，用胶带在他的嘴上贴了一个大叉。我走回讲台，边看书边打量马科，他向我皱皱眉，胶带起了作用，我禁不住大笑起来，学生们也哄堂大笑。我耸耸肩，走回马科的座位前，撕下了他嘴上的胶带，全班一阵欢呼。马科仍然很有教养地说：“谢谢老师对我的帮助。”

正是通过这件事让我懂得了千万不要在大庭广众之下威胁一个学生，也不要在其他学生面前使一个学生难堪。

第二年，我被调去教初中的数学。五年后，马科又出现在我教的八年级的班上。他还是那么活跃，不过已经学会了在课堂上不随便讲话。对他和其他同学来说，数学是一门较难的学科，那是在一个星期五，我敢肯定，学了一周的代数，他们都已筋疲力尽了。这时我突然想到一个主意。因为在把学生作业本发下去之前，我想要写上几句评语，现在我想知道学生们怎么评价自己的同学，于是我给他们布置了一个即兴的作业。

我叫学生把作业本放在一边拿出一张白纸，写下每个同学的姓名，在名字的下边，写下他们认为的各个同学的优点。那堂课的其余时间，他们便埋头做这个作业，我也写我给他们的评语。观察他们做这个作业还真有趣。我可以看出他们正写着的是谁，他们常常抬起头来，看着一个同学，寻找灵感，然后眼睛突然一亮，埋头疾书一阵，接着转向另一个同学。那个周末我为每一个孩子写下了评语，先抄下同学写的，再在最后写下我的。我想象着当他们读到别人记下的自己身上的优点时，他们该是多么高兴啊！

星期一我把作业本一发下去，全班都在微笑：“我从来不知道对别人那意味着什么。”我听见一个学生说。“我不知道自己是那么逗人喜欢。”另一个说。

后来再没人提起这堂课，但是这次作业收到了预期的效果——他们对自己充满了信心，对同学充满了喜爱，而且更加热爱学习了。

这学期结束后，马科升入了高一年级，我也和他的家庭熟悉起来。他高中毕业后，我们保持着通信联系。越战期间，他从越南写信给我，告诉我他对战争和死亡是多么害怕。他说他常常做噩梦。我回信给他，告诉他我每天都在为他祈祷，我还把我现任班上的趣事写信告诉他。

1971年8月的一天，我休完假回家，父母到机场迎接我。回家的车上，母亲问了我一些旅途上的事以后，大家都沉默下来。我母亲瞥了父亲一眼，父亲清了清喉咙，这是他要宣布重要事情的前奏。“克鲁斯家昨晚来电话，”他开始了，“马科在越南阵亡。明天将举行葬礼，他们希望你能参加。”我现在还能回忆起父亲是在我们的车开到哪里说出的这段话。

教堂挤满了前来吊唁的人。我排在最后一个，从马科的棺材前走过。我心里的想法只有一个：“马科，只要你能重新说话，我愿意把世界上的所有胶带都清除掉。”到了墓地，一个年轻的士兵走上前来，“您就是马科的数学老师吧？”我点点头，他说：“马科时常谈到您。”

葬礼过后，我们到马科的家去，马科的父亲对我说：“我们想请你看一样东西。”他从口袋里掏出一个钱夹，“他们在马科的身上发现了这个，我们想您一定认得它。”他打开钱夹，从中间抽出一张破旧的纸，看得出来，它曾被重复地打开又折上过无数次。我不用读它，一下就知道了这是那张纸，上面是马科上八年级时同学们列出的他的优点。

“老师，感谢您安排了那次作业，”克鲁斯先生说，“马科一直珍藏着它。”

一大群马科的同学围了上来看那张单子。查理不好意思地笑着说：“我也保存着那张单子，它在我家书桌的最上边一个抽屉里。”

马科的妻子说：“马科要我把他的那张贴在我们的结婚相册里。”

薇婕掏出了她的钱袋，把她的那份揉皱的单子拿给大家看。“我到哪儿都带着它。”她说，“我想我们都保存着自己的那一份。”

我禁不住失声痛哭。

诚然，我对学生的鼓励在他们的成长中起了非常重要的作用，但更重要的是，我从马科身上也学到了很多东西。那时我只是一个实习教师，但正是从那时起，我开始懂得了上帝将那么多学生交给我，不仅是让他们能够学习。现在我在大学任教，每当回想起过去，我都觉得应该把马科看成我最伟大的“老师”——那个顽皮的、爱说话的、总是微笑的小男孩教给了我要宽容待人，这是我不可或缺的一课。现在我正在教给我所有的学生这门课。这就是我所想到的最好的纪念马科的方式。

# 幼稚园大学[①]

◇ 龙应台

这是一班大三的学生：聪慧、用功、循规蹈矩，标准国立大学的好学生。

看完期末考卷，批完论文报告，我把总成绩寄出，等着学生来找我：零分或是一百分，他们总得看着卷子的眉批，与我印证讨论过之后，才能知道为什么得了一百分或零分。

假期过去了，新学期开始了，学期又结束了。

学生来找我聊天、吃消夜、谈功课；就是没有一个人问起成绩的事。

有一个成绩应该很好的学生，因为论文的注脚写得零乱散漫，我特意大幅度地降低了他的分数，希望他来质疑时告诉他一个教训：做研究，注脚与正文一样重要。

但是他也没有来。

等了半年之后，我忍不住了："你们为什么不跟教授讨论成绩？"

学生面面相觑，很惊讶我问了这样一个问题。

"我们怎么敢呢？教授会很生气，认为我们怀疑他的判断力，不尊重他的权威。去讨论、询问，或争执成绩，等于是跟教授挑战，我们怎么敢？"

那么，假设教授打了个盹，加错了分数呢？或是一

---

① 选自《这个动荡的世界》，龙应台著，汕头大学出版社1998年版。

个不小心，张冠李戴呢？或者，一个游戏人间的老师真的用电扇吹考卷来决定成绩呢？

逐渐地，我发觉在台湾当教授，真的可以“get away with murder”，可以做出极端荒唐过分的事而不致遭到学生的反抗，因为学生被灌输了二十年“尊师重道”的观念；他不敢。

有一天，一个泪眼汪汪的女学生半路上拦住了我的车子：“有个同学扭伤了脚踝，你能不能送我们下山搭车回台北？我拦了三辆路人的车，他们都不肯帮忙！”

好吧！于是泪眼汪汪的女学生扶来了另一个泪眼汪汪的人，一跛一跛的，进了我的车。

下山只有几分钟的车程，可是车后两个人拼命掉眼泪、吸鼻涕。受伤的哭，因为脚痛，想妈妈；没受伤的也哭，因为她不知道如何处理这个情况。

事实上，这个惊天动地的“情况”只需要两通电话：第一通打给校医，第二通打给计程车行，如此而已。

我很惊异地看着这两个女生哭成一团。她们今年二十岁，正在接受高等的大学教育。

她们独立处事的能力，还不到五岁。

开始的时候，课堂上问学生问题得不到回音，我以为是学生听力不够，于是我把英语慢下来，一个字一个字说，再问，还是一堵死墙；于是改用国语，再问。我发觉，语言的问题其次，思想的贫乏才是症结所在。

学生很用功。指定的小说或剧本上课前多半很尽责地读完。他能把故事的情节大纲说得一清二楚，可是，当我开始问“为什么”的时候，他就瞠目以对——不知道，没想过。

他可以读十篇爱伦坡的谋杀小说，每一篇都读懂，但不能够综观十篇整理出一个连贯的脉络来。他可以了解苏格拉底为什么拒绝逃狱，也明白梭罗为什么拒绝出狱，但这两个事件之间有怎样的关系，他不知道。他可以说出诗人艾略特对艺术独创与模仿的理论，但是要他对王三庆的仿画事件发表意见——他不知道，他没有意见，他没学过，老师没教过，课本里没有。

我爱惜我的学生。像努力迎取阳光的黄色向日葵，他们聪慧、纯洁、奋发，对老师尤其一片真情。但是，他们也是典型的中国学生：缺乏独立自主的个性，盲目地服从权威，更严重的，他们没有——完全没有——独立思考的能力。

错在学生吗？

当然不是。学生是一坯混沌的黏土，在教育者的手中搓揉成型。从小学到大专联考这个漫长过程中的种种问题，暂且不谈，让我们看看这些“不敢”、“泪眼汪汪”、“没有意见”的大学生正在接受什么样的高等教育。

二十岁的人表现出五岁的心智，往往是因为办教育的人对学生采取一种“抱着走”的育婴方式。常常会听到一些大学校长说，“我把学生当自己的儿女看待”，一派慈祥。他也真做得像个严父慈母：规定学生不许穿拖鞋在校内行走，上课不许迟到，周会时要正襟危坐，睡眠要足八小时，熄灯前要洗澡入厕，清晨六点必须起床做操，讲话时不许口含食物，夏天不可穿短裤上课，看电影有害学业，看电视有伤眼睛，吃饭之前要洗手，等等等。

我一直以为大学校长是高瞻远瞩，指导学术与教育大方向的决策人，而不是管馒头稀饭的保姆，但这也暂且不提。这一类型的教育者的用心，毋庸置疑，当然是善意的，问题是，我们论“事”的时候，用心如何根本不重要，重要的是实际的后果，而教育的后果何其严重！这种喂哺式、育婴式的大学教育刚好吻合心理学家Levy早在1943年给所谓“过度保护”所做的诠释：第一，给予过多的接触——“有任何问题，随时来找我”；第二，禁止他独立自主——“你不许……”；第三，将他“婴儿化”——“乖，早睡早起”；第四，把自己的价值取向加诸其身——“你听我的……”。在这种过度呵护的幼稚教育下成长的大学生，遇事时，除了“泪眼汪汪”之外又能做什么呢？

教育者或许会说：这些学生如果进大学以前，就已经学好自治自律的话，我就不必要如此提之携之，喂之哺之；就是因为基础教育没教好，所以我办大学的人不得不教。虽然是亡羊补牢，总比不教好。

听起来有理，其实是个因噎废食的逻辑。这个学生之所以在小、中学十二年间没有学会自治自律，就是因为他们一直接受喂哺式的辅导，那么大学来继续进行“育婴”，这岂不是一个没完没了的恶性循环？把学生口里的奶嘴拿掉，我们总要有个起点；大学不做，更待何时？再说，我们对大学教育的期许是什么？教出一个言听计从、中规中矩、不穿拖鞋短裤的学生，和教出一个自己会看情况、做决定、下判断的学生——究竟哪一个比较重要？为了塑造出“听话”、“规矩”的青年，而牺牲了他自主自决、自治自律的能力——这是我们大学教育的目的吗?

在生活上,教育者采取怀里“抱着走”的方式;在课业上,许多教书的人就有用鞭子“赶着走”的态度。就上课点名这件小事来说。以学生出席与否作为评分标准的老师很多,他们的论点是:学生都有惰性,今天我逼你读书,日后你会感谢我。

这个说法也很动人,却毫不合理。首先,我们不应该忘记,开一门课程最根本、最重要的目的在传授知识,而不在铃响与铃响之间清数“少了几头牛”。照逻辑来说,如果一个学生不听课就已经具有那门课所要传授的知识,并且能够以考试或其他方式证明他的程度,那么他就没有必要为了一个人头点名的成规而来报到。归根究底,这个“成规”当初之所以存在,只是为了帮助学生获取这一门知识——让我们在同一时刻同一地点去听同一个人有系统的讲——但是,一个学生,不论原因为何,已经拥有那个知识,那么要他来作充数的形式就是舍本逐末,也是为师者见林不见树的错误。

反过来说,一个学生没有那门知识却一再缺课,教授当然要淘汰他,但淘汰的理由应该是:你没有得到知识;而不是:你点名未到。上课出席率与知识吸取量并没有因果或正比的关系。

为师者“严”,我绝对赞同;愈严愈好。但是那份“严”与“逼”必须在实质的知识上,不在僵化的形式上。换句话说,教授可以用比较深奥的教材,出比较灵活的考题,指定比较繁重的作业,来逼使学生努力。但他如果尊重学生是一个有自主判断能力的成人,他就没有理由拿着鞭子把学生抓到教室里来;充其量,做教师的只能严肃地说:上不上课在你,努力不努力也在你;你要学会如何为自己的行为担负后果。

从小学到高中,我们的学生已经在“鞭策”之下被动了十二年,如果最后的大学四年他们也在鞭下长大——他们会长大吗?毕了业之后又由谁来执鞭呢?

这种“赶着走”的鞭策教育贻害极深。学生之所以不能“举一隅而以三隅反”,固然是因为在“抱着走”、“赶着走”的过程中从来没有学过如何去思考,有一个实质上的困难使他即使想开始也不可能。

信仰鞭策教育的人不相信学生有自动好学的可能。于是设置了七七八八的课目,塞满学生的时间。大一的学生,譬如说,一星期就有三十多个小时的课。大四的课少了,有些系就强迫学生修额外的学分,作为防范怠惰的措施。

可是我面临一个巨大的难题。

文学是思想。每一小时的课，学生除了必须做两小时的课前预读之外，还得加上三小时课后的咀嚼与消化，否则，我付出的那一小时等于零。文学，也不是象牙塔里的白日梦；学生必须将那一小时中所听到的观念带到教室外面、校园外面，与广大的宇宙和纷扰的现实世界衔接起来。否则，这个新的观念也等于零。

这些，都需要时间与空间，可是学生办不到。他们的课程安排得满满的，像媒婆赶喜酒一样，一场接一场。他们的脑子像一幅泼了大红大紫、没有一寸留白的画。

如果怕学生怠惰，我们应该增加学分时强迫学生把“身体”放在教室里呢，还是应该加深加重课程的内涵使学生不得不把整个“心”都投入？这是不是又牵涉到一个本末的问题？

我们如果不给学生时间与空间去思考，我们又怎么能教他们如何思考呢？

在国外教书的那许多年，我踏出教室时常有生机盎然的感觉，因为在与学生激烈的反应与挑战中，我也得到新的成长。在这里，走出教室我常有被掏空的感觉，被针刺破了的气球一般。学生像个无底的扑满，把钱投进去、投进去，却没有什么惊奇会跳出来，使我觉得富有。

说学生缺乏自治自律的精神，说他们没有独立思考的能力，我其实还没有碰触一个更基本的先决问题：我们的教育政策究竟希不希望教出独立自主的学生来？答案若是否定的，这篇文章便毫无意义，可以烧掉。我是在假定我们的社会有意造就独立自主的下一代的大前提之下写这篇检讨。

可是，如果这个假定的大前提是对的，为什么我们在思想的训练上，还是采取“骑着走”的方式？

一方面，学生懦弱畏缩，成绩有了失误，不敢去找老师求证或讨论。教授解错了题目，不敢指出错误，大家混混过去。对课程安排不满，不敢提出异议。不愿意被强迫住宿，却又不敢到训导处去陈情。私底下批评无能的老师、社团的限制、课外活动的原则，或宿舍管理方式，可是又不敢光明正大的对当事机构表达意思。偶尔有人把批评写成文章，要在校刊上发表——“不必试，会被压下来！”学生很肯定地说：“反正没有用，我毕了业就到美国去！”

另一方面，做老师的继续努力强调、“尊师重道”的传统美德，连学生少鞠一个躬都当做对五千年中华文化与民族的背叛。“尊师重道”这四个字在历史上的意义我不去谈，在现代讲究分工与专业的社会里，却很有商榷的余地。“重道”毋庸置疑；对知识的肯定与尊重是教育之所以成为制度的基础。但是“尊师”，如果指凡“师”必“尊”——只因为这个人在这个位子——那就是鼓励盲目地服从权威。到处都有误人子弟的师，有不学无术的师，更有招摇撞骗的师；我们有没有权利要求学生“尊”无“道”的“师”？

学生怯懦畏缩，是他们缺乏勇气，还是我们迷信自己的权威，又缺乏自信，不敢给他们挑战的机会？

我们若真心想培养出有能力“慎思、明辨、笃行”的下一代，为什么又惧怕他因为“慎思、明辨”而对我们的权威造成威胁？

台湾的大学在师资与设备上，比我自己的学生时代要进步得很多很多。中国学生的聪慧、诚恳，与一心想讨好老师的认真努力，常常深刻地感动我。而学生资质愈好，这种幼稚化的大学教育就愈令我焦急难过。办教育的人，或许本着善意与爱心，仍旧习惯地、固执地把大学生当“自己的儿女”看待，假定他们是被动的、怠惰的、依赖的。这个假定或许没错，可是教育者应对的方式，不是毅然决然地“断奶”，而是继续地呵护与控制，造成一种可怕的恶性循环。

令我忧心不已的是，这些“不敢”、“泪眼汪汪”、“没有意见”、“不知道”的大学生，出了学校之后，会成为什么样的公民？什么样的社会中坚？他能明辨是非吗？他敢“生气”吗？他会为自己争取权利吗？他知道什么叫社会良知、道德勇气吗？

恐怕答案全是否定的。

如果我们把眼光放远，真心要把台湾治好，我们需要能思考、能判断、有勇气良知的公民；在位在权的人必须张开手臂来接受刺激与挑战。如果我们真心要把教育治好，为这个民族培养出能思考、能判断、有勇气良知的下一代，那么办教育的、教书的，就不能迷信自己的权威；他也要经得起来自学生的刺激与挑战。把我们的大学生当“成人”看吧！给他们一个机会，不要牵着他的手。

《杂闻》之五　　麦绥莱勒 (1920)

公正即："不偏私，正直。"强调公平、正义。表达的是公民对参与经济、政治和其他社会生活的机会公平、过程公平和结果分配公平的诉求，呼唤社会正气，谴责歪风邪气，追求在政治与行政、经济、法律、文化与社会各个层面的正义，公平正义是每一个现代社会孜孜以求的理想和目标，也是人类社会发展进步的重要价值取向。

然而，作为现代文明的核心要素之一，"公正"阙如的现象却极其严重，暴力、罪恶、贫穷、冷漠、谎言、歧视等种种不公正的丑恶在不断上演，这种不公正是现代文明肌体上的毒瘤，带来的不仅是肉体的剧痛，更是心灵的摧残。

但即使是在遭遇罪恶，深陷苦难的无奈时刻，公平正义也犹如暗夜中遥远的灯塔，高擎着熠熠生辉的希望之灯，召唤着人们前赴后继去抗争，去追求，去奋斗。

第五章

# 第一次遭遇不公正

# 父亲的疑惑[①]

◇ 陈村

世上最难的事情，莫过于如何教导孩子。

《社会契约论》的作者，伟大的卢梭曾写过《爱弥儿》一书，用充满人道精神的笔墨，记述了用爱心和理智来教育孩子。我不知卢梭是否真有过类似的实践，照我看，他的那些理论至少搬到现在是行不通的。写书总比真实的育人要容易。

我们对孩子说，要热爱小动物。可是，我们不免将那些动物弄到餐桌上，告诉他这是腿，那是翅膀，唯恐他不吃或少吃。热爱的结果是将它们吃掉，大人见惯不惊，孩子怎么能理解呢？我的女儿，看到好看的相思鸟，第一个反应是叫我去把它杀掉。我实在没能耐和她讲清楚，鸡可以杀而鸟不可以杀的道理。大人们的道理实在经不起一个孩子的追问。于是我想到，大人的道理说到底很虚伪。

我们经常教育孩子要团结友爱，乐于助人。我深信，孩子的天性中确有助人为乐的一面。我所见过的最乐于助人的孩子，将自己的所有好东西都无私地送给小朋友。这当然引来家长的干涉。大人能将其中的道理说明白吗？能把既要尊重私有财产，又要发扬社会公德的道理与尺度教给一个孩子吗？事实上，孩子独立人格的确立，正是从发现"我"开始的。我的脚，我的鞋，我

---

① 选自《陈村亲情美文》，陈村著，广东人民出版社1999年版。

的床。家长无法禁止他使用“我”这个概念，又要他在某些场合忘记“我”，改为“我们”。这可真是太难太难了。

我们教导孩子要充满爱心，又教导孩子要勇敢坚强。作为原则，这都无可挑剔。在孩子间的实际冲突中，一切教条都显得苍白无力。女儿在托儿所受了伤，我见了便问她怎么伤的，

她说：“小朋友咬的！”手腕上果然有牙齿的咬痕。

“你打他了没有？”

“我没有打他。我告诉老师了。”

我想了又想，觉得告诉老师实在不是一个办法。于是我说：“以后，小朋友打你，你也打他。小朋友不打你，你不可以打人家。”

我不敢说这样的教育是对的，但有什么教育是十全十美的呢？我希望孩子不总是有一个作为裁判的老师跟着，希望她学会自己解决问题，并在其中学到勇敢和自信。在她将来的生活中，许多公道是要靠自己去争取的。女儿有时也会说，“爸爸你帮我打他。”我就说，“要打你自己去打，爸爸不帮你。”再想想，我能一辈子帮着她吗？能有人帮她一辈子吗？一辈子要人帮着，算怎么回事呢？

在孩子们打闹着游戏的时候，我不知道如何指导女儿。是说“你一定要打败他”，还是说“实在打不过就逃”？在这种时候，我干脆什么都不说，任她去处理。一想到要把那些相反的法则教给孩子，我就心烦。

自己有了孩子，才知道孩子也是会说谎的。说谎总是出于一种需要，出于无奈。而时间长了，就成了习惯。晚上要睡觉了，她说要小便。坐在痰盂上东张西望东摸西摸，半天不见真的动静。如此可以三番五次。孩子是最聪明不过的东西，她从实践中知道，只有说小便，大人才可能让她在睡觉时下地，于是她就不自觉地撒谎。很快就成为一种自觉，因为撒谎的好处太明显了。有一天，终于弄得我发了火，我说：“不许你下床去小便了！”“这次是真的！”女儿说。“那你就尿在床上吧，我不许你下床了，吵也没有用的。”她见没用，不多久睡着了。

看着女儿的睡态，我在想，我真的能把她教成一个水晶一样透明的人吗？我理应要她诚实，善良，正直。可是，仅仅这些就够了吗？或者，我能对她说，不可以用说谎来谋利益，但在必要时可以说假话保护自己？想到这里，不寒而栗。一个父亲居然教唆女儿说谎，这还能想象吗！

因为世界的复杂，因为我们自身的矛盾，因为怀有理想和信念，因为对孩子的忘我的爱，教一个孩子真是太难太难了！

# 第一次遭遇不公正①

◇ 让·雅克·卢梭

有一天，我正在厨房隔壁的一间屋子里独自念书。女仆把朗拜尔西埃小姐的几把拢梳放在砂石板上烤干。在她来取的时候，发现一把拢梳有一边齿儿都断了。这是谁弄坏的呢？除我以外，没有别人到这间房里来过。他们追问我，我否认动过那个拢梳。朗拜尔西埃先生和朗拜尔西埃小姐一起来训诫我，逼问我，甚至还恫吓我，我始终坚决否认，然而，我的一切抗议都没有用，他们认定是我弄坏的，尽管人们从来没见过我如此大胆说谎。他们把这件事看得很严重，事实上也应该这样看。毁坏东西、说谎、硬不认错，似乎都应该受罚。可是这回却不是朗拜尔西埃小姐动手来惩罚我。他们给我舅父贝纳尔写了信，舅父来了。我那可怜的表兄也被加上另一种同样严重的罪名，我们两个人要受到同样的惩处。这次由我舅父动手的处罚可真厉害。为了以毒攻毒，彻底矫正我那败坏了的欲望，这可能是不能再好的方法了。所以，此后在很长一个时期内这些欲望没有再来干扰我。

他们没能从我口中得出他们所希望的口供，以后又逼问了好几次，弄得我狼狈不堪，但我毫不动摇，我宁可死，并且决心去死。结果，暴力面对一个孩子的“魔

---

① 选自《忏悔录》（第一部），（法）卢梭著，黎星译，人民文学出版社1985年版。有删节。

鬼般的倔强”（他们对我的不屈不挠找不出别的字眼来形容）让步了。我从这次残酷的遭遇逃脱出来以后，已被折磨得不像人样了，然而，我胜利了。

这件事差不多已经有五十年了，今天我不必再担心为这一事件而受惩罚了。那么，让我在上帝的面前声明：我在这件事上是无罪的，我既没弄坏那把拢子，也没有动过它，我不但没挨近那块砂石板，甚至连想都没有想过。大家不必问我这件东西到底是怎么弄坏的；我不知道，而且我也想不出道理来。我所确实知道的，就是我在这件事上是无罪的。

人们可以设想，一个儿童在平常生活里性情腼腆温顺，但在激情奋发的时候却是那样激烈、高傲而不可驯服。他一向听从理智的支配，日常所受到的都是温柔、公正、亲切的待遇。在他心里连不公正这个观念都没有，可是现在恰恰受到了他所最爱和最尊敬的人们方面的第一次不公正的磨难。当时，他的思想该是多么混乱！他的感情该是多么复杂！在他的心里，在他的脑海中，在他那整个小小生灵的精神和理智里又该是多么天翻地覆的变化！我所以要请读者们，如果可能的话，自己想象一下这种情况，是因为我那时是怎样一种心情，我自己也无力分析清楚和详细叙述出来。

那时我还没有足够的能力去理解表面的情况如何使我脱不开罪责，我也不会设身处地替别人想一想。我只能从我本身着想，我感觉到的只是：因为一个并不是我犯的过错，竟给我如此严厉的惩罚，实在太残酷了。肉体上的痛楚虽然剧烈，我并不觉得怎么样，我所感觉到的只有气愤、激怒和失望。我表兄的情况也跟我差不多，人们把一件无心的过错当做蓄意已久的行为来处罚他，因此也跟我一样怒不可遏，可以说，他跟我采取了一致行动。我们俩倒在一张床上，激动得不住颤抖，互相拥抱在一起，甚至喘不过气来。等到我们幼小的心灵稍稍平静了些，能够发泄我们的愤怒的时候，我们就起来直挺挺坐在床上，两个人一起用尽全身的力气，不停地喊：刽子手！刽子手！刽子手！

我写这件事的时候，还觉得脉搏怦怦跳动；即使我活到十万岁，这些情景也一直历历在目。这是我有生以来第一次对不公正和暴力的感受，它深深地铭刻在我的心上，以致一切和这种感受有关的观念都会使我的心情又像最初那样激愤起来；这种感受，一开始是由我自己身上而起的，以后它变得非常坚强并且完全摆脱了个人的利害关系，无论不公正行为的受害者是谁，也无论它是什么地方发生的，只要我看见或听到，便立刻怒发冲冠，有如身受。每当我在书中读到凶恶暴君的残忍，或是邪恶僧侣的阴谋诡计的时候，真有心不惜万死去把这些无耻之徒宰掉。有时我看到一只公鸡、一头母牛、一只狗或是其他畜生侵害别的畜生，我往往会跑得满身大汗去追它，或用石块去砍它，唯一的理由就是因为它恃强凌弱。这种感情可能是我的天性，我也相信一定是生来就有的；但是，我第一次所遭受的不公正的沉痛回忆和我的天性密切融合得太久，因而这种天性更加增强了。

# 愤怒的爸爸[①]

◇ 李孟苏

## 扔向首相的紫色面粉

**李孟苏**，当代学者，《三联生活周刊》特派海外记者。

2004年5月19日星期三，伦敦威斯敏斯特议会辩论大厅，例行的“质询首相时间”。中午12点18分，布莱尔首相正和反对党领袖迈克尔·霍华德唇枪舌剑。霍华德挖苦布莱尔被他的内阁要了，布莱尔回击道：“他（霍华德）怎么从来不想讨论这个问题，真是太有趣了，不是吗？所以我搞不清楚为什么！为什么！”听了布莱尔的回答，工党的席位里发出助威的喊声。

突然，旁听席内一个男人站了起来，向布莱尔扔出什么东西；他的身后也站起另一个男人，举起一幅标语，上面是孩子写的歪歪扭扭的字。扔出去的东西在半空中开了包，弥漫出紫色的烟雾；紧接着第二包东西飞过工党座席，击中了布莱尔。场内登时乱成一片。谁也没有反应过来，因为这一切仅仅发生在布莱尔话音刚落四秒钟之内。

两名男子随即被捕，他们自称是F4J的成员，紫色的粉末是染过色的面粉。向首相投掷面粉，是为了抗议法律未能给予他们公正。随后，这两名令人同情的男子被免予起诉，获得释放。

---

① 选自《庄园和下午茶》，李孟苏著，生活·读书·新知三联书店2006年版。

F4J不是恐怖组织，而是英国很有影响的一个离婚爸爸团体，全称为“父亲要求公正”（Fathers 4 Justice）。这个民间组织有数千名成员，现在还以每周新增100名成员的速度扩展，宗旨是为离婚爸爸争取合法的、和妻子平等的养育、看望子女的权利。每年的父亲节，F4J成员都要在伦敦集会，示威抗议。平时，抗议活动安排在法院，爸爸、爷爷们，甚至一些妈妈包围法院，抗议法庭判决不公。2002年12月，两百名爸爸打扮成圣诞老人在大法官办公室的走廊里静坐。2003年，有四名F4J成员因为把法院办公室的门喷成了紫颜色而被送上了法庭——紫色，是国际通用的代表平等的颜色。

离婚爸爸们的愤怒说明了父亲资格问题正在激化。父亲节诞生的几十年来，它似乎只是为贺卡商和糖果商准备的商业机会。在离婚率居高不下的今天，越来越多的爸爸被家庭抛弃和遗忘，成为婚姻破裂的受害者，父亲节就成了苦涩、难熬的一天。

F4J的成员普遍有这样的经历：三十出头的保罗有一天下班回家后，发现自己突然变得一无所有。他的妻子有了新的男朋友，把他撵出了家门，也不让他看望孩子。五个月后，法院判决他和妻子离婚，他妻子拥有房产权，他必须把收入的75%作为赡养费交给妻子，每月可以看望一次子女。他并没有犯罪和暴力的前科，可是他妻子仍然不许他和孩子多见几面。保罗租房住了九个月后，终于买下了一套带一个卧室的小公寓，精神濒于崩溃。

## 新好爸爸与现实要求的冲突

2003年父亲节前，阿兰·米尔本被迫辞去了健康大臣的职位。之前，他当选未来首相的呼声很高。他对外说放弃政治前途是想有更多的时间和孩子们在一起。他的家在英格兰东北部的诺森伯兰郡，他有两个儿子，一个十二岁，一个六岁。米尔本说，他越来越难以平衡东北部的小家庭和伦敦的威斯敏斯特之间的关系。他已经错过了孩子们成长的很多瞬间，今后不想错过得更多。而且，如果继续漠视家庭，他很可能会失去妻子。“我的儿子不在乎什么政治，他们只想和自己的爸爸多在一起。”

对米尔本这种政治家来说，家庭和孩子不过是一种委婉的托词。但在男人越来越愿意做慈父的时代，委实是一种真实情感的流露。离婚率越来越高的今天，男人们却越来越想做个好爸爸。

米尔本不是特例，很多离婚男人说起见不到孩子，都会落泪。离婚爸爸们抗争的中心是法律及传统观念对父亲在生活和家庭中角色的认识和定位。传统观念是父当严母该慈，法律及传统观念都认为“父亲”只具有一种陈旧的功能，当爹的似乎只用在批评、惩罚孩子的时候才体现出其价值，只是一个赚钱养家糊口的人，不用操心怎么把孩子一天天养大；在孩子成长的过程中，父亲起不到或只起到很少的作用。

现在的情况已经有了很大的变化。今天，有三分之一的英国爸爸承担起了孩子基本的养育职责。据调查，英国的爸爸们自1960年以来，和孩子相处的时间上升了百分之四百，父亲通过和孩子玩耍及家庭生活，能够提高男孩对人格中攻击性的控制力，并懂得如何尊重女性。

澳大利亚家庭研究学者斯蒂夫·比达尔夫说：“你要捍卫自己做父亲的权利，但这个世界却并不愿意让你为人父母，它更希望你待在办公室很晚才回家，自然会有人教你的孩子踢球、弹钢琴，教他们一切靠自己。你只用付钱就行了。这就是个好男人。”1989年出台的《儿童保护条例》提到了儿童的“主要监护权”，但是法庭在判案时仍然强调母亲是执行“主要监护权”的一方。因此而引发的激烈争论延续至今。

仅在2001年，家庭事务法庭就做出了了五万五千多个判决，涉及到八万多名儿童。大多数判决要求母亲们同意爸爸与子女保持常规的接触。可是近一半的判决都没能生效，法庭对此也束手无策，既不能罚妈妈的款也不能让她们坐牢。一些处罚不执行判决妈妈的温和方式，如罚做社区服务或变更监护权，也很少执行。

高等法院家庭事务庭的庭长伊丽莎白·斯洛斯说，人们必须认识到一个冷冰冰的现实：男性和妻子或长期伴侣分手后，百分之四十的男人在两年内被剥夺了和孩子见面、联系的权利；每天英国被统计到的、被迫失去父爱的儿童就有一百个。F4J强烈不满的就是现行的法律条文过于机械，极大地忽视了男性为人之父的权利和愿望，呼吁婚姻家庭法规能有所改变。

## 火上浇油的法律体系

就在离婚爸爸冲布莱尔首相投掷紫色面粉的同一天，高等法院家庭事务法庭的女法官布雷斯韦尔做出了一个具有历史意义的判决。一对不愿透露姓名的X夫妇有两个女儿，一个八岁一个六岁。1998年小女儿出生不久，夫妻关系恶化，两年后离了婚，X夫人拥有两个女儿的监护权。但是四年来，不管法院的再三决议，X夫人坚决不许前夫探望孩子，千方百计阻挠前夫接近孩子，并把孩子送到警察局和医院藏起来，说她前夫一家人骚扰孩子。X先生重新起诉，打了四年官司，最终布雷斯韦尔法官把孩子的监护权判给了他。

爸爸虽然赢了官司，付出的代价也是巨大的。F4J组织有一位成员为了享有与前妻同等的子女监护权，打了十年的官司，终于胜诉。他总共花去3.2万英镑的诉讼费，其年薪只有3.5万英镑，不得已他母亲卖掉了自己的房子，帮他支付法院判决的付给前妻的赡养费。大多数离婚爸爸在诉讼之初就放弃了。亲友、律师都会对他们说，法律程序很复杂，不仅让你们夫妻二人筋疲力尽，就算得到了监护权，对孩子也是巨大的伤害。

尽管有的父亲把官司进行到底，百分之九十五也没能得到子女的监护权或探望权。法庭的最终判决只有不到百分之一的判决禁止爸爸和子女接触（主要是爸爸有暴力和犯罪前科），但女方执行不执行就是另一回事，而且与孩子“相处”是爸爸在接待中心见一会儿孩子还是周末把他们接走，也是离异双方有分歧的地方。

母亲因为直接生育了孩子，她和孩子的骨肉联系是男性无法比拟的。即便是在对性别最无所谓的社会，对孩子的照顾也普遍是女性在承担。女人们认为，她们更懂得照顾孩子，最了解孩子的需求，母爱优于父爱。加上女性的社会角色一直是弱者姿态，因此普遍的观点认为，婚姻破裂时，法律有义务保护妇女和儿童。基于这种观点，布雷斯韦尔法官的判决引起了很多女性的不满。

F4J组织的成员们说，法律体系对于处理刑事犯罪已经发展得很完善、成熟，但在家庭事务上，仍然是清官难断家务事。F4J的发起人之一马特·奥康诺说：“如果离婚是家里失火，上法庭就是火上浇油。”

F4J的成员戈兰，有个六岁的女儿。他为电视台写脚本。这是个半职的工作，所以在孩子出生后的头三年，由他一人带孩子。他的收入比妻子低，离婚时，本来和妻子商量好说好散；但他妻子想拥有孩子的完全监护权，不得已他只好诉诸法律。当法律介入后，情况就变了。他妻子对他的评论从“完美的爸爸”成了“不过做了应做的事”。调解员、法官、双方的律师都劝他放弃诉讼，因为他没有全职工作根本赢不了。

痛苦不堪的戈兰批评现行的法律体系并不替孩子考虑，它“建立在谴责的基础上，为了要证明父母中谁是最好的，就要证明谁是最坏的”；法律体系跟不上形势，它无视现实：就像越来越多的女人出去工作一样，男人在孩子的生活中也扮演着越来越重要的角色，父亲对孩子的影响和母亲的影响不一样，也是母亲所不能给予的。

在维多利亚时代，父亲很少和孩子相处，即使相处时间也很短暂，但是他们绝对拥有子女监护权。女权运动兴起后，女性为自己争取到参政权的同时，也争取到了对子女的监护权。1925年颁布《婴幼儿保护法案》，标志着英国女性享有与丈夫同等的子女监护权。

到了今天，却又矫枉过正。男人们发现他们身处维多利亚时代，离婚后失去了家庭也失去了孩子。法律的作用不应该只是保护女性。也应该保护男性。马特·奥康诺说，对现行法律体系极为不满的离婚爸爸们“迟早会端起冲锋枪冲进法院”。

在私人拥有枪支违法的英国，愤怒的爸爸没能搞到枪，却轻而易举带着紫色面粉进了议会，并把它们扔向了首相。

# 请为你的冷漠付费[①]

◇ 兰兰

这是一堂六十七年前已经结案的庭审，但它却穿越时空，至今仍感动人心。

1935年，时任纽约市长的拉瓜地亚，曾在一个位于纽约最贫穷脏乱区域的法庭上，旁听了一桩偷窃案的审理。

被控罪犯是一位老妇人，被控罪名为偷窃面包。在讯问到她是否清白或愿意认罪时，老妇人嗫嚅着回答："我需要面包来喂养我那几个饿着肚子的孙子，要知道，他们已经两天没吃到任何东西了……"

审判长回答："我必须秉公办事，你可以选择十美元的罚款，或者是十天的拘役。"

判决宣布之后，拉瓜地亚从席间站起身来，脱下帽子，往里面放进十美元，然后对旁听席上的其他人说："现在，请每个人交出五十美分的罚金，这是我们为我们的冷漠所付的费用，以弥补我们生活在一个要老祖母去偷面包来喂养孙子的城市与区域。"

无人能够想象得出那一刻人们的惊讶与肃穆，每个人都默无声息地、认认真真地捐出了五十美分。

---

① 选自《视野》2002年第8期。

# 死而无“愿”[①]

◇ 冯日乾

**冯日乾**（1939—），杂文家，他的杂文见解透辟，正气凛然，笔端常带感情，风格凝重隽永。

也许因为我的脉管里涌动的是农民的血，也许是人生已过大半总也没有走出故乡的怀抱，自觉头脑里有着太多的“农民意识”。突然落下一场雨，会脱口而出：啊，这下旱象解除了！——亏得气象台预报得不准。每听到群众交粮售棉被戳前攘后，压级压价，每看到田间地头堆放的大量卖不出去而腐烂的大白菜，就不由叹息：七十二行，最是农民恓惶！

所以，各地不断传来的关于农民负担过重的消息便特别引我关注，所以，去年11月18日新华社播发的湖南农妇潘群英不堪重负跳塘自杀的新闻便长久地萦绕心际而拂之不去。

那阵子我正在课堂上讲关汉卿的《窦娥冤》。讲窦娥孤身只影，手无寸铁，负屈衔冤，讲她怨气冲天，死不甘心，临刑发下血溅白练、六月飞雪、大旱三年的誓愿。窦娥之死冤则冤矣，但她曾怒吼法场，责天斥地，却也痛快淋漓，虽惨而烈，虽悲亦壮。再读新华社消息：潘群英苦苦求情而遭拒绝，乡干部指示来人搬电视机和自行车，在争夺过程中，她被摔倒压在自行车下。这位勤劳俭朴的农村妇女痛哭流涕，双手捂脸跑出家门，跳入水塘。只有泪水而无怒火，只感羞辱无奈而不曾立下

① 选自《一个甲子的风雨人情：笔会60年·珍藏版 》，文汇报笔会编辑部编，文汇出版社2006年版。

任何遗愿——就这么无“愿”而死。叫人感到一种无可名状的压抑。

不过，静下来设身处地一想，潘群英似乎也只能如此，她还能怎样？说理？借用一位乡干部的话说：“摊派老鼠药是保护生产、保障农民身体健康；强派保险是为农民奔小康提供风险保障；强派增产菌是健全社会化服务体系；摊订报刊是提高农民素质，两个文明一起抓……”很多都有“红头文件”，怎么说得清？即使认准了那些是巧立名目胡摊乱派，又能怎样？抗着不给？强行搬你东西；告状打官司？别论输赢，她倾其所有才只有二百二十元，拿什么去打？

至于说她的死而无“愿”，细想，怕也不全显示着懦弱，也许倒包含着几分清楚。毕竟是20世纪末叶了，潘群英绝不会期盼自己一死能令风云突变，天地惊骇。即使她迷信至此，也不会去仿效窦娥。想窦娥那时，整个官贪吏虐，昏天黑地，所以才不要半点热血污泥洒，但愿三尺瑞雪掩我身，以显清白。而潘群英呢，头顶社会主义的天，脚踩养育自己的地，改革开放以来更看到了农村光明的前景，她怎能发窦娥那样的誓愿——把自己周围的阴暗说得那么浓重，死不回归故乡的厚土？再说果真三年大旱，寸草不生，遭殃的还不是乡亲们？那定窦娥死罪的楚州太守可是升任别处去了，逼死潘群英的乡干部也有的“得到提拔，有的已经易地为官”了，大旱三年照样少不了他们的薪水！

总之，国家是人民的国家，天地是自己的天地，摊派又以着革命的名义，潘群英既不好怨天骂地，也不信死后显灵，她能发下什么誓愿呢？唯有认命而已。

中国农民向来就是这么吃沉耐厚，如牛负重，只要还有一丝力气就默默承受挣扎前行。有些人似乎正是看准了这一点，非得他们陷于骨肉崩毁的境地不肯罢休。潘群英事件昭告海内之后，不少地方的苛酷摊派仍然有增无减，4月1日《中国青年报》头版有关于农民交不起电费、受不起教育、上不得公路的“最新报告”，大字标题曰：“农民！农民！”那两个酷似汗滴和泪水的感叹号显得特别惹眼。5月11日《光明日报》四版亦有消息：“收费过乱，摊派成风，农民呼声不绝于耳”的湖南衡阳市，为控制住农民负担的“入口”，专门设计了“农民负担卡”，但实施中却半数以上落空。捧读此类消息，我感到心中憋闷却又无话可说。说什么呢？古人已说过“苛政猛于虎”、“赋敛毒于蛇”，报纸上也已经有过“摊派猛于虎”的标题了。

好在不用如窦娥那样发下誓愿以求救于神灵，党中央，国务院已经深知下情，在减轻农民负担问题上态度坚决，措施果断，公开申明：对行动迟缓的要批评，批评不改者要处分，对造成恶性事件的当事人要依法惩处，并且广播登报，晓之于众。

果如此，潘群英可以死而无怨了。

# 高耀洁：为生民立命[1]

◇ 文晔

经历八年“抗艾”，高耀洁已经成了一个七十七岁的老人。她弯腰捡东西的时候，会喘个不停。她已经到了让别人照顾的年纪。但是，这一切都是表面的。当你见到高耀洁时，会发现，她的力量和激情保持至今。

为了一个官方公布的不实数字，她会从沙发中跳起来，面红耳赤地在屋里走上两圈以平息愤怒；即便是一个曾经诉说过多次的艾滋孤儿的故事，一提到细节，她就先红了眼圈。高耀洁的真正状态，用她老伴的话说，“这个老婆子不要命，你说谁能拦得住？”高耀洁从1996年开始在民间大声疾呼防治艾滋病——这些事，在河南也不是没人知道，但就是没人敢公开这么说。到1999年，她开始在国际上多次获得人道主义奖项。2003年中国关于艾滋病的政策开始改变后，人们才开始正视她的价值。

2003年底，吴仪点名要见高耀洁，中央电视台将她评为“2003感动中国人物”。

## 卧榻写“春秋”

到达高耀洁的家时，是2004年夏末的一个午后，高

---

① 选自《重构中国精神》，中国新闻周刊著，文汇出版社2005年版。

耀洁正斜卧在床上修订着自己的书稿《艾滋之怪》（暂定名）。屋外面风雨如晦，她却怡然自乐，一盏自制的灯，简单到只有一个灯泡，照亮了她的脸，也将她的神色变幻铺陈开来。

高耀洁：河南中医学院退休教授、妇科肿瘤病专家。多年来共花费近百万元自费印刷防艾宣传资料、救助艾滋病患者和艾滋孤儿，被媒体誉为“中国民间防艾第一人”。

她忽而愤怒，一骨碌爬起来，抖着稿子说：“这些没良心的人，打着行医的幌子，其实就是向艾滋病人卖假药！”

她忽而又红了眼圈，用孩子般的神情说：“你看这一段，一个孩子对她的艾滋病妈妈说，‘你把我卖了吧，卖了就有钱治你的病了’，多惨！”

今年春节，她家来了两个女人，自称北大毕业，拿着红头文件，说可以调动一亿元的“防艾”资金。但高耀洁发现越谈越不对劲，果然，刚出去片刻，她另一部《一万封信》的书稿就不见了，幸亏高耀洁机警，在这两个女人鼓囊的包里又把稿子揪了出来。

说起她们当时的窘态，高耀洁忍不住发笑。

这部书稿，用高耀洁的话说，是她在民间防艾事业的起点，也将是终点。

《春秋》是孔子晚年写的最后一本书，他感叹“吾道穷已”而作《春秋》，在临死前对弟子说“将来世人了解我要靠《春秋》，将来我得罪世人也是因为《春秋》”。——高耀洁觉得，手头正改的这部书稿，对自己的意义也是如此。

“我这部书以个案为主，谁也击不倒我。”高耀洁用她那颤颤巍巍的小字记录下她深入河南农村，调查艾滋病的所见所闻，时间、地点、图片俱全。

她要用“最立得住”的个案让人们相信，正是1995年兴起的“血浆经济”，让这些老实巴交的农民走向了坟墓。

“宣传是防艾的最佳良药，中国最缺的就是这个”。八年前，她拿出自己仅有的五百元人民币积蓄，编印了一万两千张“防艾”资料，用一双仅有三十四码的小脚走遍了郑州五个长途汽车站，向旅客散发资料。八年后，她相信“艾滋在中国的怪现状必将成为历史”，既是医生又是河南省文史馆馆员的她，用起了春秋笔法。

## 一生的惯性使然

1996年，干了半辈子产科的高耀洁医生遇到了她的第一个艾滋病患者。当患者那双骨瘦如柴的手拉着她说“我不想死”时，高耀洁不能平静了。她不仅被在河南这种内地省份也会出现这种凶险绝症而震惊，也为自己“被常识所骗”而震动——在当时，她曾也认为艾滋病是因行为不检点得的“脏”病。但是，眼前这位患者不吸毒，不嫖娼，他是被输血传染上艾滋病的。

“血库里的血有艾滋病毒！这样受害的人就不止一个！”

从此，她投入“抗艾”。这位穿旧式衣服，戴廉价花镜，甚至还是缠足小脚的老人，走了一百多个艾滋村，见了一千多个病人，给他们送药送钱；当了一百六十四名孤儿的奶奶，寄钱供他们上学。

她平日粗茶淡饭，算计每一分钱，却慷慨地将自己的百万元奖金和稿费全用来印发“防艾”材料——这种她自己编写的四页八面的小册子至今已经印制了七十七万份，发放了七十五万份。

为了发放这些材料，老太太或去歌厅（经常被轰了出来），或推着自行车走街串巷，依靠一己之力，却比任何一个政府机构都要印得更多，也发得更多。

所有这些事情，能做成一件就已经是不易了。

或许，高耀洁七十岁时做的事情，可以从她三岁时的记忆中找到源头。

高耀洁的外祖父曾是前清翰林。在他的关照下，高耀洁六岁就开始读书，当然，读的是四书五经。

“我记性特别好，老师教一遍，自己看一遍，就可以直接背诵了。”当年学的《四书》和《孝经》已经刻在了她的头脑中，谈话中，她不时引用儒家经典，《孝经》则是当面背诵如流。

幼年的家教是矛盾的。它给了高耀洁一双走不远的小脚，也给了她一颗“为天下立心，为生民立命”的心。

小脚曾让她自卑，但在成为妇产科大夫后，一个人对付四十七张产床，小脚带给她的不便早被繁忙的工作甩在脑后了。

"我是一个儒教徒，不会害人。"高耀洁如此总结自己，但她又说"我常常觉得，我不适合现在这个社会。""文革"中，她自杀了三次，虽然没有死，但胃被打坏，后来切除了十分之三。因为"不说软话"，她还被断断续续关到太平间里八个多月，落下了肝硬化的毛病。

高耀洁常说，"天之生物有责，我的职责就是个医生。"

为了这个"责"，退休后她也没有安享晚年，而是和那些贴小广告治性病的江湖游医斗了十年。

以这种人格的惯性，高耀洁在发现了艾滋病的真相后，哪里"保密"就到哪里找病人，"他们越是捂着，我越要写呀，印呀，讲呀。"

## "人无信不立"

2003年底，是中国"防艾"的一个转折点。卫生部在通报中承认"瞒报疫情严重"、"专家估计，感染者超过百万"，中央财政艾滋病防治专项经费由2000年的1500万元增加到2003年的3.9亿。

"防艾"机构如雨后春笋般建立起来，找高耀洁的人就更多了。

其中有些人不怀好意。"这些高层次的骗子纠缠不休，我真是太累了。"

谈到那些在学术界说假话的人，谈到那些欺上瞒下的官员，她沉默良久，而后大段大段背出《史记·伯夷列传》中伯夷和周公的对话，意思是"做人要有骨气，要是不能实事求是，活不活都没关系，跟臭狗屎一样"。

现在，老伴最担忧的还是高耀洁的身体。"她这样整天在路上奔波，我最担心哪一天会倒在路上。"

而高耀洁则半开玩笑地说，"要是我死了，可就解脱喽。"让她感到宽慰的是，河南艾滋病的实情终于给揭出来了。

高耀洁说，儒家经典中对她影响最深的一句是："人无信不立"。所以，每次到大学里去开讲座，她的结束语都是："孩子们，我对你们就一个期望，希望你们走上社会以后，一不要说假话，二不要办假事，三不要造假货，这（造假）可把中国害苦了。"

# 从反歧视走向争取平等①

◇ 林达

2004年3月份，深圳龙岗的一个派出所，在辖区内悬挂横幅“凡举报河南籍团伙敲诈勒索犯罪、破获案件的奖励五百元”，4月15日，两位河南籍人士在郑州对龙岗警方提起司法诉讼。

一石激起千层浪。一个普通的歧视诉讼，引出强烈社会反应，是因为在中国很少有歧视诉讼，也因为这是一个多重话题。

## 什么是歧视

中国一向很少歧视诉讼，并不意味着没有歧视，而是民众一向对歧视没有明确定义和概念。歧视者和被歧视者，在歧视发生时，甚至不觉得是歧视，反而视作理所当然。一个重要原因，是长期以来人们从不质疑政府的歧视性法令。被侵犯者认为，只要是政府制定的法律，就是金科玉律，公民只有服从的份，没有公民权利的概念。由于公民们缺少法治概念，不知道法律条文不仅可能是保障公民自由的工具，也可能是侵犯公民权利的途径。遇到歧视性法律，民众缺乏“不受歧视”的意

① 选自《扫起落叶好过冬》，林达著，生活·读书·新知三联书店2006年版。

识，而是照单全收。无形中，一个法治国家就成为人治国家。既然人们对歧视性法律无动于衷，听任歧视大规模长期推行，久而久之，对歧视本身，自然也就变得麻木不仁。

那么究竟什么是歧视？公民应该享有平等的公民权利，歧视就是权利上的区别对待。

回顾历史，我们生活中遇到的歧视实在太多。国家法令对城乡间的区别对待，是最寻常的。我们国家曾有几十年不容许农民进城谋生。同样是公民，城里人下乡是“光荣之举”，农民进城就是“盲流”，警察有权逮捕他们，遣送回乡。城里人可以得到粮票买粮食，种粮食的农民无权买粮。城市居民拥有城市户口的一切特权，农民没有任何这些权利。

人们对这些歧视熟视无睹。最简单的例子就是最近教育部修改了《普通高等学生管理规定》，刚刚废除了“在校大学生结婚变退学”的规定。在此之前，没有听到一个法律系的教师告诉学生，你们的婚姻权利被侵犯。没有一个法律系的大学生因受到婚姻歧视，提起诉讼，争取自己最基本的公民权利。这些教师和学生，是今天和将来的法律专家，他们在歧视面前如此反应，可以推断出普通民众的歧视意识是如何淡薄。

即使在今天，歧视仍然普遍存在。例如，高等教育的入学录取分数线，向学习条件强势的大城市倾斜，就是对农村学生、边远地区学生的歧视。又如这个“河南籍事件”，派出所的悬赏破案就是在区别对待。根据标语的逻辑，非河南籍犯罪就不在寻求破获之列。

## 并不是所有的区别对待都是法律意义上的歧视

可是，从法律的意义上判定歧视。并不像一般想象的那么简单。

在美国，历史上最著名的歧视之一，大概就是美国南方几个州的种族歧视了。作为一个法治国家，美国为什么容许它长期存在，而且长期以来拿它没有办法呢？就是当时这几个南方州，钻了一个“平等”的空子。在美国的《独立宣言》中，曾经表达了这样一个理念，就是两个民族假如不能很好的共同相处的话，他们可以“平等并且分离”的，自己过自己的日子，以此引出了美国独立的依据。

于是，后来美国南方的白人就提出，他们和黑人属于不同的种族，他们可以“平等并且分离”地生活。因此，南方种族隔离的一些法案，虽然规定南方黑人不能使用白人的公共设施，同时也规定，白人也不准使用黑人的公共设施，以示“平等”和“并非歧视”。直到上个世纪60年代，美国最高法院从“教育隔离对孩子的心理影响”切入，才打破了这个“表面平等，事实不平等”的法律圈套。

还有一些传统的、社区的乡规民约。例如，现在的美国，还有很多公寓有一定程度的自治权。一个新的住户进来，要经过老住户的委员会的通过，而不是我有钱买房租房就一定可以住进来。要谁不要谁，这个小社区有一定程度的权利。还有，就是雇主雇工，从原则上来说，雇主有权制定一些要求，有雇和不雇的权利。一般来说，要了张三不要李四，这并不构成歧视。

因此，什么样的区别对待构成法律意义上的歧视，是公民权利的区别对待，还是需要制定一系列法律来界定，在必要的时候，需要最高司法机构对比宪法，做出解释。例如，美国在60年代的民权法出台以后，先后规定了对种族、肤色、原籍国不得歧视，雇工对年龄、性别、残疾等不得歧视。也就是说，在卖房租房时，你对房客可以有一定的要求，但不能说不要黑人。雇主不可以刊登招工广告要求“三十五岁以下”，这涉及年龄歧视。

即便如此，界定歧视，在美国还不是一个完全解决的问题。例如几年前，一个仓库管理人员，因为体重三百多磅而被雇主解雇。雇主当然有他的理由，体量超重可能影响工作效率。这名雇员把雇主告上法庭，诉雇主是体重歧视，最后胜诉。类似的涉及歧视的新问题，料想还会不断提出来。

## 反歧视必须从政府层面做起

人们歧视的观念是很自然发生的事情。反歧视却是要达到一定文明水平之后的理智反省。

一个几次被黑人抢劫的人，会自然认为，黑人就有犯罪倾向。一个屡屡看到穷人口出脏话，打架斗殴的人，会认为穷人都是野蛮的。一个人总被富人欺负，会认为为富不仁是普遍规律。在美国，是通过长期的学校教育，使得人们形成这样文明、理智的态度：我不以一个人的肤色、种族、贫富、地域和宗教等来判断他，而是以他本人的表现来判断他。也不把一个和几个人的表现，扩大为对整个种族、群体的判断。

这样的教育在美国作用是非常明显的。虽然要经过长期努力，要持续不断地做下去。可是，在此之前，首先是政府法令不能使歧视合法化。民众必须看到，假如他人权利可以被剥夺，自己的权利也就保不住，农民的权利可以合法侵犯，城里人的权利也岌岌可危。因为，只要有一个歧视法令存在，就是认可了歧视是合法的。那么，下一个歧视法令，只是变换一个歧视目标而已。每个人都可能被合法歧视，失去部分公民权利。

河南籍事件，是公民意识觉醒的标志之一。

# 仇穷正在成为中国现代化的巨大陷阱[①]

◇ 童大焕

中国的富人和一些主流知识分子和媒体都在喊中国人有强烈的仇富情结。但事实正如搜狐首席执行官兼总裁张朝阳在一次福布斯论坛上发表演讲所说的，中国人不仅不仇富而且很崇富。连做梦都想成为富人。中国人不仇富，而是仇恶、仇腐，但由于现阶段中国富人和恶人重叠率较高，所以一些人刻意模糊富和恶的界限，把所有的富人绑在一起。

中国的实际情结是怕穷和仇穷，这是一枚硬币的正反两面、一件爬满虱子的华丽皮袍的里子和面子。因为怕穷，所以哪怕穷也要装阔、装富、装现代化；所以不论是个人还是政府，都把“人一阔脸就变”的仇穷嘴脸演得活灵活现。深圳火烧贫民窟只不过是烧向穷人的又一把怒火。

张朝阳的那个演讲中说，现在中国仇穷仇得有些变态，几乎没有正义和良知；同时崇富也崇得有些变态，只要能富就是杀人放火也在所不惜。用一句话形容：已经到了为了钱不惜出卖一切的地步了。的确如此。在崇富和媚富问题上，几乎可以出卖一些良知、正义、环境、法律；在仇恨与敌视穷人问题上，同样表现得斩钉截铁毫不留情，竟至于很多突破人类文明底线的暴行，竟能以合法的、冠冕堂皇的名义在光天化日之下大

① 选自《中国杂文年选》，鄢烈山主编，花城出版社2008年版。

行其道。为了市容市貌，农民进城卖菜卖瓜摊子可以被没收甚至当场砸烂，乞丐被驱逐，流动摊贩被在危险的道路上追赶甚至当场被打死打伤打残。更有甚者，一些流浪、乞讨人员被当做垃圾扔来扔去。今年7月，就在首善之区北京，某派出所政委田秀池值班时得到指令，救助重病中的流浪女。他却非但没有伸出援手，反而将流浪女扔到荒郊野外，导致其无法得到救治而一夜暴亡。仅仅过了一个月，媒体又报道，陕西宁陕县也上演了同样的一幕：当地民政官员谌太林为迎接上级卫生检查，而将本镇一名流浪汉扔到山上，致其因饥寒交迫而亡。这样的案例，并非个案。扔掉流浪女的从犯、前警官刘洋就声称，以前遇到类似事情"都是扔掉"；陕西宁陕县一位知情人则透露，宁陕县和邻县将流浪汉彼此扔来扔去，已经成了"保留节目"。遇到这样的事情，当事责任人更多的不是忏悔，而是认为自己倒霉，不幸遭遇了死亡事件，否则啥责任都没有，因为这样做，已经成为"制度潜规则"。

中国的仇穷，有着明显的"梯度效应"，任何人都别以为自己不是穷人而可以避免成为被歧视和排斥的对象。比如改革开放之初，小摊小贩就是人们心中的英雄、政府眼里的宝贝。一旦有了上市公司、跨国企业，小摊小贩就成了被剪除的对象，甚至一些小企业也开始遭受白眼和挤兑，理由有的是，比如环境污染什么的，但殊不知，就在日前，跨国公司在中国的巨额污染名单已经排到一百家了。

再如城市交通拥挤，拿来开刀的首先是自行车和行人，禁止摩托车和电动自行车上路，已经成为一些城市的拿手好戏。人行道越来越窄，自行车道几乎完全丧失，甚至有御用专家说交通拥挤是自行车多引起的，也不睁眼看一下一辆小汽车占去五至八倍自行车道路面积的事实。同样是有车族，小排量汽车却被限制，是因为小排量汽车太省油？太环保？当然不是！只是因为和高档车比，"他"照样是穷人。

在中国遍地弥漫的仇恨与敌视穷人的情结里，蕴含着中国现代化的巨大陷阱，或者说是方向性错误。它不仅在人与人之间制造对立与仇恨，破坏社会的安定与和谐因子，而且直接在挖社会发展的最基础性"墙脚"，以排斥而不是容纳之心对待中下层，直接阻碍最广大的中下层向上提升，从而提升整个社会。轻则影响社会文明向上提升的进度，重则使整个社会的经济、道德的文明水准都向下滑行，出现倒退。

假如未来中国社会会出现什么问题，原因肯定不是因为穷人仇富，而是因为制度性的仇穷使穷人没有了活路。《印度时报》今年4月份公布了该报进行的一项民意调查报告，报告显示，如果有来生，将近百分之九十的印度人还想继续做印度人，不论是印度教徒，还是穆斯林，不论是有钱人，还是没钱人，不论是高种姓，还是低种姓。尽管现在中国的人均GDP高于印度，然而，2006年9月初一份网络调查显示，百分之六十五的人不愿意来生再做中国人，主要理由是“缺乏人的尊严”。

上世纪70年代初，舒马赫通过经济学的实证给了世界一个全新的发现——《小的是美好的》。三十多年后，这一哲学，已经不仅仅局限于小企业经济学，而成为一种社会模式。中国的现代化之路，唯有彻底地回到人本身，回到人的尊严、权利、自由这些起点，回到个人和家庭这个“最微小却最活跃的经济体”的权利保障上，才会真正有希望。而不管他是富人，还是穷人。

# “坑农”，以大学的名义 ①

◇ 吴重庆

今年3月14日清晨6点钟，为了赶上从贵阳回广州的早班机，我随车穿行于盘山凿洞的贵（阳）开（阳）高速路上。车灯刺不透黎明的雾霭，但这并不妨碍农家学子借着一路擦肩而过的车光灯影，借着本非为他（她）们铺设的高速路上的紧急停车带，在白日世界尚未来临之际，赶往位于城镇的学校里晨读。我想，他（她）们当是迎接高考的应届高中毕业生，在这忽明忽暗的路途上，他（她）们也当怀揣着不灭的大学梦。车窗外的寒风，吹醒我年轻的梦。二十六年前，自己也曾是如此行路赶考的他（她）们中的一员。但今天，当他（她）们走出清晨微暗中的这一段路途之后，我竟越来越怀疑是否有光明大道在前面接引。

三十年前，国家恢复高考制度。那时，虽称“千军万马过独木桥”，但只要过了独木桥，就是天高海阔——知识，真正改变了一代人的命运；高等教育，确实推进了一代人的向上流动。三十年后，大学急速膨胀扩招，结果却是，知识改变命运、高等教育推进农家学子向上流动的可能性被大大稀释了。

每一代人都有其平等以及不平等的起点。三十年前，有人哀叹青春被耽误，但考生却拥有虽匮乏却基本平等的教育资源；三十年后，有人欢呼大学录取率的大

---

① 选自《南方都市报》2007年6月7日。

幅提高，但城乡之间教育资源的（政府）配置和（社会）聚积却已日趋严重地不平等……

作为一部高考机器，乡镇高中无论如何都竞争不过城市里的高中。本来，竞争败阵也就作罢，农家子弟可以现实地选择打工（所谓“读完初中，可以打工”），不幸的是，大学扩招及高等教育产业化的主张，使三四流高校纷纷眷顾乡镇高中里的农家子弟。在农民传统的观念里，再不入流的大学好歹也是大学，加上“知识改变命运”口号的鼓动，农民砸锅卖铁送儿入大学，“一个大学生拖垮一生”也在所不惜，更有因筹不足高额学费而自杀的农民兄弟。

本来，有付出就有回报，有投入就会有收益。为什么农家供送子女上大学会成为一桩失败的家庭投资，并导致“因教致贫”？如果接受高等教育是购买一种高额消费品的话，那么，大可准确而严重地说，三四流高校的盲目扩招是在向社会兜售不合格的教育产品，因为这些高校本不具备生产的资质。犹如仿冒名牌的伪劣种子、化肥、电器、化妆品侵入农村市场一样，三四流高校也在打着“大学”的神圣旗号，在农村兜售伪劣的教育产品。伪劣种子导致农民颗粒无收，伪劣的教育产品同样导致农家子弟毕业后工作无着就业无门，农家将十余年不吃不喝（而非“省吃俭用”）的全部收入，付诸流水；伪劣种子耽误农时，伪劣的教育产品同样导致农家子弟付出四年的“机会成本”；尤其严重的是，伪劣种子一经发现，尚可及时铲除改种他物，而一个农家子弟，一旦自认为大学毕业生，哪怕失业，也不愿走回头路加入打工的行列，宁愿在城市的边缘底层徘徊。至于他们的父母，则悔不该当初，开始怀疑并且否定教育的价值。所以，伪劣的高教产品对农民的坑害，远甚于伪劣种子。

尼采说：“只是为了服务于将来和现在，而不是削弱现在或是损坏一个有生气的将来，才有了解过去的欲望。”我国高考制度的恢复已届“而立之年”，在大学也可以“坑农”的今天，对三十年前的过去的了解，的确应重新成为展望我国教育未来的起点：教育应提供给底层的农家子弟实现社会向上流动的合适台阶，避免以“大学”的名义稀释他（她）们的希望，幻灭他（她）们的梦想！

# “先出名，后申冤”？[①]

◇ 吴钧

**吴钧**，当代作家。

一个寻常公民，如果受到公权力的侵害，有哪些途径获得救济？答案我们都知道，可以申诉、上诉、上访。这是制度性的三个救济通道。安徽灵璧的少女梁毅静则想到了一个比较独特的办法：先成为一名“网络红人”。她以“反腐败的小女孩”为网名，在网络上发帖“寻找网络推手，把俺推红”。因为“红了俺说话就有人听了，俺就能替家人申冤了；红了俺爸就不会再受委屈了，就不用这么辛苦地告状了；红了俺弟弟就不用受连累在监狱关着了；红了俺就能发动大家和俺一起反腐败了”。

这女孩能不能如愿走红，现在还不好断言。她所说的冤情是否属实，也有待求证。我个人不希望它是真实的，假的“冤情”至多只是让人觉得无聊，真的冤情则让我们看到了公共救济缺失的残忍——公民和地方政府发生经济纠纷，在地方竟告状无门，上访了十年也毫无结果，这种事情在生活中还少见吗？于是，在受到公权侵犯之后，获得公共救济的制度性通道不通，“先出名，后申冤”似乎就是一个无助者所能想象到的最后的救济渠道了。

不错，一个人若出了名，无疑可以获得更大的影响力，可以动员更多的社会资源。但是，这种个人影响力

① 选自《中国杂文年选》，鄢烈山主编，花城出版社2008年版。

能够在多大程度上制约公权力，还是一个未知数。所以，即使梁毅静所说属实，并如愿成为网络红人，也未必能从当地政府手里讨回公道。再进一步说，即使梁毅静因为个人地位的改变，终于替家人洗了冤屈，这也不过是一家人之万幸，反衬的是公共救济之大悲。

公共救济之所以冠以“公共”的前缀，无非因为，这一救济理应遵循普遍原则而非特殊主义，提供公共救济的制度与部门必须一视同仁地对待求助的公民，不能因为公民的身份、地位差异而搞区别对待，对名人红人有效的公共救济待遇，对“沉默的大多数”也应同样有效。名人受了委屈领导会“高度重视”，难道无名小民有冤就活该无人理？如果维权不是依靠制度的平等保护，而是看个人有没有能耐、有没有门道，势必形成一种极不公正的权利保护差序，所谓的公共救济也就成了特定的一部分人才能够享有的特权。

值得注意的是，公共救济的差序性趋势已经开始出现了。前段时间，许多媒体都报道了江西商人涂景新从被错判死缓到获无罪释放的七年翻案故事。涂是如何为自己洗脱冤情的，江西省工商联与涂案辩护律师各执一词，前者认为涂的脱罪要归功于工商联的一次次进京上访、一次次向高层寄送文件，终于“引起了高层的重视”；后者则认为这“是证据的胜利，是法律的胜利”，涂的有罪判决被撤销，理由就是“事实不清、证据不足”。

区别到底是哪一个救济方式对涂景新的翻案起了关键作用，我认为是非常有必要的。如果诚如律师所言，这是法律的胜利，那么，我们也可以说，这也是“公共救济的胜利”。因为司法救济的途径与规则是适用于所有权利人的，其救济模式是可以普遍复制的：谁都有权利获得律师的辩护，即使你请不起律师，政府也要给你提供无偿的法律援助。但是，如果涂景新得以翻案是“高层重视”的结果，这一救济的“公共性”就必然大打折扣了，其救济模式也是不可复制的：显然，并不是什么人都有工商联这样的有公共影响力的组织为他奔走，更不是什么人都有机会“引起高层的重视”。

公共救济“不公共”，权利人能否获得公共救济往往受制于私人性因素，比如是否有足够的个人影响力、是否有强大的组织支持，维权才成了“八仙过海各展神通”的力量博弈。“神通广大”的人可以顺利“过海”；没有半点“神通”的人则千方百计求助于“神通”，比如寄望于得到哪位“青天”批示，或者企图投靠某个庇护网络；更多的傍不上“神通”的权利破产者则只有打掉牙齿往自个肚里吞。

就个体命运而言，我不认同“公正是博弈均衡的结果”。如果救济的公正性只能建立在赤裸裸的博弈均势之上，那么，那些无权无势、无影响力、无组织支持，总之，无半点能力参与博弈的最弱者，该如何保护自己的权利？还有些人连上网发帖“寻找网络推手，把俺推‘红’”的能力也没有，他们该怎么办？个人维权能力的差异永远都是存在的，救济制度的设计，请记住为那些无力的最弱者留一扇方便之门。

# 最后通牒游戏[①]

◇ 云儿

1982年，德国一所大学经济学系，46名学生参加了一项有趣的博弈论实验，每两人一组玩一个名叫“最后通牒”的游戏。游戏中两个人分一笔钱，比如说10马克。其中一个人扮演提议者，提出分钱方案，他可以提议把0和10之间任何一个钱数归另一人，其余归他自己。另一人则扮演回应者，他有两种选择：接受或拒绝。若是接受，实验者就按他们所提方案把钱发给两人。若是拒绝，钱就被实验者收回，两个人连一分钱都拿不到。

为防止交情、一时冲动、事后的社会议论等因素起作用，实验采取双盲方式。扮演提议者的人，并不知道他的回应者是谁。而且在规则宣布以后，他有一天的时间做慎重考虑，填一张表报个数字交给实验主持者。然后实验者将报来的方案交给一位回应者，后者在不知道提议者是谁的情况下，决定拒绝还是接受。

按照利益最大化原则，这个博弈的均衡点是很明确的：对于回应者来说，分给自己的钱数，不管多少，只要不为零，则接受比起拒绝来，总有更大的利益，他应该选择接受；既然回应者能接受任何不为零的钱数，那么提议者为自己利益计，分给对方一点小钱就够了。此即正统博弈理论所预测的结果。

---

① 选自《中学人文读本·人与社会》，谢泳、王宁编，四川教育出版社2003年版。

然而，这个实验重复了两次，两次结果与此大异其趣。首先，大多数提议者提出的分钱方案都在四六开到五五开之间，其中有四分之一的人提出五五开对半分；其次，特别不公平的分配提议，几乎都被回应者毫不犹豫地加以拒绝——他们宁愿什么都不要，也不能接受那虽有一点利益然而却极不公平的分配。

主持实验的古特教授等人在论文中指出，很明显，受试者是依赖其公平观念而不是利益最大化来决定其行为的。

一石激起千重浪，如此明显的异常结果，令博弈论专家感到异常惊讶和尴尬。过去二十年里，最后通牒游戏及其变种，成了实验经济学中一个很火的课题，出了上百篇论文。人们在美国、欧洲、以色列、日本、东南亚、俄国和南美等世界多个地方，不断重复这个实验，得到的结果都相当一致：

第一，提出较公平分配方案（给对方40%~50%）的人，占受试者的40%~66%，其中又以提出对半分的人居多；

第二，几乎每次实验，都有20%~30%的人提出非常不公平的分配方案（分给对方低于30%）；

第三，然而，这些极不公平的提议，总是以很高的概率被对方拒绝。

看起来，世界各地的受试者，尽管都有相当一部分人不管公平只要利益，但是大多数人，在实验中考虑公平原则却是重于利益考虑的。

对上述结果的第一个质疑：是大多数实验中，待分配的馅饼实在没什么价值，不过十几马克或一二十美元，少得可怜，受试者自然满不在乎了。

设想一下，假如待分配的馅饼是100万美元，又假如提议者是个非常自利的人，他提议自己拿99%，对方只拿1%即1万美元。试问：这时候回应者是选择拒绝，然而什么都得不到呢，还是选择接受拿这1万美元？我想绝大多数人都会选择接受，1万美元毕竟比什么都没有强得太多。此时纯粹基于利益考虑的博弈论预测，自有其不容否认的力量。这个回答十分自然。

天下没有免费午餐。公平感也是有价的。对于许多人来说，只要出的价钱足够高，或与此相关的利益足够大，公平原则就不得不退居第二位。这个论点虽然不美，很残酷，然而却是事实。

但是我们关心的，并不是公平是否有价，而是公平的价格究竟有多高？正如罗尔斯所言，维持一个正义的社会，并不需要公平的价格无限大。只要公平的价钱不那么便宜，使得政客们不能那么容易和廉价地买走人们的公平感，再加上一个比较好的社会制度，就足以促使社会走向公正了。

话说那位拿了2002年经济学诺贝尔奖的维农斯密斯教授听腻了讨论会上人们关于待分馅饼大小的异议，一跺脚一咬牙，筹集了5000美元研究基金，找了50个受试者，让他们玩每盘100美元的最后通牒游戏。却发现，其结果与玩10美元游戏时候的情形完全相似。提出50对50对半分的人最多。但也有人提出很不公平的分饼法：5个人提议给对方30美元，其中两个被对方拒绝；4个人提议给对方10美元，其中3个人被拒绝。公平原则仍然支配着大多数人的行为。

那么，饼再大点又如何呢？受到预算限制，这样的实验在美国没法做，但一些聪明的教授却拿着美元跑到印尼、莫斯科和斯洛伐克去做了。卡麦农教授在印尼做的实验，每盘游戏价分别是5千、4万以及20万卢比，后者相当于参试者三个月的工资。这个价看起来是不低了。

实验的结果，分配提议仍是以对半开居多，但分给对方份额的平均值，随着饼的增大而减少，从5千卢比时的47%减少到4万卢比时的43%再减少到20万卢比时的38%。拒绝率也相应从30%减少到10%，然而却仍然显著为正。实验表明，当面临极不公平的分配时，不少人宁愿牺牲相当于他半个多月的收入，也要坚决说“不”！

在斯洛伐克与莫斯科做的实验与此类似，待分的饼，从相当于一周工资到相当于四周工资不等。结果仍然大同小异。

公平到底值多少钱？从这些实验看，其价钱虽没有理由说很高，却肯定不能说低，至少没有低到可以忽略的地步。

对这些实验的第二个批评是：受试者在游戏中表现得公平，可能是因为他们想在实验主持者面前表现得“公平”，至少不想让主持人认为自己太自私、太贪婪。特别在许多实验中，受试者是学生，而实验者是教授，这个因素就更重要了。人们推测，当受试者匿名（即实验者不知道谁提了什么方案）的情况下，其行为将别人能够行事公平。

正如罗尔斯所言，一般只有正义的社会结构，在保障基本自由并且相互制衡的制度下，才能唤起人们的公平正义感。在这方面，实验经济学的进展，将会给我们越来越多的启发。

# 保护坏人的权利[①]

◇ 胡文辉

胡文辉，当代学者。

近时最令我触目惊心、瞠目结舌的案件，是普宁民警杀人案：七名民警擅自枪决四名无辜村民，事后谎称四人是歹徒，在逃跑时，他们被迫开枪（见1999年1月27日《广州日报》、《羊城晚报》和《法制日报》）。对此案，秦朔已有深入分析，在此倒想谈谈两宗旧案。

一宗是张志新案。1979年首次披露此案的《一篇血写的报告》有个细节："把她按倒在地，惨无人道地剥夺了她用语言表达真理的权利。"许多读者追问这句话的意思，《光明日报》在以后的文章中只好如实披露："枪杀她之前，她被按在地上割气管。她呼喊挣扎，她痛苦至极，咬断了自己的舌头。"前些时候，《一篇血写的报告》的作者陈禹山透露隐情：张志新并非第一个临刑前被割喉管的人，而是第二十多个！当时不少犯人临刑前或大声喊冤，或高呼口号，被认为影响极坏，辽宁公安局一名法医遂"发明"此"捍卫毛泽东思想"的新生事物，并为主持辽宁党政军工作的毛远新（毛泽东侄子）等同意（《南方周末》1998年8月7日）。另一宗是王守信案。据称王贪污公款五十多万，当时被视为"建国以来最大的贪污犯"，1980年2月8日在近五千人参加的公判大会后被处决。最近，当年任《黑龙江日报》摄影记者的李振盛，披露了处决的全过程，其中有这样的

---

① 选自《南风窗》1999年第6期。

细节：在犯人绕场一周时，王面对数千群众，一边扭动着被捆在背后的双臂，一边向上蹦跳着高呼："我是无罪的！你们才有罪！""我要为真理而斗争！"一些法警当即上前"制止他叫喊"；当正式判决死刑后，王又立刻跳起高呼："共产党人是不怕死的！我是为真理而死！你们都是修正主义分子，我死也不服你们……"法警再次上前制止他，两人在后将他重新勒紧，一人在前掐住他的喉咙，不让他喊出声音（《华夏》1999年第2期）

——一个贪污犯如此理直气壮地鸣冤叫屈，是否此案尚有隐情？

王称判决他的人是"修正主义分子"，此案的判决是否也有权力和路线斗争的因素？这些目前还难以深究，姑且仍将他视为纯粹的贪污犯。

张志新与王守信完全是两种人：张是反"文革"的思想英雄，被追谥为烈士；相反，王是坚决拥护"文革"的造反派，身负贪污犯的罪名。——可是，他们在临刑时都同样想做最后的呐喊，并且都被剥夺了这样的权利。掐住王守信的喉咙，与割断张志新的喉管，岂非是五十步与一百步之别吗？张被割喉管的惨状披露以后，引起全民性的责难；但王守信呢？有谁同情他在人之将死时被剥夺了言论自由？

先照抄两段文字：

> 假如当初被割断喉管的二十多人确实个个都是十恶不赦的杀人犯、抢劫犯和强奸犯，他们是否就该被割断喉管？……无论是割张志新的喉管还是割断杀人犯的喉管，其践踏法律、侮辱人格的性质是一致的。（伊甸《谁该割断喉管？》，《南方都市报》1998年10月5日）
>
> ……一个国家的法律是针对它的整体人民的，只有当它对所有的人是公正的时候，任何一个"个人"才有可能在任何情况下都受到法律的保护，从而拥有安全感。相反，如果一个社会纵容对一部分大家认为是"坏人"的人草率处理，表面上看起来有可能是维护了"好人"的利益，但是事实上，在这种情况下，已经隐含了对每一个公民权利的威胁。在一定的气候下，无视公民权、践踏公民权的"细菌"，就会以人们意料不到的速度突然迅速生长，危及每一个"个人"，"好人"、"坏人"通通无法幸免。
>
> （林达《历史深处的忧虑》，三联书店1997年版，277页）

对于王守信在刑场上的遭遇，这两段文字其实已是最好的批评。以下我只是再将此概括为两个层面的认识：

从理论上说：好人有人权，坏人也有人权。法律的根本精神，在平等二字。法律应对所有人一视同仁，对坏人也要与对好人一样“依法”处理，不能对好人就从宽从轻，对坏人就从严从重。张志新有高呼口号的权利，王守信何曾不应有“用语言表达真理”的自由？残忍之为残忍，最关键并不在于残忍所施行的对象，而就在于残忍的施行本身。割喉管之所以残忍，并不在于被割喉管的是张志新，而就在于割喉管这种手段本身，不论割谁的喉管，其残忍都是同样的。所以，割张志新喉管是暴行，扼住王守信的喉咙也同样反人道。

从实践上看：只有能保护坏人的人权，才能真正保护好人的人权。如果能任意剥夺坏人和有罪者的人权，那么也就能将好人和无辜者当做坏人和有罪者，同样剥夺其人权。既然在光天化日之下可以扼杀王守信（坏人）鸣冤的权利，那么也就同样会在黑狱中割断张志新（当成坏人）的喉管——不能保护王守信的人权的社会，也不可能保护张志新的人权！

推而论之，如果可以滥杀坏人和有罪者，则同样可能滥杀好人和无辜者。普宁民警不正是将那四个无辜村民当做歹徒而“就地正法”的吗？此案最可怕的地方，还不是使无辜者受死这一结果，而是使无辜者受死的手段——未经审讯（连刑讯逼供也没有），未经判决，就地处决！

只要是滥杀，就必然会滥杀无辜。

# 敌人的权利[①]

◇ 刘瑜

**刘瑜**(1975—),学者、作家。美国哥伦比亚大学政治学博士,哈佛大学博士后。为《南方周末》写时评专栏,《新周刊》写书评影评专栏。著有《民主的细节》、《余欢》等。

以前听说过一句话:检验一个国家的文明程度,不是看多数人,而是看少数人的权利是否得到保护。要我说,还有一个更过硬的标准,就是看这个国家的“敌人”落到它的手里之后,权利有没有得到保护。

对目前的美国来说,敌人最集中的地方,莫过于关塔那摩监狱了。“9·11”以来,那里先后关押了七百来个“恐怖分子嫌疑人”,这些人未经法庭审判,被长期关押。

2006年3月3日,《时代》公布了2002年底到2003年初一个囚犯卡塔米的审讯记录,其中曝光了审讯过程中的种种“虐行”,包括:让他扮狗羞辱他、长时间审讯不让睡觉、用一个非常不舒服的姿势长时间铐住、降低房间温度并不断向他泼冷水、长时间放特别吵的音乐……据称,卡塔米的待遇在关塔那摩是个普遍现象。

无独有偶,2003年底2004年初,伊拉克阿布·格莱布监狱美军虐待战俘照片曝光于各大媒体,举世轰动,可以说让美国的国际声誉沾上了难以洗刷的污点。

无论是阿布监狱的照片,还是关塔那摩的记录,都表明“敌人”落入美国手里之后,人权受到了严重侵害。但是不是就可以得出结论,说美国的人权概念根本经不起推敲,不过是一根用来敲打它国的大棒呢?如果得出这个结论,只能说观察者只关注了美军虐俘这个现象,

① 选自《南方人物周刊》2006年12月1日。

却没有关注虐俘现象曝光后，美国社会和政界的反应。

我们都知道，对一辆长期在路上跑的车来说，遇上或大或小的交通险况，几乎是不可避免的。但是，危险是否最终会酿成悲剧，还要取决于车里的很多危机应对设置，比如，刹车是否灵敏，车内乘客是否系安全带，车内的充气口袋会否及时弹开等等。虐俘行为，可以说是美国这辆"自由号街车"遇到的险情，说明美国的人权状况还存在严重缺陷。但是，从美国社会各界的反应来看，这辆汽车的刹车、安全带、充气口袋又非常可靠，在汽车从"自由线路"滑向"野蛮线路"前来了个急刹车，及时避免了更大的危险。

媒体、民间社团的力量，可以说是刹车装置；立法系统的制约，可以说是安全带装置，独立的司法力量，则是充气装置。所有这些避险机制及时启动，最后结果是，虽然布什政府这个"司机"开错路线几乎翻车，最后还是有惊无险。

美国媒体在报道虐俘丑闻时，可以说是争先恐后。阿布监狱丑闻最早的报道者中，就有美国CBS电视台和《纽约客》杂志。之后美国各个媒体掀起了声讨政府的热潮，2004年起，《华盛顿邮报》、《纽约时报》等详细报道了监狱里的审讯技术及关押犯的悲惨状态，并呼吁政府尽早关闭关塔那摩。而《时代》周刊干脆发表了几十页的卡塔米审讯日志。

与此同时，各个民间人权组织也开始积极行动，捍卫"敌人的权利"。其中最著名的是纽约的"人权观察"，它对关塔那摩的囚犯状况做长期的跟踪调查，推出系统的调查报告。"宪法权利中心"这个NGO，则给卡塔米这样的人提供律师帮助。与关塔那摩相关的书籍、音乐、话剧、电视片、游行示威纷纷出现，高校、教会、电台、电视台对关塔那摩的讨论层出不穷。

在舆论压力下，立法机关开始有了反应。"反虐俘"最著名的代表是共和党参议员麦克凯。他说，"为了赢得这场反恐战争，我们不仅需要军事上的胜利，而且需要价值上的胜利，虐俘让我们在价值上损失重大"。2005年10月，参议院以压倒优势通过反对虐俘的法案，"禁止对战俘使用残酷的、不人道的和污辱性的惩罚"。压力之下，布什于12月签署了这个法案，以示"美国政府反对虐待，尊重国际法规"。

司法的力量同样不可忽视。2004年，最高法院判决关塔那摩囚犯有权挑战他们的被关押状态。2006年6月，判决关塔那摩囚犯确系日内瓦协议的保护范围，同时还判决，政府不能另设行政军事委员会来审判犯人，审判必须通过常规法庭或者军事法庭。

即使是布什政府，也从没有公开提倡过“虐俘”。对某些温和的刑讯逼供，它可能曾经“睁一只眼，闭一只眼”，但随着社会压力的增强，它不得不一再站出来表态反对虐俘。其实，布什政府也的确有为难之处。要知道，如果另一次“9·11”发生，需要负责的可不是《纽约时报》或者“人权观察”，而是美国政府。更令某些官员想不通的是，某些伊斯兰极端组织正在砍下无辜美国人的头颅时，对准恐怖分子大声放音乐竟然都被指责为“暴行”。

然而，正如麦克凯所说，“我们是比我们的敌人更好的人”。文明社会必须用更高的标准来要求自己。在这个标准下，阿布监狱的虐俘者受到了应有的惩罚，有两个美国士兵甚至被判处了十年和三年的徒刑。美国驻伊总指挥官桑切斯也称，是阿布监狱丑闻导致他“被迫退休”。与此同时，关塔那摩的囚犯正一批批的被释放，就是卡塔米，据最新消息说，由于他曾受虐待，美国很可能无法起诉他。

这些斗争表明，关塔那摩那七百来个人的痛苦并没有白白承受。他们的痛苦，已经被美国社会转化为强化其人权保障机制的信号，从而避免更多这样的痛苦。毕竟，泱泱大国的运转中，政府不可能不出错，重要的是它如何面对自己的错误，是否承认并改正错误，是否在一个更大的政治框架中受到制约。同样重要的是，这个社会能否容忍政府以“国家安全”名义践踏人权——无论是“我们”的人权，还是“敌人”的人权——归根结底，人权是人类的权利，不仅属于我们或者他们。

《梦境》　　麦绥莱勒（1921）